交通强国·高速公路智能建造工程示范系列

高速公路全要素智能建造关键技术及其工程应用

（乐西高速卷）

周黎明　何　刚　尹紫红　廖知勇
兰富安　陈　非　乔　科　肖　波　　著
欧海龙　白　皓　冉光炯

西南交通大学出版社
·成　都·

图书在版编目（CIP）数据

高速公路全要素智能建造关键技术及其工程应用. 乐西高速卷 / 周黎明等著. —成都：西南交通大学出版社，2021.5

（交通强国·高速公路智能建造工程示范系列）

ISBN 978-7-5643-8032-8

Ⅰ. ①高… Ⅱ. ①周… Ⅲ. ①智能技术–应用–高速公路–道路建设–研究 Ⅳ. ①U412.36

中国版本图书馆 CIP 数据核字（2021）第 090581 号

交通强国·高速公路智能建造工程示范系列

Gaosu Gonglu Quanyaosu Zhineng Jianzao Guanjian Jishu Ji Qi Gongcheng Yingyong
(Le-Xi Gaosu Juan)

高速公路全要素智能建造关键技术及其工程应用

（乐西高速卷）

周黎明　何　刚　尹紫红　廖知勇
兰富安　陈　非　乔　科　肖　波　著
欧海龙　白　皓　冉光炯

责 任 编 辑	姜锡伟
封 面 设 计	吴　兵
出 版 发 行	西南交通大学出版社 （四川省成都市金牛区二环路北一段 111 号 西南交通大学创新大厦 21 楼）
发行部电话	028-87600564　028-87600533
邮 政 编 码	610031
网　　　址	http://www.xnjdcbs.com
印　　　刷	四川煤田地质制图印刷厂
成 品 尺 寸	170 mm × 230 mm
印　　　张	20.75
字　　　数	334 千
版　　　次	2021 年 5 月第 1 版
印　　　次	2021 年 5 月第 1 次
书　　　号	ISBN 978-7-5643-8032-8
定　　　价	128.00 元

图书如有印装质量问题　本社负责退换

版权所有　盗版必究　举报电话：028-87600562

前言
PREFACE

建设交通强国是党的十九大作出的重大战略决策。党的十八大以来，以习近平同志为核心的党中央深刻把握新时代我国发展的阶段性特征，对交通事业发展作出一系列重要论述，提出了建设交通强国的时代课题。2019年9月，党中央、国务院印发的《交通强国建设纲要》，就是按照习近平总书记重要论述和党的十九大决策部署制定的。建设交通强国是党中央赋予交通人的历史使命，是新时代做好交通工作的总抓手。

2019年9月，《交通运输部关于印发〈数字交通发展规划纲要〉的通知》对我国数字交通的发展进行了规划，提出促进先进信息技术与交通运输深度融合，以"数据链"为主线，构建数字化的采集体系、网络化的传输体系和智能化的应用体系，加快交通运输信息化向数字化、网络化、智能化发展，为交通强国建设提供支撑的总体目标。

科技创新是交通强国建设的第一动力。未来交通技术装备呈现智能化、绿色化、高速化、重载化等发展趋势，要瞄准世界科技前沿，不断提升交通科技创新和应用水平。因此，交通强国具体目标为：加强新型载运工具和特种装备研发，推进装备技术升级，实现交通装备先进适用、完备可控；瞄准新一代信息技术、人工智能、智能制造、新材料、新能源等世界科技前沿，加强交通领域前瞻性、颠覆性技术研究；推动大数据、互联网、人工智能、区块链、超级计算等新技术与交通行业深度融合，不断提高行业全要素生产率。

推动交通基础设施规划、设计、建造、养护、运行管理等全要素、全周期数字化，既要构建覆盖全国的高精度交通地理信息平台，完善交通工程等要素信息，实现对物理设施的三维数字化呈现的具体要求，又要推动交通感知网络与交通基础设施同步规划建设，深化高速公路ETC（电子不停车收费系统）门架等路侧智能终端应用，建立云端互联的感知网络，让"哑设施"具备多维监测、智能网联、精准管控、协同服务能力。为此，需做到以下几点：

1. 建设高速公路设施/设备/交通态势感知体系

将传统高速公路的道路、桥隧以及机电设施的建设，与多维度感知基础设施体系，以及有线、无线、自组网络设备等通信网络传输体系融合统一建设，把机电系统建设与新基建整合为有机统一体；通过感知基础设施与通信设施，实现高速公路海量数据的实时采集和传输，构建智慧高速公路运营管理与服务的基础。

2. 建设高速公路多维数据的接入和管理体系

建立智慧高速公路信息化、数据共享及设备访问的技术规范和标准体系，促进行业规范化体系建设；推动设备供应商、软件开发商、系统集成商等相关单位建立行业标准，打通数据信息孤岛，推动智慧高速公路数据的全面接入和统筹管理，以实现数据储存、共享；因地制宜，以利于智慧高速公路项目的弹性实施。

3. 创新智慧高速新基建建设思路

（1）数字化采集体系和存储体系建设。

将高速公路规划、建设、运行过程中的各类工程档案（纸质、数字、影像、音频等），机电设施设备的安装、运维，退役过程中的各类数据、事件等以时间为轴线、以服务对象为界,按照信息共享实际需要进行门类划分,实现规划、设计、建造、运维过程的全要素、全周期数字化管理。

(2)"人、地、事、物"数据的融合及应用。

基于全方位的数据接入及实时感知,通过趋势、漏斗、间隔、根源、拓扑、属性等多维度的数据分析,发掘交通参与者、设备、事件、时间之间的周期性、关联性规律和特征,为交通设施的安全、健康、节能、高效运行提供技术支撑,为交通态势感知和智能管控提供决策依据。

4. 完善智慧高速新基建整体建设方案

(1)基于IoT(物联网)平台的数据采集和感知体系(图0-1)。

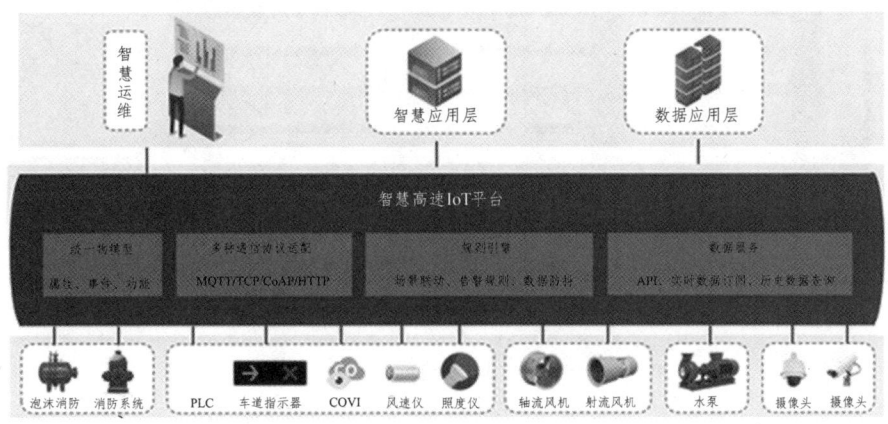

图0-1 基于IoT平台的数据采集的感知体系

① 建立安全、稳定、高效的"设备-人""设备-设备""设备-应用"之间的连接平台。

② 建立完整的设备数据采集、设备数据存储、设备数据服务平台，为智慧高速各项应用提供稳定、可靠的设备对接服务和数据服务。

③ 支持物模型，灵活拓展协议，快速实现主流厂商、主流设备型号的无代码或少代码接入，规避交通机电设备对接调试难的问题。

（2）智慧高速全周期数字化管控平台（图 0-2）。

图 0-2　智慧高速全周期数字化管理平台

① 一套系统完成多业主、多路段条件下的道路网、隧道群的设施设备监控，实现远程对设施设备的监控、诊断及管控操作。

② 多维度、全要素对设施设备的状态、故障、原因等进行分析，结合智慧工单APP实现设施设备的巡检、维修、故障报修等。

③ 通过系统数据融合，实现设施设备全寿命数字化档案，避免数据散乱造成的信息缺失和管理漏洞。

著　者

2021年1月

目录
CONTENTS

第1章　绪　论 …………………………………………………… 001
  1.1　引　言 ………………………………………………………… 002
  1.2　BIM在公路工程中发展的三个阶段 ……………………………… 008
  1.3　数字化智慧公路 ………………………………………………… 012
  1.4　基于模型工程的数字孪生构建 …………………………………… 027
  1.5　本书的研究意义及研究内容 ……………………………………… 036

第2章　工程概况 ………………………………………………… 039
  2.1　乐西高速概况 …………………………………………………… 040
  2.2　路线走向及主要控制点 ………………………………………… 041
  2.3　主要技术指标采用情况 ………………………………………… 050
  2.4　沿线自然条件 …………………………………………………… 051
  2.5　施工重难点 ……………………………………………………… 064
  2.6　高速公路全要素智能建造的必要性 ……………………………… 065

第3章　高速公路全要素协同数字孪生智能建管
        一体化平台架构研究 ………………………………………… 066
  3.1　高速公路项目建设管理现状与需求 ……………………………… 067
  3.2　平台总体设计方案 ……………………………………………… 068
  3.3　平台系统框架 …………………………………………………… 071
  3.4　平台关键技术 …………………………………………………… 073
  3.5　平台组成与功能 ………………………………………………… 104
  3.6　组织体系 ………………………………………………………… 111
  3.7　保障机制 ………………………………………………………… 119

第4章 多源异构数据融合技术研究 ·········· 124
4.1 多源异构大数据融合国内外发展现状 ·········· 125
4.2 基于模型集成的多源异构数据融合 ·········· 130
4.3 基于跨领域知识的多源异构数据融合方法 ·········· 143
4.4 基于雾计算的多源异构数据融合 ·········· 152
4.5 基于 BIM + GIS 多元数据集成与融合方法研究 ·········· 166
4.6 高速公路 BIM + GIS 多源数据集成与融合 ·········· 174

第5章 工程项目管理信息系统与 BIM 结合应用方案 ·········· 181
5.1 工程项目管理信息系统概述 ·········· 182
5.2 工程项目管理信息系统的应用价值 ·········· 183
5.3 工程项目管理信息系统总体功能架构 ·········· 185
5.4 工程项目管理信息系统功能设计 ·········· 186
5.5 基于 BIM 的工程项目管理信息系统设计构想 ·········· 231

第6章 高速公路全要素协同数字孪生智能建管一体化平台工程应用 ·········· 237
6.1 项目管理模块 ·········· 238
6.2 隧道管理模块 ·········· 251
6.3 质量评定模块 ·········· 255
6.4 数字化竣工档案模块 ·········· 259
6.5 BIM 模块 ·········· 263
6.6 数字化竣工交付新模式 ·········· 290

第 7 章　总结与展望 ································· 299
　　7.1　创新点 ································· 300
　　7.2　效益分析 ································ 302
　　7.3　结论与展望 ······························· 306
参考文献 ······································ 307
附：乐西高速公路施工建造过程图 ······················ 313

第 1 章

绪 论

1.1 引　言

2019年以来，党中央、国务院以及交通运输部等相继印发《交通强国建设纲要》《数字交通发展规划纲要》《交通运输部关于推动交通运输领域新型基础设施建设的指导意见》等重要文件，提出要大力发展智慧交通，推动大数据、互联网、人工智能、区块链、5G等新技术与交通行业深度融合，构建安全、便捷、高效、绿色、经济的现代化综合交通体系，打造一流设施、一流技术、一流管理、一流服务，建成人民满意、保障有力、世界前列的交通强国。恰逢"十三五"收官及"十四五"开局之年，"交通强国"是新时期智慧高速公路建设与发展的行动指南，"数字交通与新基建"是智慧高速赋能创新之路，是实现产业转型升级的关键所在。

随着我国高速公路建设里程的不断增加，路网化运营趋势越来越明显，交通运输行业主管部门需要准确掌握交通运输宏观信息，如高速公路网的整体运行状况、交通运输系统中的结构特征等。通过信息化手段，如基于BIM（建筑信息模型）技术进行智慧管理是交通运输行业一直以来的重点发展内容。

对于道路运营管理部门，由于面临的运营和安全压力越来越大，肩负着全线路产路权维护、设备维护、交通运行状态及时获取、阻断信息报送等责任，所以需要为管理人员建设具有分析决策大脑作用的智慧信息化公路，才有助于辅助其开展日常、应急条件下的各项工作；对于高速公路普通用户，在面对由于出行而增加的交通压力的情况时，智慧信息化高速就是要保证高速公路在正常运行的同时能够为人们提供安全、便捷、高效、人性化的出行服务。

BIM+各专业的造新价值、新一代信息技术和服务业态信息技术与经济社会的交汇融合引发了工程技术人员开发BIM+的热情，BIM+正日益对全球土木建筑工程的方案策划、设计、生产、运营和国家治理新能力提升产生重要影响，也带来了BIM+智慧化管理系统研发与推广应用的繁荣发展。BIM技术在工程各领域应用全面展开，各地科研院所、设计、施工、运营单位开展BIM研发的积极性较高，公路工程项目全寿命周期BIM智慧化管理解决方案不断成熟，各个基建行业应用得到快速推广，市场规模增速明显，为 BIM+ 发展带来了强劲动力。不过，我国 BIM 智慧化管理仍处于起步阶段。

1.1.1　BIM 行业政策概述

从 2007 年起我国就在"十一五"国家科技支撑计划重点项目中启动了"建筑业信息化关键技术研究与应用"课题。BIM 技术在我国从研究阶段开始至今已经发展了近 13 年，住房和城乡建设部最早于 2007 年推出《关于发布"十一五"国家科技支撑计划重点项目"建筑业信息化关键技术研究与应用"课题申请指南的通知》，推动 BIM 技术在建筑工程软件方面的研究性工作。近年来，工业与民用建筑领域的 BIM 相关国家标准相继发布，推动了 BIM 技术在工程建设全生命期中的应用，总体应用效率和效益都开始逐步显现。BIM 技术在交通基础设施行业的应用起步较晚，自 2016 年开始，交通运输部相继出台一系列的政策，大力推进 BIM 技术在公路和水运工程中的推广应用。本节收集并整理了交通运输部近年来涉及 BIM 技术的相关政策文件，并提取了政策文件中的 BIM 相关内容，具体见表 1-1。

表 1-1　交通运输部近年来涉及 BIM 技术的相关政策文件

时间	政策名称	主要内容
2016-07	《交通运输节能环保"十三五"发展规划》	鼓励应用建筑信息模型（BIM）新技术，探索应用健康、安全和环境三位一体（HSE）管理体系，积极推广合同能源管理，稳步推进建设与运营期能耗在线监测管理
2016-07	《关于实施绿色公路建设的指导意见》	当前，应进一步探索将 BIM 技术应用于公路建设项目的规划、设计、施工和运营维护等全过程的方法，拓展 BIM 技术在高精度项目空间场景、模拟设计选线和结构物选型、精细化管理、远程实时监控、工程施工组织设计、可视化分析控制工程进度以及管理信息公开透明等方面的应用，加速推动公路建设全方位的技术创新与管理创新，实现工程无痕化、智能化建设

续表

时间	政策名称	主要内容
2017-01	《交通运输部办公厅关于印发推进智慧交通发展行动计划（2017—2020年）的通知》	应深化BIM技术在公路、水运领域的应用，鼓励BIM在企业生产运维等阶段中的应用，要加强在养护、运营、监测、应急、管理等方面的应用
2017-09	《交通运输部办公厅关于开展公路BIM技术应用示范工程建设的通知》	在公路工程行业内，率先开展第一批5项示范工程建设，在工程建设领域，大力推广BIM技术的研发和应用
2018-01	《公路水运品质工程评价标准（试行）》	项目实施了"智慧工地"，"在BIM技术、质量安全数据自动采集管理、结构风险可知可控、隐蔽工程检验等方面积极推进信息化技术，成效明显"的项目作为品质工程项目创新加分项
2018-01	《交通运输科技"十三五"发展规划》	在建筑信息模型（BIM）、水运主通道高坝通航、深远海应急搜救打捞、基于车-路合作与协同的道路交通安全等方面的重大关键技术开发与应用上取得一批拥有核心自主知识产权、实用性强的研发成果，新一代信息技术在交通运输领域得到广泛应用，互联网与交通运输发展深度融合
2018-05	《交通运输部办公厅关于加快推进绿色公路典型示范工程建设的通知》	在论证的基础上尽可能利用原有桥梁等沿线设施，厉行节约。积极应用废旧材料和建筑垃圾，推广节能技术和清洁能源，鼓励通过BIM技术应用逐步实现基础设施数字化，鼓励通过推进设计标准化实现结构工程工业化建造。倡导以人为本的设计理念，合理布设沿线服务设施，促进公路与旅游融合发展，提前统筹谋划绿色养护、绿色运营和未来的自动驾驶、车路协同要求
2018-11	《"平安百年品质工程"建设研究推进方案》	应推动先进智能建造设备和便捷监测技术研发应用，推进BIM模型与GIS在航道整治设计施工中的集成应用

续表

时间	政策名称	主要内容
2019-07	《数字交通发展规划纲要》	明确指出数字交通是数字经济发展的重要领域,在全行业内推动现代交通运输体系建设,以数据为关键要素和核心驱动,促进物理和虚拟空间的交通运输活动不断融合
2020-08	《关于推动交通运输领域新型基础设施建设的指导意见》	明确指出到2035年,基础设施建设运营能耗水平得到有效控制。泛在感知设施、先进传输网络、北斗时空服务在交通运输行业深度覆盖,行业数据中心和网络安全体系基本建立,智能列车、自动驾驶汽车、智能船舶等逐步得到应用。科技创新支撑能力显著提升,前瞻性技术应用水平居世界前列

将上述文件的主要内容部分利用自然语言处理技术(NLP)进行处理并剔除介词、形容词等无用词后,得到词频统计结果见表1-2、图1-1。

表1-2 交通运输部相关政策文件中标准词频统计表

关键词	词频	权重
交通	165	1.000 0
BIM	115	0.982 9
建设	155	0.981 0
运输	117	0.975 1
技术	150	0.970 2
公路	107	0.970 0
交通运输	83	0.947 1
设施	99	0.945 7
BIM技术	79	0.941 7
基础设施	61	0.913 4
工程	71	0.901 8
智能	56	0.899 1

续表

关键词	词频	权　重
示范	51	0.891 9
养护	39	0.882 6
协同	40	0.876 6
数据	52	0.872 0
智能化	35	0.866 7
设计	52	0.866 6
绿色	45	0.865 9

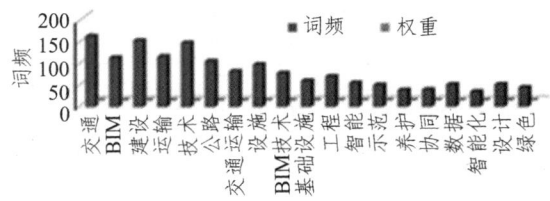

图 1-1　交通运输部 BIM 相关政策词频统计图

由图 1-1 可见,"BIM 技术""基础设施""智能""协同""数据"等词汇出现频率较高,说明利用信息化领域的相关技术保障施工安全、通过信息化手段实现项目施工管理是交通行业一直以来的重点发展内容。随着公路工程全生命期信息化管理水平的提升,"智慧公路""车路协同"等与智能驾驶相关的关键词也经常出现,体现了技术发展的趋势。

1.1.2　BIM 标准编制

截至 2020 年 12 月,建筑信息模型的国家标准编制及发布的统计情况见表 1-3。

表 1-3　建筑信息模型国家标准发布情况统计表

标准名称	发布状态
《建筑信息模型应用统一标准》	GB/T 51212—2016,自 2017 年 7 月 1 日起实施

续表

标准名称	发布状态
《建筑信息模型施工应用标准》	GB/T 51235—2017，自 2018 年 1 月 1 日起实施
《建筑信息模型分类和编码标准》	GB/T 51269—2017，自 2018 年 5 月 1 日起实施
《建筑信息模型设计交付标准》	GB/T 51301—2018，自 2019 年 6 月 1 日起实施
《建筑工程设计信息模型制图标准》	JGJ/T 448—2018，自 2019 年 6 月 1 日起实施
《建筑工程信息模型存储标准》	征求意见稿

为了更好地收集地方标准的编制情况，笔者通过从互联网等公开资料采集到152条自2013年起与BIM相关的地方性标准的相关报道，并进行词频分析，得到的结果见表1-4、图1-2。

表1-4 地方BIM类标准词频统计表

排序	关键词	频次	频率
1	建筑	73	5.993 4
2	技术	57	4.679 8
3	应用	56	4.597 7
4	信息	54	4.433 5
5	模型	53	4.351 4
6	工程	35	2.873 6
7	标准	34	2.791 5
8	征求	25	2.052 5
9	建设	24	1.970 4
10	意见	24	1.970 4
11	设计	16	1.313 6
12	推进	16	1.313 6
13	成立	14	1.149 4

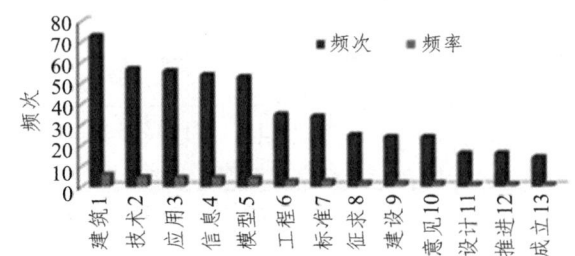

图 1-2 地方 BIM 标准词频统计柱状图

由表 1-4 可见,在地方性 BIM 相关标准的关键词中,"信息""模型""推进"等词汇的频率较高,说明各省(自治区、直辖市)在积极推动相关地方标准的编制工作,并规范 BIM 技术在当地公路工程中应用的流程和成果。

1.2 BIM 在公路工程中发展的三个阶段

1.2.1 起步阶段

1.2.1.1 阶段特征描述

本阶段公路行业内的大型设计单位均较重视本单位三维设计生产能力的建设,设计院内部相继成立 BIM 中心或组建 BIM 团队,负责相关 BIM 课题的研发与工程实践。但此阶段公路工程行业内的质量控制仍以传统设计规范为主,设计成果的交付形式也以设计文件为主,只有部分示范工程要求提交数字化成果,实现公路 BIM 模型的数字化交付。综上所述,本阶段公路工程设计行业总体呈现二维设计与三维设计并存、以二维设计为主的显著特点。公路 BIM 模型在设计阶段更多的是起辅助设计作用,设计单位充分利用 BIM 模型的可视化优势,在项目前期阶段促进工程各参与方理解设计方案,提高总体设计质量,减少施工图设计阶段出现大的设计方案变更,有效控制设计周期。

本阶段公路工程 BIM 模型相关技术标准以及实施标准缺失或不完善,BIM 技术在公路工程中的应用属于初级阶段,公路工程信息模型的创建工具和建模平台尚不成熟，道路、桥梁及隧道工程建模效率不高，大型设计院都在积极探索自动化快速建模的解决方案，部分中小型设计院设计人员需要依靠主流建模平台手工完成建模等相关工作。

1.2.1.2 重点研究方向

本阶段应重点解决公路 BIM 模型快速化创建的问题，有自主研发能力的设计单位应基于主流 BIM 建模平台二次开发，大幅度提高公路 BIM 模型的建模效率，使公路工程设计人员逐步习惯利用公路 BIM 模型辅助设计方案的核查和路桥隧主要专业间的设计协同，有效提升公路工程总体设计质量。公路 BIM 模型的数字化交付也是本阶段的研究热点，随着工程项目交付需求量的增加，不同单位研发的数字化交付平台接踵而来，但功能同质化现象严重，行业内重复建设，造成社会资源浪费。与此同时，公路工程大体量模型的轻量化展示及 BIM 与 GIS 技术的融合和集成等关键性技术问题有待完善。本节统计了目前阶段常用的创建公路 BIM 模型的相关系统，其主要功能见表 1-5。

表 1-5 公路 BIM 模型快速化创建的系统功能调研表

公司产品名称	路线设计	智能设计	BIM + GIS	碰撞检查	轻量化展示
OpenRoad	√	√	×	×	√
Infraworks360	√	√	√	√	×
路线 BIM 设计专家系统	√	√	×	√	√
Roadleader	√	×	×	×	×
CivilStation Designer	√	×	×	×	×
纬地 BIM2.0	√	×	√	√	√
艾三维	√	×	√	×	√
公路 BIM 设计系统同豪土木	√	√	√	×	√

由表 1-5 可见，目前的相关系统均已具备路线设计，BIM + GIS 集成、协同设计建模平台，以及常规碰撞检查等主要功能，系统各有千秋，符合目前市场上建模平台均不成熟的现状，需要大量的二次开发工作才能满足设计人员的设计生产需求。

1.2.2 高速发展阶段

1.2.2.1 阶段特征描述

本阶段公路行业内各省级公路勘察设计院均具备了一定的三维设计生产力,有技术储备的大型设计单位开始在部分工程项目中探索实现正向设计,有更多的辅助工具帮助设计人员实现基于三维模型生成二维的设计图纸。各单位的BIM中心逐步由科研单位向管理单位转型,开始制定企业级标准,管控三维设计的工作流程和质量。公路BIM模型的数字化交付平台较为成熟,市场内会形成2~3家成熟的平台类产品,大型公路工程项目的建设单位在设计招标阶段会明确要求设计单位实现实物工程和数字工程的双产品交付。公路BIM模型基本实现了从设计阶段向施工阶段交付,有效避免了施工阶段重新翻模的现象,减少了大量重复劳动和社会资源的浪费。

本阶段公路工程行业的信息模型相关技术标准体系已成熟,部分基础标准已正式发布,并有效指导工程实践。公路工程行业内设计成果的交付形式逐步过渡为以三维模型为主、以二维设计图纸为辅。大多数的公路工程要求提交数字化成果。二维的设计图纸在设计阶段更多的是起辅助说明的作用。大型设计单位充分利用三维协同设计平台,开展全专业的协同设计,搭建公共数据环境,协同工作方式逐渐由基于文件的协同开始向基于数据的协同转变。设计单位的三维设计能力逐步提升,部分单位形成核心竞争力,设计行业优胜劣汰的趋势更加明显,部分中小型设计企业逐渐被市场淘汰。

1.2.2.2 重点研究方向

本阶段应重点解决基于公路BIM模型的全专业协同设计平台的研发,有能力的设计单位应研发适应企业内部管控流程的三维协同设计平台,打造并形成企业的核心竞争力。基于BIM模型生成工程设计图纸的相关辅助工具也是研发热点,更多基于主流BIM建模平台的辅助建模工具日趋成熟,促进设计人员设计习惯的转变,更多的设计人员开始适应正向设计的思路。应用公路BIM模型汇报设计方案和设计思路成为常态,公路工程行业的总体设计质量得到显著提升。笔者通过大量的市场调研,整理分析现有的已正式发布的协同设计平台产品见表1-6,根据调研结果,目前尚未有公路工程行业的协同设计平台产品正式发布,已发布的相关产品均起步于工业与民用建筑行业。国外的产品应用早且较成熟,近年来,国内也涌现出了中设数字CBIM平台等国产平台,在工程建设行业也有大量的成熟应用案例。随着BIM技术在公路工程行业中的应用逐步成熟,公路工程行业协同设计平台研发和应用将成为行业内的研发热点。

表1-6 已发布的协同设计平台产品

序号	产品名称	官方网站
1	中设数字CBIM平台	http://www.cbim.com.cn
2	BIMSOP协同云平台	http://www.bimsop.com/bimxietong
3	ProjectWise	https://www.bentley.com/zh/products/brands/projectwise
4	广联云	https://xz.glodon.com
5	3DExperience	https://www.3ds.com/zh
6	Navisworks	https://www.autodesk.com.cn/products/navisworks/overview
7	e建筑	http://www.ejianzhu.com

1.2.3 成熟阶段

1.2.3.1 阶段特征描述

通过十多年的信息技术发展和进步,公路工程信息化的水平得到了高速发展。公路行业内各大中型设计企业均具备正向设计能力,二维设计图纸在工程设计行业已消失殆尽。各单位的BIM中心已完成历史使命,逐渐退出历史舞台。设计院内部均已建设起完备的基于三维正向设计的QSHE管理体系。公路BIM模型的数字化交付平台成熟规范,中国数字化高速公路网已搭建完成并初具规模。大型公路工程项目在招投标阶段,对数字化工程建设均提出了明确的要求,设计单位在设计阶段要进行全生命期的规划，充分考虑运维阶段的信息需求。国内的大型公路设计单位，均已构建起完备的企业级公路工程构件库，形成企业核心竞争力。具备三维正向协同设计能力的设计企业，将大幅度提升公路工程行业的整体设计质量和效率。

本阶段公路工程行业的数字化工程标准体系已成熟，三维正向设计已成为行业内的新常态。公路工程行业实现全生命期的数字化交付，设计图纸在公路工程建设中逐步退出历史舞台，基于电子签名的数字化设计成果具备了法律效力，可以指导公路工程建设实践。由于设计效率的大幅提升，国内的大型公路设计企业逐渐向工程总承包和高端工程咨询集团转型，只有具备三维协同正向设计能力的企业，才能在激烈的市场竞争中生存下来。

1.2.3.2 重点研究方向

本阶段应重点研究公路工程信息模型从建设阶段向运维阶段交付，实现工程信息全生命期的共享和传递。基于公路 BIM 模型的高速公路运维阶段的需求被激发，数字化的智慧公路成为研究热点。随着无人驾驶及移动互联网的迅猛发展，车联网成为现实，人们的公路交通出行方式发生革命性的变化。

1.3 数字化智慧公路

笔者对 BIM 技术在公路工程中的研发应用及发展路径进行了研究、总结并对未来发展阶段进行了展望；在行业内首次提出了公路工程 BIM 技术应用三阶段发展路径，对不同阶段的发展特征进行了描述，并对每个阶段的重点研究内容进行了展望和规划。

产业数字化、数字产业化是公路行业的发展趋势，数据赋能产业技术进步的脚步不会停歇，由于主流建模平台的不成熟，大体量公路 BIM 模型轻量化交付，以及 BIM + GIS 技术融合等技术瓶颈的限制，公路工程行业整体水平仍将在较长时间内处于起步阶段。但借鉴制造业和工程建筑行业的 BIM 技术发展趋势，我们可以预见数字化智慧公路的时代即将到来。

1.3.1 全球智慧高速总体发展情况

以 5G、云计算、人工智能等数字技术主导的世界新一轮科技革命方兴未艾，智慧高速作为智能交通领域的新型数字基础设施，已成为世界交通强国争相加快部署的热点。当前国内外在智慧高速方面的推进主要关注无人驾驶、车路协同、自动化监测、智慧化运营管控和出行诱导服务等方面，但总体是行业对智慧高速内涵理解不同，尚未形成统一的共识。世界各国结合新兴技术发展趋势及发展诉求，积极推进高速公路传统机电系统升级，例如开展基于多传感器融合的超视距感知、交通流运行规律挖掘及短时预测、智能主动管控、车路协同、长寿命新型道路材料、无线充电等技术研究及试点应用，加快探索智慧高速发展路径，抢占新技术融合应用和智慧高速发展的制高点。

1.3.1.1 国外发展概况

1. 美国：以高速公路为载体开展车路协同、自动驾驶新技术探索

通过 730 万起交通事故的分析和统计，美国高速公路管理局（NHTSA）预测车联网系统部署能够减少近 80% 的车辆碰撞事故。为着力强化高速公路运行安全，美国持续开展基于 5.9 GHz 短程无线通信技术的车联网产品研究，尤其是恶劣环境条件下的大载重货物运输车辆防碰撞应用。美国还重点推进专用无线通信带宽设置、路侧 RSU（路侧单元）及车载 OBU（车载单元）设备、超视距感知协同等技术研究，当前开展车联网设备部署应用的州已超过 50%，并在相关高速公路上开展了智能网联汽车测试。

作为高速公路车联网重点试点项目之一，怀俄明州交通部针对 I-80 州际高速公路重型卡车流量大，冬季暴雪大风碰撞事故高发等问题，开展车车交互、车地通信部署，提供行进前方碰撞警告、道路运行态势感知、事故区域警告、天气影响分析、险情通知等 5 项功能应用，当前已完成 400 辆高频卡车（包括 150 辆高频重型运营卡车、100 辆交通局车队、150 辆扫雪车及巡逻车）以及 75 个路侧节点布设。

2. 日本：依托 ETC2.0，推进高速公路智能化管理服务

日本围绕智慧公路（SMART WAY）建设目标，推进车路设备有序迭代，逐步构建高速公路车路协同体系。在融合道路交通信息通信系统（VICS）和不停车收费系统（ETC）功能基础上，日本推出世界首款 DSRC（专用短程通信技术）大容量双向通信设备 ITS Spot，提供拥堵预测及路径规划、特殊车辆运行规律及轨迹追溯、动态费率调整、异常驾驶行为识别等智能出行引导及运营管理服务。2016 年日本正式提供 ETC2.0 服务，全国高速公路累计完成 1 700 个路侧设备部署。

以高速公路动态费率为例，日本高速公路车路协同体系面向城市拥堵，通过接入 ETC 车辆轨迹数据分析路网通行态势，主动引导车辆绕行外环高速，并结合拥挤情况提供约 50% 的通行费用折扣，有效疏解城市内部道路拥挤情况。同时该体系支持高速公路运行规律分析，通过车速变化特征精准识别路网瓶颈节点，为及时有效的应急救援、基础设施优化提供指导。

3. 欧洲：以主动交通管控为基本路径推进智慧高速建设

聚焦高速公路主动交通管控，欧洲注重出行需求及运行态势的智能发现，面向多国互通的基本特征，强调跨国高速公路信息系统无缝对接及可持续发展，重点打造欧洲数字交通走廊，积极推进标准化 DSRC 车路通信、综合交通信息服务、新型长寿命道路材料、极端天气预警及智能诱导等技术研究及部署。

在建设应用方面，以奥地利高速公路主动管理系统为例，欧洲高速公路智能系统围绕交通流主动式引导，注重对拥堵、事故、天气等异常情况的动态监测与及时响应，基于在线可编辑的全自动控制策略库以及高密度部署的可变电子情报板，开展了分车道动态限速、临时路肩使用、基于交通状态的动态绕行引导、拥堵响应处理、动态货车管理、车距保持警示、极端恶劣天气监测预警等智能应用。目前该系统已覆盖 800 多千米高速公路，运行效果显著，车辆事故减少 35%、受伤公众数量减少 30%。

在前沿探索方面，欧洲高速公路管理部门开展内嵌 C-ITS（协同式

智能交通系统）的智能基础设施带研究，创新地提出高速公路路内智能监测体系，不依赖传统的路侧挂靠设施，通过短程通信及 LTE（长期演进）蜂窝技术融合应用，支持基于位置的车载终端及手机端无线交互，集成交通流监测、指引体系及管控信息虚拟化、基础设施健康状态实时感知等功能，集约化理念突出。

1.3.1.2　国内发展概况

我国高度重视高速公路智能化建设工作，2018 年交通运输部印发《关于加快推进新一代国家交通控制网和智慧公路试点的通知》，面向北京、浙江、广东等 9 个省市差异化开展新一代国家交通控制网和智慧公路试点示范，提出基础设施数字化、路运一体化车路协同、北斗高精度定位综合应用、基于大数据的路网综合管理、"互联网＋"路网综合服务、新一代国家交通控制网六大试点方向，北京延崇智慧高速、广东广乐智慧高速、江西昌九智慧高速等工程被列入示范项目重点推进。围绕交通强国示范建设和新型基础设施建设部署，全国纷纷以智慧公路作为融合基础设施的重要抓手（如浙江推出杭绍台、杭绍甬智慧高速，江苏推出五峰山高速、沪宁高速，广东推出机荷智慧高速等），大力开展 5G、人工智能、云计算等新一代信息技术在高速公路中的深度融合应用。

以杭绍台智慧高速为例，其系统基于高桥隧比、大雾冰雪等极端天气易发等基础特征，着重打造准全天候运行、智慧隧道、车路协同以及智慧服务区等 4 类特色应用场景，搭建智慧高速云控平台，支持隧道主动应急救援及自动驾驶，实现高精度驾驶辅助及智能管理。广东广乐高速智慧化试点，以控制服务云中心为核心，科学部署边缘计算节点、车路协同、高清视频及毫米波雷达等设备，形成北斗高精度应急指挥、路网综合分析决策、路运一体化车路协同等 5 类应用。

1.3.2　智慧高速未来发展趋势研判

总体上，当前智慧高速依然处于探索阶段，尚未形成标准化定义及功能框架，但"设施数字化、运输自动化、管理主动化、服务个性化"

的智慧高速发展理念基本建立并加速迈向成熟，随着新一代无线通信、自动驾驶、人工智能等技术进一步发展，未来 5 年智慧高速公路将进入规模化建设阶段。

1. 由单一碎片采集转向全要素、全时空感知

目前，高速公路基本建成较为完整的交通运行、基础设施监测体系，但主要覆盖分合流区、关键桥梁等部分点位，监测区域不足、设备功能单一、信息融合不够等缺陷明显，在支持路网-路段-路口多层次监测、人-车-路-环境多要素分析等方面能力不足。通过科学布设高清视频、北斗定位、专用传感器等多类型监测设备，搭建以 5G 为核心的高速公路通信网络系统，建立基于多源传感耦合、新型通信组网结构的全要素、全时空感知体系，将实现高速公路数据高质量采集、高可靠传输，这是推动伴随式信息服务、实时交通管理等应用的关键举措。

2. 由被动型事后处置转向主动式精细化管控

高速公路运行环境相对封闭，以事后处置、经验研判为主的管控模式，极易导致异常事件受影响范围扩大、受影响程度加深，难以适应新时期高质量出行体验、高效能业务处置的需要。主动管控模式，基于高速公路动静态运行数据分析，对宏观及局部运行态势进行多时间尺度预测，精准识别或预判关键匝道、瓶颈路段、主流量通道，将有力赋能动态匝道控制、路肩控制、车道控制、费率调整等主动控制策略，实现车流提前引导及管控，极大提升高速公路通行及事件应急处置能力，是高速公路智能决策及控制的基本发展方向。

3. 由间断式推送转向基于位置的伴随式个性服务

当前以静态交通标识、第三方地图平台为主的高速公路信息指引体系，无法满足基于高速公路动态运行形势的车道级实时指引，难以提供贴合公众出行习惯的精准服务。北斗高精度定位、知识图谱、5G 远程控制等信息技术的快速成熟，将有力支持可变信息情报板-广播-手机信息-网络平台等多方式信息及时发布，进而促进伴随式信息服务加快落地，将逐步实现出行前—出行中—出行后全过程精细化引导。例如：结合前方道路事故信息，主动提供车道级行驶方案或引导公众从最近高速公路

出口绕行；利用知识图谱，构建公众驾驶行为、出行路线等个人出行画像，提供车道级动态路线规划、安全驾驶风险提示等伴随式个性服务。

4．由传统机电系统转向新技术集成、新模式探索

以收费、通信、监测为核心的传统机电系统，对高速公路数字化管理及服务发挥了非常关键的作用，但面向当前全球新一轮科技革命和产业变革加速演进的发展环境，高速公路信息化在更复杂智能的运行控制、更精准可靠的多元服务等方面仍然存在极大的发展空间。大数据、AI（人工智能）、融合感知、自动驾驶、车路协同等新兴技术在高速公路领域的集成应用迅速推进，编队驾驶、远程驾驶、无线充电等新模式探索逐渐落地，将进一步延展高速公路管理及服务内涵，大幅提升高速公路通行能级与安全水平。

5．由单一主体转向多方协同、跨界融合

智慧高速建设涉及管理部门、运营单位、运输企业、开发企业、出行公众等多方参与主体，建立智慧高速产业联盟，充分结合多类型用户需求、发挥各方优势，是加速推进有关技术研发及应用的必然趋势。例如：车路协同发展，不仅需要路侧智能设备布设，更需要运输企业车辆、出行公众车辆安装必备的车载终端才能完全发挥效能；跨区域无缝衔接，支持不同运营单位的服务信息融合应用，实现跨路段的智慧高速公路连续服务。

1.3.3　智慧高速建设若干建议

2020年8月6日，《交通运输部关于推动交通运输领域新型基础设施建设的指导意见》提出打造融合高效的智慧交通基础设施。智慧高速作为智慧公路的重要组成部分加速迈入发展快车道，应坚持顶层设计、创新引领、新旧共融等发展思路，切实有效引领交通强国建设。

1．开展智慧高速总体规划编制，完善顶层设计

遵循需求导向、适度超前的基本发展理念，在全面分析高速公路交通运行规律、地理环境特征、未来发展需求的基础上，结合新模式、新技术

赋能高速公路智慧化提质增效的内在机理，提出各阶段建设目标，明确智慧高速核心功能体系、实施时序、建设重点等顶层设计方案，注重与传统机电系统的融合发展，强调功能当下适用、体系框架兼容未来拓展。

2. 开展智慧高速核心技术研究，筑牢技术支撑

针对当前智慧高速技术尚处于探索完善阶段的发展现状，围绕高速公路虚拟平行系统构建、智能决策及主动控制、个性化精准诱导等核心功能，分层次、分类别开展基础理论、软件系统、硬件设备等关键环节的技术研究及应用，包括交通运行态势实时监测及态势推演、基于线网协同的匝道控制、基于在线仿真的应急救援、车路协同、异常驾驶行为识别等，为开展智慧高速建设提供核心技术支持。

3. 开展智慧高速标准规范研究，支持协同共融

在充分开展智慧高速总体功能框架、技术路线、产品性能等核心要素研究的基础上，制定智慧高速标准规范，明确多源感知体系前端设备布设原则、应用系统功能、主动管控策略、车路协同设备性能及安装、数据格式及接口等标准要求，形成覆盖高速公路全息感知、智能决策、综合服务等核心环节的完备功能体系，推动智慧高速公路复制推广、功能协同。

4. 开展智慧高速试点示范建设，引领成熟应用

当前智慧高速建设尚无成熟经验可借鉴，智能化应用系统及设备相关技术成熟度、运行可靠性依然有待进一步验证，应在总体规划的统一部署下，结合高速公路运行管理特征，在预留拓展空间的基础上，优先选择需求较迫切的场景开展智慧高速先行试点布局，验证技术成效及可靠度，再逐步向其他路段、路网推广应用。

5. 开展智慧高速建设与运营模式研究，践行集约建设

与高速公路传统机电建设相比较，智慧高速涉及的信息基础设施更多、系统架构更复杂、对前沿技术的充分预留要求更高，如何实现集约式建设、功能体系持续可拓展、运营绿色高效，是智慧高速高质量建设运营的关键。一是研究新建高速智慧应用体系配建方案，推进道路基础设施与信息基础设施同步规划、同步设计、同步建设，提前预留空间布局。二是研究改扩建高速智慧应用体系新建方案，在充分发挥既有设备功能的基础上，统筹新建设施与既有设施协同共融。三是创新运营模式，引导市场主体转变角色，推进智慧高速信息化系统建设运营一体化。四是细化行业分工及角色，着力培育智慧高速运维领域专业咨询机构，为打造智慧高速行业产业链闭环提供支撑。

1.3.4 我国九个试点地区智慧公路新进展

为推动新一代国家交通控制网及智慧公路试点有序开展，防止试点同质化、碎片化，2018年2月，交通运输部发布《关于加快推进新一代国家交通控制网和智慧公路试点的通知》，划定了北京、河北、吉林、江苏、浙江、福建、江西、河南以及广东九个智慧公路试点地区，基础设施数字化、路运一体化车路协同、北斗高精度定位综合应用、基于大数据的路网综合管理、"互联网+"路网综合服务、新一代国家交通控制网六个试点主题。

1.3.4.1 北京市智慧公路新进展

1. 政策层面

2019年3月25日发布的《2019年北京市交通综合治理行动计划》提出：推进智慧交通建设，将新一代信息技术、人工智能及车路协同等先进技术应用标准纳入道路建设设计标准，提高公路建设和运营的智能化水平；加快推进延崇智慧高速公路车路协同示范工程建设。

2. 智慧公路建设新进展

2019年7月1日，北京大兴新机场高速、大兴机场北线高速正式通车运营，新机场高速公路成为国内首条具备"防冰融雪"功能的高速公路，并通过智慧高速新收费系统、仿真推演与电子沙盘打造智慧管理体系，从而将该高速公路打造成京津冀首条"6+1"智慧高速公路。

根据《北京市2019年重点工程计划》，京雄高速将于2019年内开工；2019年7月，京雄高速公路河北段已获河北省发改委批准建设。

1.3.4.2　河北省智慧公路新进展

1．政策层面

2019年2月1日发布的《河北省人民政府办公厅关于加快推进新型智慧城市建设的指导意见》提出，推动智能化基础设施建设，建设交通诱导、出行信息服务、公共交通、综合客运枢纽等智能系统，推进京津冀一体化智能交通服务。

2018年4月4日发布的《关于进一步扩大和升级信息消费持续释放内需潜力的实施方案》提出：加快推进国家基于宽带移动互联网的智能汽车与智慧交通应用示范，推动智能汽车和智慧交通在京冀应用，在雄安新区开展智能网联汽车试点示范，推动车载感知、自动驾驶、车联网、物联网等技术集成和配套，开展智能驾驶、智能路网、智慧泊车等典型应用示范；加快推进京津冀汽车电子标识试点建设；到2020年，初步完成所涉及高速公路的智能网联汽车和智慧交通系统的建设。

2．智慧公路建设新进展

确保冬奥交通基础设施2020年8月底前竣工验收，津石高速公路、G230京冀接线段2020年内建成通车，京雄、荣乌新线、京德高速公路一期工程和容易、安大线主体建成。

目前，已在运营高速公路开展视频联网监测工程建设，推进智慧化升级改造。接下来，将加强推进新型基础设施建设。

加快延崇、京雄智慧公路试点示范工程实施，推进荣乌新线、京德等新建高速智慧公路建设，研究推进已运营高速智慧化升级改造。

1.3.4.3　吉林省智慧公路新进展

1．政策层面

2018年4月13日发布的《吉林省人民政府办公厅关于进一步扩大和升级信息消费的实施意见》提出，推进智能网联汽车发展，加快国家智能网联汽车应用（北方）示范区建设，支持一汽集团在智慧路网、宽带移动互联网基础设施环境、智能汽车关键核心技术、核心应用软件等方面开展示范区建设。

突破环境感知、智能决策、协同控制等关键技术，利用第五代移动通信（5G）、北斗高精定位、传感器、V2X（车-外界）通信及安全控制技术，开展智能汽车、智慧交通等产品、服务和解决方案的开发与应用，打造国家标准智能网联汽车。

2．智慧公路建设进展

"吉林省高速公路智能化示范工程"是交通运输部为贯彻落实"交通强国"和"数字中国"战略目标、加快推进新一代国家交通控制网和智慧公路建设试点项目确定的"互联网＋路网综合服务"方向试点示范工程，旨在提升高速公路管理、指挥调度、运营安全、车路协同、出行服务等智能化水平，提高公路基础设施的运输效率及服务水平。

2019年吉林省依托珲乌高速吉林省全线试点工程和长春龙嘉机场连接线，建设完成新一代国家交通控制网和智慧公路示范项目，2020年示范成果已在全省高速公路推广。

1.3.4.4 江苏省智慧公路新进展

1．政策层面

2018年9月18日发布的《智慧江苏建设三年行动计划（2018—2020年）》提出：完善省、市两级交通运输综合数据中心和移动应用等基础平台；建设全面覆盖、泛在互联的智能交通感知网络，加快推广全省交通地理信息云服务平台应用；健全公众出行综合信息服务体系，加快推广掌上公交、公交智能调度系统、出租车管理与服务系统、渡船航行避碰预警导航系统。

2．智慧公路建设情况

2018年11月6日，世界首条"三合一"无线充电智慧公路亮相苏州同里。在国际上首创路面光伏发电、动态无线充电、无人驾驶三种先进技术的融合应用，实现了电力流、交通流、信息流的智慧交融。通过路面光伏电能无线发射和车内无线接收能量，车辆可以边充边跑、无线续航，同时具有智能避障、自动泊车、APP叫车、路面融雪化冰等功能，并设有 LED（发光二极管）智能引导标识、电子斑马线、多功能路灯等智慧交通设备。

2019 年 3 月 21 日，"江苏'智慧公路'信息化支撑关键技术研究"科技项目中期成果通过评审。"江苏'智慧公路'信息化支撑关键技术研究"项目结合江苏智慧公路建设的总体要求，对其中支撑层所涵盖的公路云、公路大数据、公路数据管理、公路移动应用和公路外场监测设备管控等关键技术开展了深入研究，研究成果对于支撑江苏"智慧公路"信息化建设具有重要指导意义。

2019 年 6 月 19 日，智慧公路建设在沪宁高速公路取得新突破。宁沪公司联合江苏中路工程技术研究院、东南大学等单位，依托省交通运输重点科研项目"沪宁高速公路超大流量路段通行保障关键技术研究与工程示范"，将研发的应急车道主动管控、连续式港湾车道和匝道管控等新技术，在无锡硕放—东桥路段进行了成功的应用。特别是 2019 年"五一"小长假期间，与 2018 年相比，交通通行量提升 34.5%，拥堵次数降低 65%，平均拥堵距离缩短 33.3%，交通事故数降低 77.3%，取得了显著的成效。

1.3.4.5　浙江省智慧公路新进展

1. 政策层面

2019 年 6 月 18 日发布的《德清县创建省级自动驾驶与智慧出行示范区实施方案（2019—2020 年）》提出，力争到 2020 年末，建成浙江省智能基础设施建设先行区、全域城市级自动驾驶测试区、自动驾驶应用示范区、自动驾驶和智慧出行产业集聚区、智能交通与自动驾驶规制创新区。

2018 年 11 月 5 日发布的《浙江省综合交通产业发展实施意见》要求：推进智慧高速公路网建设；高标准打造杭绍甬智慧高速，为未来高速公路建设树立标杆；加快实施沪杭甬高速公路智慧改造，为高速公路智慧化改造升级做出示范；依托杭州绕城高速公路西复线项目深入开展基础设施数字化、基于大数据的路网综合管理、新一代国家交通控制网等领域先行先试，到 2022 年基本建成杭州湾智慧高速公路网；研究制订智慧高速公路建设标准规范，推进市场化灵活收费机制研究。

2．智慧公路建设进展

2018年3月19日，浙江省交通运输厅在杭州组织召开了《杭州绕城西复线智慧公路试点项目实施方案》评审会，项目计划于2020年投入使用。

2018年7月3日，杭州板块智慧公路试点示范项目杭州绕城西复线实施方案成功获省交通运输厅批复。

2019年4月，杭绍甬智慧高速一工程——跨曹娥江大桥绍兴滨海侧栈桥先行工程此前获批，工程系杭绍甬智慧高速关键性节点工程，此次获批标志着杭绍甬智慧高速先行工程全面启动。杭绍甬智慧高速将力争于杭州2022年亚运会前建成试运行，设计速度预计将突破120 km/h，将支持自动驾驶、边通车边无线充电等"未来科技"。

2019年7月，杭州绕城西复线环山互通公路已通过交工验收。环山互通为杭州绕城西复线重要节点工程，位于富阳环山乡。

1.3.4.6　江西省智慧公路新进展

1．政策层面

2019年2月22日发布的《2019年江西省交通运输工作要点》提出：强化顶层设计，加快推进"一个中心、三大平台"建设，启动交通运输行政执法综合管理信息系统等13个项目建设；以新一代宽带无线移动通信网国家科技重大专项成果（简称"03专项"）转移转化江西试点示范项目为抓手，推动基于北斗高精度定位、4G/5G等技术的推广应用；依托昌九高速公路改扩建，加快实施"面向新一代国家交通控制网的智慧高速公路示范工程"建设；实施高速公路全程视频监控工程；加快推进"交通旅游服务大数据应用试点工程"项目；开展ETC服务专项提升行动，力争实现ETC车载设备免费安装全覆盖；大力推广货车ETC车道建设。

2．智慧公路建设进展

2017年12月，江西省首条智慧高速公路宁定高速公路建成试运营。在高速公路沿线枢纽分布着交调站，可对车流情况进行实时监测。在重点路段的隧道、高边坡等处布设了监测系统，能够准确监测安全运行情况。此外，这条高速公路上还运用北斗卫星技术，整合报警手机定位、路况预判等功能，实现对交通事故的快速处置。

2018年6月9日，江西省新一代国家交通控制网和智慧公路示范工程实施方案暨课题大纲通过评审。

截至2018年底，江西省建成符合国家标准的ETC专用车道760余条；建成覆盖全省市、县、区的全业务代理网点超过1000个，覆盖自营网点、服务区的自助充值终端120多个，赣通卡用户170余万；同时，已在全省高速公路收费站开设移动支付车道1212条，实现支付宝、银联扫码支付，2018年底实现移动支付全覆盖。

2019年5月，依托昌九高速公路改扩建工程，江西省新一代国家交通控制网和智慧公路示范工程——新祺周到永修收费站近10 km试验段取得实质性进展，投入试运行，成为国内首条面向国家交通控制网的智慧高速。2019年6月，试验测试段正式完成测试。2019年12月，全面完成"千车百道"工程，形成终端产品及标准、云平台和运营管理等成套技术体系。

1.3.4.7　河南省智慧公路新进展

1．政策层面

2019年3月12日发布的《2019年度河南省交通运输信息化重点工作任务及责任目标分解的通知》提出：加快推进河南省新一代国家交通控制网和智慧公路试点工程（普通干线公路）前期工作，积极申请部补资金支持，确保6月上旬前项目开工建设；加快推进河南省新一代国家交通控制网和智慧公路试点工程（机西高速公路）建设，积极申请部补资金支持，力争年底前工程基本完工并投入使用。

2017年8月3日发布的《关于加快推进智慧高速公路建设的实施意见》提出，到"十三五"末，形成信息基础设施完善、资源平台统一、行业应用深入、信息服务快捷、发展环境适宜的智慧高速公路发展局面，使公众服务便捷化、高速公路管理精细化、基础设施智能化、网络安全长效化，实现"互联网+"条件下高速公路的新管理、新服务、新体验。

2. 智慧公路建设进展

2019年3月12日发布的《2019年度河南省交通运输信息化重点工作任务及责任目标分解的通知》提出：加快推进河南省新一代国家交通控制网和智慧公路试点工程（普通干线公路）前期工作，加快推进河南省新一代国家交通控制网和智慧公路试点工程（机西高速公路）。

机西高速公路从郑州新郑国际机场至周口西华，建设范围在已通车运营的机西高速一期工程（106 km）和在建的二期工程（45 km）。2019年11月招标，建设以基础设施数字化和基于大数据的路网综合管理为重点的"231"（2套数字化体系、3套应用系统、1个云数据中心）智慧高速公路。

1.3.4.8 广东省智慧公路新进展

1. 政策层面

2019年3月22日发布的《广州市完善促进消费体制机制实施方案（2019—2020年）》提出：加快建设基于宽带移动互联网智能网联汽车与智慧交通应用示范区，重点推动智能网联汽车产业发展；推进"智慧交通"建设，利用信息技术提高道路资源的利用效率。

2. 智慧公路建设进展

2018年6月15日，深圳市交通运输委员会发布消息，将侨香路作为深圳首条智慧道路，已从6月15日起封闭部分车道施工，到2019年3月，主车道路面修缮及杆线布设全部完工。

侨香路建设过程中更多地采用了物联网、大数据以及人工智能等新技术，完善了道路的感知、管控与服务设施，构建了智能化的设施管养和交通治理体系。

目前，广东省已建成省交通数据中心并实现了信息资源整合，在省公路交通数据中心的基础上，建成了统一的省交通数据中心和省交通系统（云浮）数据备份中心，并提供主题分析和决策支持服务，搭建了省交通GIS公共服务平台；基本建成了覆盖高速公路、国省干线公路重点路段、两客一危车辆等动态运行监测体系。公路、道路运输、综合执法等管理部门开展了大量的信息化建设工作。建设高速公路不停车收费、公交一卡通、客运联网售票、交通服务热线、交通综合信息发布 APP 等系统并进行推广应用，使全省面向社会公众、企业的公共信息服务水平显著提升。

1.3.4.9 福建省智慧公路新进展

1．政策层面

近年来，福建省交通运输部门不断加大行业信息化投入和建设力度，将信息化应用渗透到交通运输管理和服务各个领域并与之融合。"十三五"期间，福建预计投资 19.9 亿元，用于交通运输行业数据开放共享平台、智慧路网等信息化建设，构建完善经济高效的现代交通物流服务体系和便捷舒适的公众出行服务体系，让群众享受交通发展带来的高效与便捷。

下一步，福建省普通公路将继续加大科技投入，开展智慧公路新技术推广；应用三维可测实景技术、高精度地图等方式，实现公路设施数字化采集、管理与应用；对重点桥梁、隧道、边坡等基础设施，建设智能监测传感网，实现交通基础设施安全状态预警与分析；研究应用无人机等移动手段，提高公路运行监测和应急反应能力，推动普通公路向智能、快速、绿色、安全方向发展。

2．智慧公路建设进展

福建率先在省级层面对全省高速公路工程建设领域推行建设监管一体化平台，通过采用互联网、客户端、二维码等信息技术，实现统一平台、实时信息共享、实时预警以及建管养一体化。

通过现场的传感器、监控设备，实现重要工点、拌和站、工地试验室等数据与视频的实时上传，既保证了数据真实性，又改变了以往必须人工深入现场检查的模式，大大提升了工程建设监管的针对性、有效性和即时性。

平台还结合关键工程基础设施的数字化、可视化，实现了对工程质量、安全、进度等方面的智慧管控调度和整个项目施工组织协同。

近年来，福建省坚持以"互联网＋交通管理"发展理念为引领，不断创新管理体制机制，通过实施交通运输数据资源汇聚工程，打通农村公路建管护运各子系统信息互联互通渠道，构建业务协同、信息共享、高效实用的智慧农路管理体系，实现全省农村公路建设管理精准化、养护管理一体化和运营服务智能化，推动了全省农村公路建设向高质量发展。

1.4 基于模型工程的数字孪生构建

1.4.1 数字孪生的概念及模型质量指标

1. 数字孪生的概念

数字孪生是充分利用物理模型、传感器更新、运行历史等数据，集成多学科、多物理量、多尺度、多概率的仿真过程，它在虚拟空间中完成映射，从而反映相对应的实体装备的全生命周期过程。数字孪生是一种超越现实的概念，可以被视为一个或多个重要的、彼此依赖的装备系统的数字映射系统。

最早，数字孪生思想由密歇根大学的Michael Grieves命名为"信息镜像模型"（Information Mirroring Model），而后演变为"数字孪生"的术语。数字孪生也被称为数字双胞胎和数字化映射。数字孪生是在MBD基础上深入发展起来的，企业在实施基于模型的系统工程（MBSE）的过程中产生了大量的物理的、数学的模型，这些模型为数字孪生的发展奠定了基础。2012年，NASA给出了数字孪生的概念描述：数字孪生是指充分利用物理模型、传感器、运行历史等数据，集成多学科、多尺度的仿真过程，它作为虚拟空间中对实体产品的镜像，反映了相对应物理实体产品的全生命周期过程。为了便于数字孪生的理解，庄存波等提出了数字孪生体的概念，认为数字孪生是采用信息技术对物理实体的组成、特征、功能和性能进行数字化定义和建模的过程。数字孪生体是指在计算机虚拟空间存在的与物理实体完全等价的信息模型，可以基于数字孪生体对物理实体进行仿真分析和优化。数字孪生是技术、过程、方法，数字孪生体是对象、模型和数据。

进入 21 世纪后，美国和德国均提出了 Cyber-Physical System（CPS），也就是"信息-物理系统"。作为先进制造业的核心支撑技术，CPS 的目标就是实现物理世界和信息世界的交互融合。通过大数据分析、人工智能等新一代信息技术在虚拟世界的仿真分析和预测，以最优的结果驱动物理世界的运行。数字孪生的本质就是在信息世界中对物理世界的等价映射，因此数字孪生更好地诠释了 CPS，成为实现 CPS 的最佳技术。

2．数字孪生模型质量指标

（1）模型的逼真度和可信度。

数字孪生本质上是一种模型。统计学家乔治·伯克斯有一句名言："所有模型都是错的，但有些是有用的。"任何一个模型都只能近似地描述客观对象的一部分特性，但是当我们难以直接对物理对象进行操作或分析时，模型似乎又是必不可少的。

只有在模型足够可信的情况下，我们才可以相信从模型所获取的知识，并用它来指导对物理对象的改进和优化，或针对物理对象的决策。

在仿真领域，评价一个模型是否可信一般有 2 个指标：逼真度（Fidelity）和可信度（Credibility，也称置信度）。

逼真度反映对象的客观特性，即模型和真实对象的"相像程度"。这个指标最早来源于对飞行模拟器（simulator）的评价，需要模拟器和被模拟对象尽可能像，才能提供足够的训练、评估价值。由于早期的模拟器是物理设备（现代模拟器虽然数字化程度越来越高，但仍然在一些关键环节使用物理设备），而将一个物理设备做得和另一个物理对象高度相像，甚至完全相同，是有可能的，因此追求高逼真度是有意义的。NASA 习惯上使用高逼真度（high fidelity）来衡量其数字孪生的质量，也正是因为数字孪生源于飞行模拟器的事实。由此我们有理由推测，NASA 的所谓数字孪生事实上是一种数字模型和物理模型相结合的混合模型系统。但若将数字孪生理解为纯数字模型，那么追求"高逼真度"将会带来一系列问题。一方面，用数字模型"一模一样"地复制一个物理对象,是不现实的;另一方面,盲目追求数字模型逼近物理现实,会带来不必要的复杂性,从而降低模型可靠性、可计算性、可维护性等其他重要性能。

可信度则是根据仿真的具体目的和需求,来考察一个模型的可信任程度的指标,体现用户对于模型的信任程度。实际上,对一种需求有效的模型可能并不适用于另一种需求,也就是说,针对不同的仿真需求,同一个模型可能显示出不同的可信度。

模型的可信度分为功能性可信与非功能性可信。功能性可信指的是相较于实际的物理系统,模型在特定功能上表现出的准确程度。非功能性可信指的是模型的质量指标,如可用性、可靠性、准确性、完整度、成熟度和建模过程管理。对于数字模型而言,可信度更符合解决问题的一般规律,具有更强的现实意义和实用价值。一方面,可以在保证模型能满足仿真需求的前提下,避免不必要的复杂性;另一方面,对于以模拟结构或外观为主要目的的仿真需求,可信度和逼真度是一致的。

在目前通常把数字孪生理解为纯数字模型的情况下,对它的评价指标应该采用可信度,而非逼真度。

(2)模型的成熟度。

模型成熟度是指随着使用时间和使用次数的增加,模型相对于实际对象的发展状态。模型成熟的过程是模型逐渐满足需求并逐渐趋于稳定的过程。模型成熟度的等级划分如表 1-7 所示。

表 1-7 模型成熟度的等级划分

等级	级别名称	内涵
1	初级	建模过程不规范,缺少文档,模型未经校核和验证,未被规范管理,仿真失败较多
2	已验证级	建模过程规范化程度低,模型文档不完整,只进行内部校核和验证,管理不规范,仿真失败较少
3	可重用级	建模过程规范,文档齐全,模型经过专业校核、验证和确认,具有可接受的可信度,没有错误或问题导致故障或失灵。模型具有友好的接口,可以在不降低性能的情况下重新配置模型。模型采用模型库管理

续表

等级	级别名称	内涵
4	协作级	建模过程具有较高的标准化程度。模型经过专业机构的验证、论证和认可，具有较高的可信度。模型具有友好的接口，符合特定领域的互操作性标准。该模式对异构环境有一定的适应性。在模型的使用过程中，很少有琐碎的问题。该模型可以很容易地重新配置，以满足不同的要求，而不会降低其性能。模型具有工程级的模型库，对模型管理完善
5	最优级	建模过程具有非常高的标准化程度。模型经过专业第三方机构的完全验证、验证和认可，具有较高的可信度和逼真度。模型的接口非常友好，能够适应不同的互操作标准。模型对异构环境具有较强的适应性。在使用模型的过程中，没有任何问题。模型可以很容易地重新配置和重建，以满足不同的要求，而不会降低其性能。模型采用商业级模型库和配套工具进行专业管理

（3）其他质量指标。

除了上述指标，一个理想的数字孪生模型还需要兼顾很多因素。数字孪生的生命周期包含分为三个重要阶段：构建、应用与重用。在每个阶段都需要采用相应的指标进行评价。

在模型构建阶段，除了可信度、逼真度外，模型复杂度、标准化程度和模型开发能力成熟度对模型的质量都有重要的影响。其中，模型开发的能力成熟度是保障模型开发过程规范化从而保证模型质量的重要指标，类似于软件过程中的能力成熟度（CMMI），但由于模型具有复杂性和多样性，模型开发的能力成熟度需要考虑更多的因素，目前国内外尚缺乏相应的研究。在模型应用阶段，主要考察模型的解耦能力、并行化能力和容错能力等。在模型重用阶段，需要考察模型的可重构性、可配置性、可组合性、移植性等。另外，还有一些重要指标贯穿模型生命周期的不同阶段，除模型成熟度外，还包括全生命周期成本、模型对需求和环境的适应性等。

这些指标大都是独立于应用领域的共性指标，但针对不用的应用需求，各个指标的重要程度可能有所不同，需要根据实际情况进行考量。而对一些指标的评估方法特别是量化评估方法都还需要深入的研究。

1.4.2 模型工程关键技术

构建一个可信的、高质量的数字孪生模型是开展各类数字孪生应用的核心和基础。模型工程可为数字孪生的构建提供重要的方法和保障。

保证所构建的模型的高质量是一个系统工程,需要从事后的验证评估和建模过程的规范管理两方面入手,即通过实施模型工程,保证模型构建、使用、维护、演化、重用等全生命周期各个阶段可信及满足其他相关指标的要求。

模型工程是采用系统化、标准化、可量化的方法,以最小的代价保证模型全生命周期可信和高质量的理论、方法、技术、标准及相关工具的总称。表1-8给出了模型工程的主要关键技术。

表1-8 模型工程技术体系

模型构建	全生命周期管理	模型重用和共享	定量分析和评估	支撑技术
1. 领域无关的建模方法 2. 模型描述和建模语言 3. 模型相关标准 4. 模型组合 ……	1. 模型全生命周期过程的建模 2. 模型需求的获取与管理 3. 面向建模过程的能力成熟度模型 4. 模型工程的过程管理 ……	1. 模型库管理 2. 模型即服务 3. 基于云的模型重用和共享 4. 模型重构和配置 5. 模型成熟度 ……	1. 模型可信性量化分析和评估 2. 风险分析 3. 成本分析 4. 复杂性分析	1. 模型验证、校核与确认(VV&A) 2. 数据/知识管理 3. 模型及全生命周期过程的可视化 4. 支撑环境/工具 ……

1.4.3 数字孪生构建

1. 基本原则

基于建模仿真领域多年积累的经验,构建一个可信的数字孪生,需要遵循一些基本原则。

（1）面向需求建模。模型只能描述被研究对象的某个方面的特性，因此建模之前首先需要了解建模的目的和需求。不同的应用需求对应研究对象的不同特性，它们决定了建模的方法、模型的结构、所要采集的数据等。因此，面向不同的需求，针对同一个对象可能构建出完全不同的模型。

（2）模型尽量简单。在满足应用需求的条件下，应使模型尽可能简单，从而避免不必要的复杂性。复杂的模型不仅会损耗过多的计算资源，同时也会增加计算过程的不确定性，并且给模型的维护和重用带来麻烦。虽然技术的进步使我们处理复杂模型的能力有了很大提升，但追求简单仍然是建模需要遵循的基本原则。

（3）全生命周期统一考虑。站在模型全生命周期的角度考虑建模问题，是模型工程的一个重要理念。特别对数字孪生而言，其生命周期一般较长，而且不同阶段（如模型构建、模型使用和模型演化）相互交错融合、相互影响，因此，在模型构建阶段需要同时考虑后续阶段（使用、重用、维护等）的要求，从而保证模型在各个阶段都有最优的表现。

（4）全面彻底的VV&A。模型在每个阶段、每个环节都需要经过严格的验证、校核和确认（VV&A），这在传统的仿真领域已经成为一条基本原则。对于构建过程复杂、运行周期长、动态性强的数字孪生而言尤其重要。

2. 数字孪生的构建框架

数字孪生构建可以采用图1-3所示框架。首先对仿真需求进行分析，确定模型构建的基本要求。接着，通过概念建模、架构设计、模型设计、模型实现和集成共5个步骤完成模型的构建。在构建过程中需要不断反向迭代，看是否每一步都满足前置需求。基础模型构建完毕后生成仿真结果，与现实系统比对，并根据采集到的实时数据进行同步更新。当系统发生重大变革或模型被重用时，数字孪生将演化生成新版本的模型。所有生成的模型、过程模型与格式化的需求都会存入模型库/云池等待被重用。

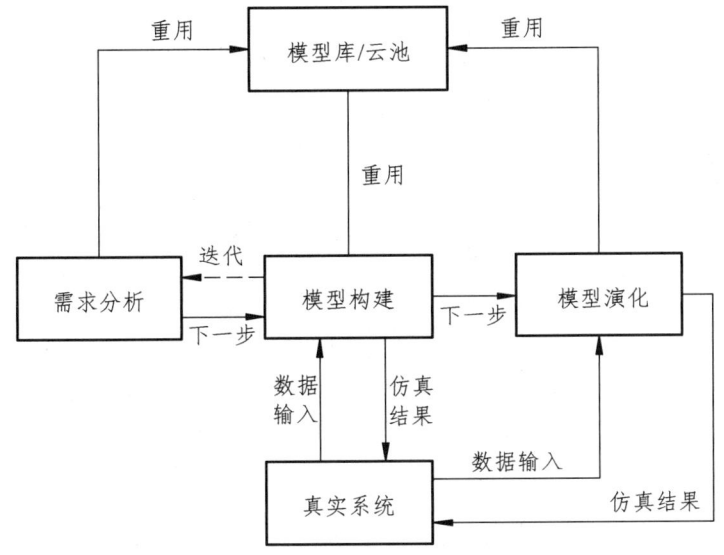

图 1-3　数字孪生的构建框架

3. 需求分析

在需求分析阶段，首先要确认问题，也就是仿真的目的。接着要用形式化的语言对问题进行描述，形成一系列清晰描述的形式化问题。随后，用需求工程的方法从中提炼出更本质的需求，并将其进行规范化表述，成为构建 DT 模型的重要基础。其中所有环节都要经过 VV&A 验证，并需要反向迭代以确保每一步都紧紧围绕着最初的目的。这三步都会产生描述性文件，并存入云池。如图 1-4 所示。

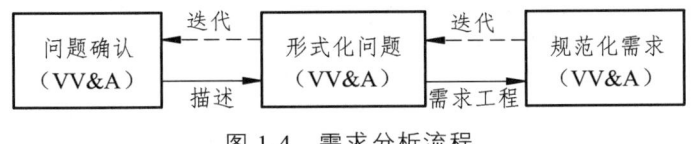

图 1-4　需求分析流程

4. 模型构建

在得到规范化需求后建立概念模型。该模型是最高层的抽象描述，它最接近建模仿真工程师的设计思想，用来确定高层概念架构和不同格式的知识。其构建流程如图 1-5 所示。

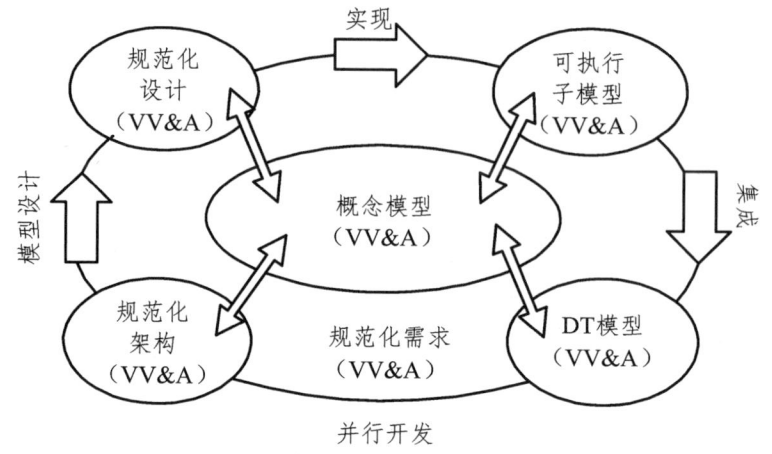

图 1-5 模型构建流程

为了实例化数字孪生模型,还需要结合规范化需求、概念模型及其架构,来进行模型的规范化设计。在规范化设计完成之后,就可以用类似 Arena、Simio 等仿真软件,或者 C 语言、C++、Java 或 Python 等编程语言来开发可执行的仿真子模型。当把所有子模型实现并集成起来后,就形成了完整数字孪生模型。

需要注意的是,整个过程采用了并行开发的思想,因为对于数字孪生模型而言,需要随时接收来自物理系统的数据,并实时更新模型的状态,因此模型的构建(设计、实施与集成)、使用和演化事实上融为一体。从全生命周期优化的角度考虑,需要在设计阶段就让其他环节的实施者共同参与讨论,从而保证模型的可实现性、可维护性、可重用性等性能,并降低全生命周期的总成本。例如,在概念模型设计阶段,我们需要兼顾考虑后置的架构、设计、实现以及集成。后续 4 个阶段的工程师都要参与到概念建模阶段共同开发。这条规则适用于数字孪生模型构建的所有环节。

并行开发有别于前述提到的反向"迭代",该迭代仅是当某阶段的输入质量未达到该阶段要求时,会向前溯源一个阶段,修改和重建模型。但即使采用并行开发,仍有必要保留迭代的过程,因为并行开发仍难以 100% 保证各阶段模型的质量或消除所有不确定性。除此之外,在模型构建阶段,所有的模型活动不仅是基于前置的输入,还会基于真实系统实时采集到的数据。和需求分析阶段类似，模型构建的各阶段的产出也会存入云池，以供重用。

5．数字孪生的演化

如前所述，数字孪生的一个重要特征是，它会根据采集到的系统数据，不断自动演化更新。模型演化指的是模型在应用过程中，结构或参数发生了变化，从而形成不同版本的模型。传统的模型演化一般在模型管理阶段完成。而数字孪生模型演化则是根据来自物理对象的数据实时自动进行的，以保证与物理对象的状态随时保持一致。根据演化程度的不同，DT 的演化可以分为三个层次。

（1）最基本的演化是渐进适应的过程。它使得模型更加精确和可靠。在该过程中，DT 模型的参数、状态和模型功能由迭代和增量的方式不断更新，模型质量会不断提高，但不会产生新的模型。为了实现该过程，需要在真实系统和基于历史数据的 DT 模型之间建立数据动态关联。通过增量学习和机器学习算法训练关联关系，使模型属性逐渐接近系统的仿真需求。

（2）当数字孪生模型的参数调整不能满足系统要求时，模型会根据实际需求进行重新配置从而生成新版本的模型。这个过程可以采用动态数据驱动的仿真（Dynamic Data-Driven Simulation）方法来实现（图 1-6）。

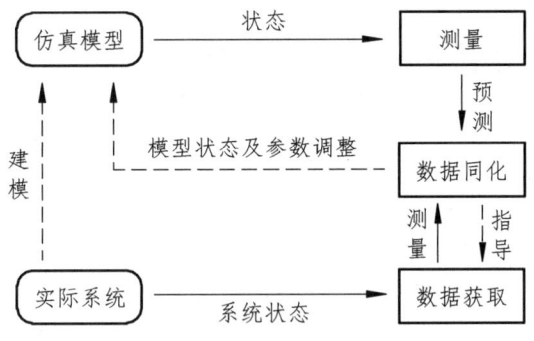

图 1-6　动态数据驱动的仿真

该方法首先根据实际系统和仿真需求构建仿真模型，这个模型可能并不准确。接着由传感器采集实际系统运行过程中的状态信息,将这些实时的状态信息与仿真模型的输出数据进行数据同化(assimilation),以调整模型状态参数,使模型输出的仿真结果保持与实际系统一致。

(3)当仿真需求、问题场景发生变化,或是将数字孪生模型作为一个新的复杂系统的组件被重用时,需要重新建立一个数字孪生模型来满足新的要求。新版本的数字孪生可以通过重构或是改造生成。改造的对象除了数字孪生本身外,也可以是其中间产品。该数字孪生及中间产品存储在模型库/云池中,包括概念模型、架构规范、设计规范和可执行子模型等。重新配置或重构需要融合实际系统的实时状态数据。例如,概念模型的重新配置不仅要考虑问题、形式化问题和需求规范,还要把实际系统的实时信息作为输入,来产生新的概念模型。

1.5 本书的研究意义及研究内容

1.5.1 研究意义

让资金拨付高效化。以往资金审批权力集中于个别人,缺乏监督容易产生问题,从而影响到资金支付。阳光计量通过实行网上计量支付,各个审核环节耗时都可在网上查询,相对于以往纸质签名需要一个月以上的时间,今后短短几天即可完成计量签署,在提高计量支付效率的同时,实现了支付的透明运行,有效避免了资金拨付缓慢影响到工程进度现象的发生。

让造价控制严格化。通过实行设计变更动态管理,在网上公开变更理由、审批流程、审批结果及批复文件等,接受群众监督,最大限度减少设计变更的随意性,有效避免设计变更弄虚作假现象,严格控制工程造价。

让工程建设信息实现即时化。结合指挥部加强工地现场质量、安全、监控等要求,基于现有系统进行功能调整升级,应用"互联网+"的理念和物联网技术,着力打造基于物联网的施工管理平台,保证数据实时性和真实性。施工管理平台功能包括监控视频数字化、预应力张拉检测智能化。通过基于物联网施工管理平台的建设，实现对高速公路施工现场实时的全方位、多层次、精细化监管，重点环节和关键部位的重点监控，及时发现和纠正施工现场出现的质量安全问题，确保施工全过程处于受控状态，确保质量和安全创优目标顺利实现。

1.5.2 研究内容

本研究是为了提高公路工程建设项目信息化管理水平，全面推行高速公路建设阳光工程管理，达到提高效率、规范管理的长远目标。为此，高速公路项目管理应：利用互联网络实现对公路工程建设项目信息的高效、快捷交流，实时掌握项目建设的进度、质量、投资、合同管理、变更等情况，并及时对工程进度、质量、投资进行宏观控制；严格按照交通运输部、住房和城乡建设部、工业和信息化部各类行业标准和技术规范，根据公路建设的行业特点，项目建设单位对该项目的建设要求，从建设项目养护管理的实际需求出发，实现项目建设网络化管理；采用结构合理、数据共享程度高、严谨高效的综合管理平台，结合现代项目养护管理理念，以项目建设管理为核心，以数据为基础，充分利用计算机和通信技术，实施对项目建设的现代化、科学化、智能化和规范化管理，达到提高工作效率、管理水平以及提高投资效益的目的。

本书以乐西高速公路为工程背景，通过集成互联网、BIM、物联网、大数据等相关技术，构建乐西高速公路建设项目全周期全要素数字化管理新模式，实现数据从设计阶段到竣工阶段的全周期管理，并在施工阶段实现数据从工序检验、质量检验评定、形象进度到设计变更、计量支付、竣工归档的全链条传递，保障全过程信息存储和数据深度融合，实现项目建设过程"可溯源"，竣工档案与实体工程"同步形成、同步归档"的目标。

本书总结、吸取我国公路行业内众多建设项目的成功管理经验，集先进的信息技术和实用工程业务管理于一身，融入公路工程建设精细化管理的先进思想，对项目建设前期的工可研资料、征地拆迁、招投标信息，建设期间的计量支付、计划进度、质量和安全管理，后期的竣工资料、工程决算、项目后评价等项目全生命周期内各项工程业务进行信息化、系统化的处理，使得工程管理中的合同、投资、进度、质量、安全等各项业务处于管理单位的可控状态。

本书通过分析研究"三控两管"中的质量管理、费用管理与进度管理的关联关系，系统建立一套符合工程建设管理经验的分项单元划分，以质量评定的单元划分为主，进行扩充、细化，建立一条统一口径的单元划分主线，贯穿于质量管理、计量支付和计划进度管理，实现"三控"业务系统的数据交互和共享，使得工程的各项管理协同一致、精确即时。

本书还通过应用上述研究成果，从设计、施工数字化到管理行为数字化，为乐西高速公路建设过程提供电子化、规范化、标准化管理，促进高速公路建设项目科学管理、可持续发展，实现精细化管理和科学化决策，有效提高管理水平，提升工作效率，降低工作成本。

本研究技术路线如图1-7所示。

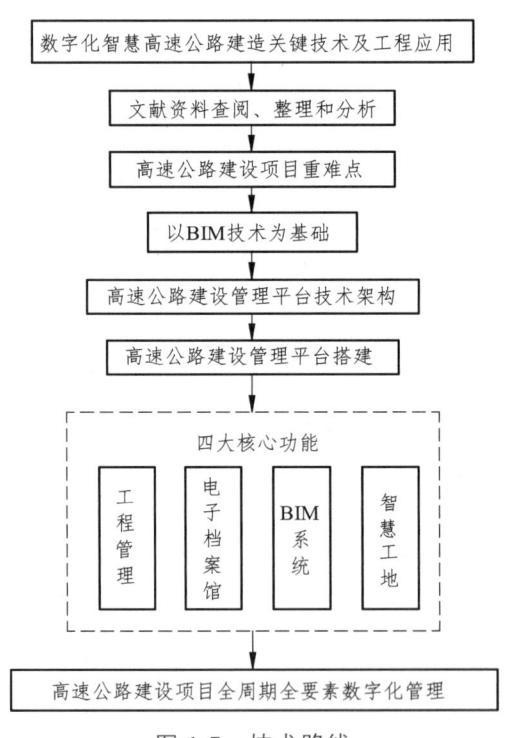

图1-7 技术路线

第 2 章

工程概况

2.1 乐西高速概况

2.1.1 乐西高速整体概况

乐山至西昌高速公路位于四川省南部的乐山市、凉山州境内，是《四川省高速公路网规划（2014—2030年）》8条纵线中的第7纵，是成都平原经济区与攀西经济区的又一条联系通道，路线纵贯乌蒙山集中连片特困地区和大小凉山彝族主要聚居区，是重要的扶贫通道。该项目的建设对于完善全省高速公路网，形成多通道连接西昌、攀枝花及云南，强化成都经济区对攀西经济区的辐射带动，促进大小凉山地区脱贫攻坚等具有重要意义。

乐西高速起于乐山市马边彝族自治县东侧的民建镇，顺接仁沐新高速公路马边支线止点，经马边县建设乡、苏坝镇、袁家溪乡、高卓营乡、永红乡及雷波县罗山溪乡、桂花乡、谷堆乡、美姑县井叶特西乡、巴普镇、巴古乡、佐戈依达乡、九口乡、昭觉县庆恒乡、竹核乡、谷曲乡，止于昭觉县以南的新城镇，与规划的西昌至昭通高速公路相接，初步设计路线全长152.48 km。

2.1.2 乐西高速技术标准

乐西高速公路采用双向四车道高速公路标准，设计速度80 km/h，整体式路基宽25.5 m，分离式路基宽2×12.75 m，结合行业标准《公路工程技术标准》（JTG B01—2014）进行勘察设计，其主要技术指标执行如下：

公路等级： 双向四车道高速公路
设计速度： 80 km/h
路基宽度： 整体式路基25.5 m，分离式路基12.75 m
桥梁宽度： 整体式25.5 m、分离式12.75 m
最小平曲线半径： 一般值400 m、极限值250 m
不设超高的最小平曲线半径： 2500 m

最大纵坡：	5%
视觉要求的最小竖曲线半径：	凸形 12 000 m、凹形 8 000 m
平曲线最大超高：	8%
路面结构类型：	主线沥青混凝土，收费站水泥混凝土
汽车荷载等级：	公路-Ⅰ级
设计洪水频率：	特大桥 1/300，大中小桥、涵洞及路基 1/100
隧道建筑限界：	净宽 2 × 10.75 m、净高 5.00 m
地震动峰值加速度：	0.15g、0.20g（对应地震基本烈度为Ⅶ、Ⅷ度）

2.2　路线走向及主要控制点

2.2.1　S1 标段路线走向及主要控制点

整个高速分为 S1、S2 两个标段。S1 标段路线位于马边县、雷波县境内，总体路线走向为北南向。路线起点 K0 + 387.735 起于马边县民建镇张油房村附近的张家山特长隧道进口，与仁沐新高速马边支线终点 LK43 + 548 相接，随即设置张家山隧道分别避让进口段张家油坊滑坡、出口段豪华大坟，出洞后设置鄢家沟大桥达到联合村西北侧的上村坝中隧道进口。

出洞后路线立刻左偏避让大池山巨型顺层滑坡，于 K5 + 652.775 董家屋基布设以填方路基为主的互通连接马边县东建路后，设置大池山长隧道；出洞后设置磨刀溪大桥到达 K8 + 972.574 黄茅埂越岭线北坡坡底（设计高 644.032 m），于光辉村安置区东侧的路基段 ZK9 + 610 左侧设置自救匝道；之后路线开始上行，设置 K10 + 071.5 马边河大桥（主桥为 80 m + 150 m + 80 m 预应力混凝土连续刚构）跨越马边河，避让一组 500 kV（城沐一线/城沐二线）特高压走廊后达到柑子坪中隧道进口。

出洞后路线再次避让一组 500 kV（城沐一线/城沐二线）特高压走廊后，沿弯曲的纸槽沟布线，于青岗坡进入桥儿湾长隧道，出洞后到达峰溪沟。

路线继续上行，于 K14 + 900.018 峰溪沟布设苏坝互通（含养护工区约 2.5 hm²、隧道管理站约 0.5 hm²）连接省道 S103，于 K15 + 494 设置苏坝特大桥（主桥为 1-370.5 m 上承式钢筋混凝土劲性骨架拱桥）以正交方式跨越马边河深切峡谷；之后沿山脊线东侧布线，于 ZK18 + 200 左侧设置自救匝道，经烂泥湾，设置和平寨 1、2 号短隧道以减少高墩桥和路堑高边坡。

路线继续上行，经越胜村、碑坪村，于 K20 + 980.005 张口石村布设苏坝停车区（场平面积 4 hm²），之后设置瓦居 1 号中隧道，出洞采用纵面错幅、平台反压的阶梯式路基以消化弃方，随即设置瓦居 2 号中隧道，出洞后至二毛牛村。

路线继续上行，进入袁家溪长隧道后路线随即右偏以避让出口段泥石流物源区，出洞后至茶树埂，于 K27 + 275.3 设置袁家溪大桥（主桥为 55 m + 100 m + 55 m 预应力混凝土连续刚构）跨越泥石流沟；之后路线又左偏回来，于 ZK27 + 700 左侧挖方边坡设置自救匝道，以洞身位于较大偏角（右偏 96°16′08″）平曲线上的田家山特长隧道再次避让泥石流物源区；出洞后至菜地湾，于 K32 + 177.01 设置五彝湾大桥（主桥为 1-140 m 下承式钢管混凝土拱）跨越深沟。

路线继续上行，设置五彝湾特长隧道，左转出洞后至关门山，设置小凉山 1 号长隧道，出洞后设置高卓营 1～4 号大桥，随即设置小凉山 2 号长隧道，出洞后于 K41 + 463.99 设置罗山溪大桥（2-70 m + 2-70 m 预应力混凝土 T 形刚构）。

路线继续上行，右偏设置小凉山 3 号长隧道，出洞后采用纵面错幅、平台反压的阶梯式路基以消化弃方，设置小凉山 4 号短隧道后，路线左偏再设置小凉山 5 号长隧道至三坝；于 K48 + 508.027 设置大风顶互通分别连接马边县的永红乡和雷波县的罗山溪乡；之后路线左偏，分别于 K49 + 437、K50 + 090 设置雷马坪 1 号大桥、2 号大桥（主桥均为 55 m + 100 m + 55 m 预应力混凝土连续刚构）跨越深沟。

路线继续上行，进入雷马坪长隧道，出洞设置雷马坪大桥后路线右偏，分别设置罗彻 1 号大桥、罗彻中隧道、罗彻 2 号大桥后，进入银厂沟特长隧道，在其进口段继续右偏布设隧道轴线，出洞后结合地形于 K58+000 设置桂花停车区。

路线继续上行，设置桂花特长隧道避让出口段邻近金阳—峨边断裂带的滑坡和堆积体，出洞后设置路基，设置麻咪泽长隧道至罗成依达沟，于 K64+943.17 设置罗成依达大桥（主桥为 1-120 m 下承式钢管混凝土拱）跨越泥石流沟；之后设置大风顶特长隧道，出洞后到达 K70+720 黄茅埂越岭线北坡坡顶（设计高 2060.730）的雷波县谷堆乡，止于大谷堆村 K72+050，与本项目控制性工程 K1 标段对接。S1 标段路线全长 71.141 km。

本段经过的主要河流、水库有：马边河及其支流、西宁河支流，官帽舟水库。

沿线交叉的主要公路、铁路有：S103、Y008 及乡道、村道等，本标段不涉及铁路。

主要控制点：马边县民建镇（项目起点）、建设乡、苏坝乡、袁家乡、高卓营乡、永红乡和雷波县罗山溪乡、桂花乡、谷堆乡（S1 标段终点）。

S1 标段主线沿线行政区划情况一览表如表 2-1 所示。

表 2-1　S1 标段主线沿线行政区划情况一览

序号	起讫桩号（贯通右线）	所属行政区域		里程/km
1	K0+387.735~K4+109	马边县	民建镇	3.721
2	K4+109~K4+624	马边县	建设乡	0.515
3	K4+624~K5+073		民建镇	0.449
4	K5+073~K7+700		建设乡	2.627
5	K7+700~K7+797		民建镇	0.097
6	K7+797~K13+548		建设乡	5.751
7	K13+548~K20+093		苏坝镇	6.545
8	K20+093~K33+498		袁家溪乡	13.555
9	K33+498~K34+031		高卓营乡	0.533
10	K34+031~K37+054		袁家溪乡	3.023
11	K37+054~K39+980		高卓营乡	2.926

续表

序号	起讫桩号（贯通右线）	所属行政区域		里程/km
12	K39+980~K42+175	马边县	袁家溪乡	2.195
13	K42+175~K46+003	雷波县	罗山溪乡	3.828
14	K46+003~K47+087	马边县	永红乡	1.084
15	K47+087~K56+345	雷波县	罗山溪乡	8.587
16	K56+345~K59+404	雷波县	桂花乡	3.059
17	K59+404~K62+300	马边县	永红乡	2.896
18	K62+300~K62+737	雷波县	谷堆乡	0.437
19	K62+737~K67+100	马边县	永红乡	4.363
20	K67+100~K72+050	雷波县	谷堆乡	4.950
主线合计				71.141

与 S1 段主线（罗山溪、永红连接线除外）交叉的管线有架空式和地埋式两种。架空式中分别有 4 处特高压输电线、13 处高压输电线，地埋式有 1 处生活燃气。对被交重要管线，设计尽量采取相应措施予以保护，不得已时，对其进行迁改。沿线重要管线交叉统计表见表 2-2。

表 2-2 沿线重要管线交叉统计

序号	交叉桩号	被交叉管线类别	被交叉管线名称	特性	处置情况	备注
1	K4+050	35 kV 高压输电线	杨荞线	架空式	不迁改	净高满足要求
2	K4+220	ϕ11.5 输气管道	生活燃气	地埋式	桥下过	
3	K4+318	500 kV 特高压输电线	普洪二线	架空式	迁改	净高满足要求
4	K4+435	110 kV 高压输电线	中边线	架空式	不迁改	净高满足要求
5	K5+662	500 kV 特高压输电线	普洪二线	架空式	迁改	净高满足要求
6	K5+960	110 kV 高压输电线	中边线	架空式	不迁改	净高满足要求

续表

序号	交叉桩号	被交叉管线类别	被交叉管线名称	特性	处置情况	备注
7	建设互通 EK0+298	500 kV 特高压输电线	普洪一线	架空式	迁改	净高满足要求
8	建设互通 EK0+475	35 kV 高压输电线	杨雨线	架空式	不迁改	净高满足要求
9	建设互通 EK0+600	35 kV 高压输电线	马吉线	架空式	不迁改	净高满足要求
10	建设互通 EK0+630	110 kV 高压输电线	波沙线	架空式	不迁改	净高满足要求
11	K11+385	110 kV 高压输电线	官天线	架空式	不迁改	净高满足要求
12	K12+640	110 kV 高压输电线	中边线	架空式	不迁改	净高满足要求
13	K14+390	500 kV 特高压输电线	城沐一、二线	架空式	迁改	净高满足要求
14	苏坝互通 EK1+650	500 kV 特高压输电线	城沐一、二线	架空式	迁改	净高满足要求
15	苏坝互通 EK1+740	110 kV 高压输电线	中边线	架空式	不迁改	净高满足要求
16	苏坝互通 EK2+035	35 kV 高压输电线	官电线	架空式	不迁改	净高满足要求
17	苏坝互通 EK2+370	35 kV 高压输电线	杨雨线	架空式	不迁改	净高满足要求
18	苏坝互通 EK2+435	35 kV 高压输电线	黄稀线	架空式	不迁改	净高满足要求
19	永红连接线 L2K12+120	500 kV 特高压输电线	城沐一、二线	架空式	迁改	净高满足要求

2.2 路线走向及主要控制点

2.2.2 S2 标段路线走向及主要控制点

S2 标段路线位于凉山州雷波县、美姑县及昭觉县境内，总体路线走向为东北至西南向。

本标段路线起于雷波县谷堆乡大谷堆村附近的谷堆互通（K72+050，即 S1 标段路线止点、控制性工程 K1 合同段起点），扣除控制性工程后，S2 标段实际起于美姑县巴普镇基伟村毕莫园（K88+885.690，美姑县城规划东北角绿地范围），与大凉山 1 号隧道 K2 合同段终点（K89+110）顺接。

接线后随即避让基伟电站机房（拆迁住宿楼）、波罗依达河右岸不良地质（堆积体、泥石流），并设置基伟电站大桥跨越美姑河支流，路线也随之进入美姑县井叶特西乡及觉洛乡境内。桥隧相连、设置毕莫园特长隧道穿越县城北部山体，隧道在三合村西侧出洞后，于 4 处堆积体之间设美姑河 1 号大桥（连续刚构）跨越河流、S103 及胜利电站引水渠，再设置吉曲隧道避让美姑河北岸滑坡群，再经河曲隧道后路线转向南岸，由此进入常年无冰雪路段（美姑互通至拉一木互通段），于巴古乡依千村、S103 上方缓坡上合设美姑互通及美姑服务区 A 区，两跨美姑河后路线转回北岸；经牛洛隧道，设美姑河 4 号特大桥（连续刚构）第四次跨越美姑河及 S103，并与控制性工程大凉山 2 号隧道 K3 合同段起点（K103+080）相接。

大凉山 2 号隧道出洞后，路线进入九口乡境内，接 K4 合同段终点（K115+880），沿美姑河左岸斜坡布线，采用纵面分离方式降低瓦洛村顺层路段填挖高度，并设九口互通（与美姑服务区 B 区合设）连接省道；路线继续下行，两次跨越 V 形冲沟后到达本标段最低点，也即美姑县与昭觉县分界点——子莫格尼特大桥（连续刚构）段。

第五次跨越美姑河及 S103 后，路线进入昭觉县境内，拉一木隧道出洞后，利用 K126+000~K126+800 段缓坡地形，于拉一木乡场镇东侧布设互通连接 S307，随即设置拉一木大桥（连续刚构）跨越美姑河支流及竹核四级电站引水管，路线继续上行并由此进入常年水平下积雪冰冻轻度影响路段（庆恒隧道至竹核互通段），下穿 3 条泥石流沟后庆恒 1 号隧道于庆恒乡场镇西侧出洞，此后再设置庆恒特大桥（连续刚构）上跨美姑河支流乌坡河、S208及竹核三级电站引水洞，随即避让永乐电站南侧（K123+000处）大型堆积体，与永乐电站引水洞基本平行（平行约2 km，间距400~600 m）设置庆恒2号隧道，于竹核乡大温泉村、S208与洛古拉达沟交汇处出洞后，路线由此进入昭觉县阿并洛古台地。

路线继续升坡并沿阿并洛古台地周边布线，经昭觉金鑫水泥厂西侧，设置竹核互通连接S208，随即路线进入常年水平下积雪冰冻中度影响路段（竹核互通至止点段），穿越阿并洛古乡场镇东侧后，利用台地边缘宽缓地形布设昭觉服务区，经菩提1、2号隧道，路线转向东南并上行至昭觉台地，持续升坡路段（子莫格尼特大桥至菩提2号隧道段）至此结束，于22.75 km路段内共计克服高差541.83 m，平均纵坡2.38%，20 km范围（K123+385~K144+875）最大纵坡为2.49%。

进入昭觉台地后，路线进入纵坡相对自由路段，于省道（S208、S307）及菩提500 kV变电输电走廊（久普线、联普线等）之间布线，并行约4.0 km，经昭觉县城规划东侧后设置谷曲隧道穿越垭口，出洞后路线继续沿西南方向前行，与500 kV高压线平行约1.2 km后抵达谷曲乡小学附近，随即在谷曲乡镇西侧布设昭觉互通连接规划迎宾大道，避让日土各则山脊居民集中区后设置洛古水库大桥跨越水库，再避让西昌岸桥头两处滑坡（K153+400、K153+700右侧），止于昭觉县南侧新城镇跳窝坝村（止点桩号K153+916.903）。此后G7611线昭通（川滇界）至西昌段高速公路设置昭觉枢纽互通（纳入昭西路设计范围）与本项目对接。S2标段路线（贯通右线，K136+050=K137+540，短链1 490.00 m）全长50.752 km。

本标段经过的主要河流、水库有：美姑河、拉一木河、乌坡河、昭觉河，规划牛牛坝水库。

沿线交叉的主要公路、铁路有：S103、S307、S208、XW31等，本标段内不涉及铁路。

主要控制点：标段起终点、生态红线、美姑县规划、昭觉县规划、大凉山2号隧道、大型不良地质、高压输电线、电站厂区及引水洞（渠）、金鑫水泥厂等。

S2标段沿线行政区划情况一览表见表2-3。

表 2-3 S2 标段沿线行政区划情况一览

序号	起讫桩号	所属行政区域		里程/km
1	K88+885.69~K89+275	美姑县	巴普镇	0.389
2	K89+275~K91+350		井叶特西乡	2.075
3	K91+350~K92+700		觉洛乡	1.350
4	K92+700~K96+800		巴普镇	4.100
5	K96+800~K101+350		巴古乡	4.550
6	K101+350~K102+720		佐戈伊达乡	1.370
7	K102+720~K102+855		巴古乡	0.135
8	K102+855~K103+080		佐戈伊达乡	0.225
9	K115+880~K122+168		九口乡	6.288
	小　计			20.482
10	K122+168~K129+240	昭觉县	拉一木乡	7.082
11	K129+240~K132+460		庆恒乡	3.220
12	K132+460~K135+145		竹核乡	2.685
13	K135+145~K142+440		阿并洛古乡	5.805
14	K142+440~K144+775		竹核乡	2.335
15	K144+775~K148+324		城北乡	3.549
16	K148+324~K153+072		谷曲乡	4.748
17	K153+072~K153+916.903		新城镇	0.845
	小　计			30.273
	主线合计	凉山州		50.752

本标段涉及的较大设施拆迁共有 4 处，详见表 2-4。

表 2-4 沿线重大及较大设施拆迁一览表

序号	桩号	设施名称	处理情况	备注
1	K88+950	基伟电站宿舍楼及压力管道迁改	同意迁改	补偿 435 万元
2	K118+100	九口惠民砖厂	整体搬迁	补偿 260 万元
3	K146+120	昭觉县商师加气补胎店	整体搬迁	补偿 80 万元
4	K153+300	昭觉县幸福大桥砂石厂	整体搬迁	补偿 1200 万元

与本合同段主线交叉的管线均为输电线,不涉及通信光缆、生活燃气、水管等。与主要输电线交叉时,对其铁塔平面位置、塔高、交叉点线高等均进行了实测,以尽量避免相互干扰,当不得已时,对其进行迁改。

沿线重要管线交叉统计表见表 2-5。沿线电站引水洞(管、渠)交叉统计表见表 2-6。

表 2-5　沿线重要管线交叉统计表

序号	桩号	管线名称	特性	处理情况	备注
1	K89+383	500 kV 特高压输电线	普洪三线	不迁改	隧道路段
2	K92+987	110 kV 输电线	架空式		净高满足要求
3	K95+350	500 kV 特高压输电线	普天线	不迁改	隧道路段
4	K95+700	500 kV 特高压输电线	普洪二线	不迁改	隧道路段
5	K96+370	500 kV 特高压输电线	普洪一线	不迁改	隧道路段
6	K97+170	500 kV 特高压输电线	普洪一线	不迁改	隧道路段
7	K98+550	500 kV 特高压输电线	普洪一线	迁改	净高满足要求
8	K130+650	500 kV 特高压输电线	普洪一线	不迁改	隧道路段
9	K131+700	110 kV 输电线	架空式		净高满足要求
10	K135+460	500 kV 特高压输电线	普洪二线	迁改	净高满足要求
11	K135+970	500 kV 特高压输电线	普洪三线	迁改	净高满足要求
12	K137+580	500 kV 特高压输电线	普天线	迁改	净高满足要求
13	K140+400	500 kV 特高压输电线	锦苏直流线	迁改	净高满足要求
14	K140+575	800 kV 特高压输电线	锦苏直流线	不迁改	净高满足要求
15	K141+320	800 kV 特高压输电线	锦苏直流线	不迁改	隧道路段
16	K141+510	500 kV 特高压输电线	锦苏直流线	不迁改	隧道路段
17	K142+800	500 kV 特高压输电线	普天线	不迁改	隧道路段
18	K144+820	220 kV 伊普线	架空式	不迁改	净高满足要求
19	K145+170	220 kV 输电线	架空式	不迁改	净高满足要求
20	K145+235	220 kV 输电线	架空式	不迁改	净高满足要求
21	K145+717	220 kV 输电线	架空式	不迁改	净高满足要求
22	K145+739	220 kV 输电线	架空式	不迁改	净高满足要求
23	K146+450	500 kV 特高压输电线	月普一二线	迁改	净高满足要求
24	K153+670	500 kV 特高压输电线	月普一二线	迁改	净高满足要求

表 2-6 沿线电站引水洞（管、渠）交叉统计表

序号	桩号	设施名称	处理情况	备注
1	K88+950	基伟电站引水管	迁改	美姑县国投公司
2	K93+275	胜利电站引水渠	不迁改，桥梁上跨	能投集团四川水电公司
3	K126+960	竹核四级电站引水洞	不迁改，桥梁上跨	能投集团四川水电公司
4	K131+625	乌坡电站引水洞	不迁改，桥梁上跨	能投集团四川水电公司

2.3 主要技术指标采用情况

S1 段贯通右线全长 71.141 km（另设分离式左线长 67.610 km/3 段），路线增长系数 1.309，平面共设转角桩 49 个，平均每千米转角桩个数为 0.689 个，平曲线长度占路线总长的 65.849%，平曲线最小长度为 407.815 m，最大平曲线半径为 5 000 m/1 条，最小平曲线半径为 710 m/7 条，平曲线间最大直线长度为 5 727.847 m，最小偏角 7°43′17.5″；纵面共设竖曲线 51 条，平均每千米纵坡变更次数 0.717 次，竖曲线长度占路线总长的 29.025%，最大纵坡 2.90%，最短坡长为 420 m，竖曲线半径均满足视觉要求。平纵线形均衡、连续、无突变感。

S2 标段贯通右线（不含控制性工程）全长 50.752 km（另设分离式左线长 41.789 km/3 段），路线增长系数 1.209，共设平曲线 42 条，平均每千米转角桩个数为 0.828 个，平曲线长度占路线总长的 80.144%，平曲线最小长度为 402.061 m，最大平曲线半径为 5 000 m，最小平曲线半径为 710 m，直线最大长度为 1 662.651 m，同向曲线间最小直线长度为 1 127.434 m，反向曲线间最小直线长度为 200.167 m，最小偏角 11°11′17.8″；共设竖曲线 39 条，平均每千米纵坡变更次数为 0.768 次，竖曲线长度占路线总长的 25.486%，最大纵坡 2.90%，最短坡长为 405.00 m，竖曲线半径满足视觉要求。平纵线形均衡、连续、无突变感。

2.4 沿线自然条件

2.4.1 地理位置

本段位于四川省南部，东经 103°18′~103°32′，北纬 28°23′~28°50′，行政区划属四川省乐山市马边县及凉山州雷波县。本段路线起于乐山市马边县民建镇附近，路线由北向南布设，途经马边县建设乡、苏坝乡、袁家乡、高卓营乡、永红乡和雷波县罗山溪乡、桂花乡，止于雷波县谷堆乡大谷堆村附近，与控制性工程 K1 标段对接。

2.4.2 地形地貌

乐山至西昌高速公路项目地处川西南横断山系东北缘，四川盆地向西南山地过渡地带，介于四川盆地和云贵高原之间，地势东北低、西南高，北部低、南部高。路线高程由马边（约 600 m）至大风顶海拔逐渐升高，至大风顶最高约 2 070 m，由大风顶至昭觉（1 680~1 730 m）段海拔逐渐降低。区内山脉多呈南北走向，岭谷相间，从北向南主要有马边生基坪、桥顶山、大风顶、美姑小谷堆，属大凉山山脉，走廊带地貌根据成因类型可分为构造侵蚀地貌、侵蚀堆积地貌、侵蚀溶蚀地貌、山间盆地地貌等 4 类，其中以构造剥蚀地貌和侵蚀构造地形为主。勘察区内地形崎岖、起伏大、峰峦重叠、气势雄伟。

1. 构造侵蚀低山、堆积地貌（Ⅰ）

该类地貌主要分布于线路 K0+000~K10+000 段，海拔较高，为 550~860 m，相对高差多小于 310 m。山顶浑圆缓坡，自然山体稳定。山体坡度相对较平缓，为 15°~25°。地势相对较开阔，以"U"形谷为主，局部见"V"形谷，但风化层相对较厚，交通条件相对较好。山体多由侏罗系沙溪庙组长石石英砂岩、岩屑砂岩、钙质泥岩，遂宁组泥岩粉砂岩夹薄层状细砂岩等组成。全—强风化地层发育，浅表土层较松软，稳定性差；岩性组合软硬不均，含软弱层，路线沿南东坡展布，顺向坡路段发育，易出现崩塌、滑坡等不良地质。

2．构造剥蚀中山地貌（Ⅱ）

该类地貌分布于线路 K11～K47 段，线路沿中低山前坡地展布，山体地面标高一般为 770～814 m，相对高差 440 m 左右，冲沟发育；总体地面标高 770～1 600 m，相对高差 830 m；地形起伏较大，山地天然坡度在 25°以上，局部陡坡达 50°。地形切割较深，呈"V"形，地表水系发育，冲沟、河谷较发育，沟谷狭窄。该段西部分布大风顶国家级自然保护区，生态完好，植被发育，森林茂盛。雷波境 K42+175～K47+087 穿越雷波县罗山溪乡，海拔最低点 1 411 m，海拔最高点 1 881 m；高差 470 m，山脉走向 NE—SE，多见单面山。

该地貌区山体岩性有三叠系须家河组石英砂岩、粉砂岩、泥岩、炭质页岩，侏罗系沙溪庙组石英砂岩、岩屑砂岩、紫红色粉砂岩、钙质泥岩、自流井组粉砂岩、细砂岩等，沟谷、山脊大部分基岩裸露，地层产状较缓，一般为 5°～35°；岩层软硬不均。局部地表分布有滑坡、崩塌、危岩、顺层坡等不良地质，但一般规模比较有限，容易处治。

该类地貌典型工点见图 2-1、图 2-2。

图 2-1　K47 里程段侵蚀堆积地貌　　图 2-2　罗山溪乡低中山地貌

3．构造侵蚀高中山地貌（Ⅲ）

该区主要发育于 K47+087～K70+900 段，出露二叠系峨眉山玄武岩，以构造风化剥蚀作用为主，地形海拔标高 1 900～3 000 m，相对高差 1 100 m，地形深切，属于高中山地貌区（图 2-3）。玄武岩为火山喷出岩，在场区多为熔岩被形式，在多个地质时期受构造隆起影响，并未改变原生地貌，故场区仍是以构造剥蚀作用为主，山体走向仍受下伏基岩控制，形成走向山脉和奢状山脊。

图 2-3　构造侵蚀高中山地貌深切谷地

4．山间盆地地貌（Ⅳ）

该类地貌位于 K70+900~K72+050 里程谷堆乡段，以及大风顶互通所在的山间谷地，行政区划分别隶属雷波县谷堆乡、罗山溪乡，谷堆区谷地由马捏姑河、依泽波西河冲积交汇形成，属于山前沟谷冲积平原，呈长条状沿河漫滩分布，分布高程 2 020~2 070 m（图 2-4）。

图 2-4　山间盆地地貌

2.4.3　气象水文

项目区地势高差悬殊，气候垂直变化显著。河谷干热、高山阴冷潮湿，属典型亚热带气候区。多年平均气温为 12.0 ~ 19.7 ℃，多年平均降水量为 586.3 ~ 851.2 mm，主要集中在雨季 4—10 月，占全年的 90.37% ~ 96.55%。多年平均年蒸发量为 2 139.0 mm，多年平均相对湿度为 67%，平均风速为 3.0 m/s。

项目区暴雨多集中在 6、7、8 月，最大一日降雨量可达 100 mm，在暴雨中心区往往触发滑坡复活和泥石流暴发，是不良物理地质现象发生的主要诱发因素。根据收集到最新的雷波县降雨资料（1971—2015 年），雷波县雨量一般集中在 6—8 月，年平均降雨量 844.33 mm。详见雷波县气象站历年降雨量统计表、历年最大降雨量统计表及降雨等值线图和各月平均降雨量柱状图。据降雨资料分析，1973 年、1979 年、1990 年、2006 年及 2013 年降雨量均超过 1 000 mm，且降雨集中，导致地质灾害强度、频度增高。

区内水系发育，水源丰富。河流主要有马边河（图 2-5）、官料河。凉山境内河流坡降一般较大，呈 V 形，具典型山川急流特征。

图 2-5　马边河及阶地

2.4.4　地层岩性

路线所经区域出露的地层主要有第四系、第三系、侏罗系、三叠系、二叠系、石炭系、泥盆系、奥陶系地层。沿线地层岩性从新到老分别叙述如下：

路线走廊带内出露地层缺失元古界前震旦系、震旦系及晚古生界泥盆系、石炭系，其余从寒武系到第四系均有出露。其中：寒武系为早期砂泥岩、中晚期碳酸盐岩夹砂泥岩，奥陶系为早期砂页岩、中晚期碳酸盐岩夹砂页岩，志留系为砂页岩夹灰岩，二叠系早期的巨厚灰岩到晚期的峨眉山玄武岩，三叠系则由早期的砂页岩到中期的砂页岩夹灰岩至晚期的含煤砂页岩，侏罗系及白垩系则主要为砂页岩沉积，第四系为松散砂砾、黏土等沉积。

各时代地层以中生界分布最广，约占全区域总面积的80%，寒武系至三叠系以海相碳酸盐岩和碎屑岩为主，侏罗系、白垩系及第四系为陆相碎屑岩组成。

2.4.5 地质构造与地震

1. 地质构造

项目区位于喜马拉雅—地中海地震带至南北地震带中部地区的中轴地震带上，属青藏高原地震区。四川南部主要受扬子克拉通、筠连—叙永叠加褶皱带及康滇前陆隆起带控制。西部是高山高原，海拔多在4 000 m以上，属于世界著名的青藏高原的东南翼；东部为山地与盆地，处在我国地势划分的第二台阶上，盆地山地大多海拔为1 000~3 000 m。

工程区域上位于扬子江淮地台西部的二级构造单元上扬子台褶带西北侧，西邻康滇地轴，东接四川台坳，构造类型以NE向和NS向的断裂、褶皱为主，褶皱及断裂构造均较为发育。

2. 地　震

本区的新构造运动以大面积整体性、间歇性抬升为主，并具有抬升幅度西部大于东部的掀斜性和沿边界断裂的差异性运动的特点，主要表现为河流下切形成多级阶地。第三纪末期以来，由于本区剧烈抬升，形成金沙江水系强烈下切的峡谷地形，具有山势陡峭，冲沟短而坡降大，崩塌、滑坡较为发育的地形地貌特征。

地震活动频繁主要为断层复活所致，因此以浅源地震为主，地震烈度较大，破坏性严重，常成为诱发崩塌、滑坡、斜坡失稳等地质灾害的重要因素之一。

2.4.6 水文地质

1. 地表水

路线跨越多条河流及溪沟，地表水丰富。区内第四系松散地层厚度较大，且渗透性较好，地表对地下水有较强补给作用。

2. 地下水

地下水按岩性及其赋存形式、水理性质及水力特征划分为三种类型：松散岩类孔隙水、基岩裂隙水、碳酸盐岩裂隙溶隙。分述如下：

（1）松散堆积层孔隙水。

该类地下水主要分布于河漫滩、一级阶地、高阶地、泥石流及洪积扇、谷地斜坡等处。

河漫滩、一级阶地以砂砾石、卵石为主的含水层，沿河流呈条带、新月状零星分布，地下水埋深 0～10 m，受大气降水及河水、沟水、阶地后缘基岩孔隙裂隙水补给，向河流及下游径流、排泄，水量丰富，与河水关系密切，互为补排关系。单井出水量一般为 500 t/d，个别可达 1 000 t/d。

高阶地以卵砾石及漂卵石为含水层，分布于河谷两侧斜坡，水量受阶地范围影响较大，一般地下水不丰富，地下水位埋深 10～20 m，受大气降水及基岩孔隙裂隙水补给，顺坡向低处排泄。

泥石流及洪积扇以块石土及含碎石低液限黏土为含水层，呈扇状分布于山间溪沟汇入河谷流出口，地下水埋深 0～15 m，受大气降水及上游溪沟流水补给，水量较丰富，向河流及低洼处排泄。

谷地斜坡以含碎石低液限黏土及块碎石土为含水层，零星分布于斜坡及低洼地带，地下水埋深 2～14 m，受大气降水基岩裂隙水补给，水量较贫乏，向低洼处排泄。

（2）基岩裂隙水。

此类地下水主要赋存于各类沉积岩及岩浆岩孔隙、构造裂隙、风化裂隙中，多为潜水型，含水量一般，在断裂密集带、压性断裂上盘破碎带中及岩浆岩与围岩接触带多富水，受大气降水补给，以泉水形式向地表及低洼处排泄。而风化裂隙地下水，受大气降水补给，水量季节性变化大，因测区切割剧烈，地表坡度较大，多具就地补给就地排泄特征，除雨季外，平时水量小。

（3）碳酸盐岩溶水。

该类地下水赋存于测区碳酸盐地层的溶隙溶孔中，具脉流、管流、集中排泄和分布不均的特点，地层透水性中等—强，因碳酸盐地层厚度大，出露面积广，富水性中等。

3．水的腐蚀性

地下水以重碳酸钙（HCO_3—Ca）、重碳酸钙镁（HCO_3—$Ca \cdot Mg$）型水为主，局部为重碳酸钙钠（HCO_3—$Ca \cdot Na$）型水，pH值为6.5～8.0，一般矿化度小于0.3 g/L，多属弱碱性的低矿化度淡水，一般对混凝土无腐蚀性。

线路范围内地表水系发育，地质调查表明，线路范围内及附近无明显污染源，水质总体较好，地表水、地下水对混凝土结构，以及对钢筋混凝土结构中的钢筋，具微腐蚀性。

2.4.7　沿线不良地质

测区整体稳定性较差，受该区特有的地层岩性组合与活动构造的影响，线路走廊带内不良地质现象较多，主要为滑坡（崩坡积体）、崩塌危岩、泥石流，其次为地震液化。

1．滑坡（崩坡积体）

路线区多以构造剥蚀地貌和侵蚀构造地貌为主，存在易风化的砂岩、泥岩、片岩及其变质的较软—较硬岩等，风化残坡积物丰富，谷坡强风化和残坡积混合松散体较厚，是滑坡形成的主要物质基础，这些从本质上决定了本项目沿线滑坡多为土质滑坡。

(1)滑坡形成条件。

滑坡形成的条件可分为内部条件和外部条件。滑坡形成的内部条件主要受地质、地形影响,主要有地形坡度、坡型、地层岩性、地质构造等。外部条件是滑坡形成的诱发因素,当滑坡形成的内部条件满足时,在某种外部因素的激发下,就会发生滑坡。滑坡形成的外部条件主要有降水、流水、地震及一些人为因素。

(2)滑坡危害评价。

沿线滑坡的危害可分为两种类型:直接危害和诱发次生灾害所产生的危害。主要危害方式有:堵塞掩埋或毁坏公路、破坏建筑物及水利电力、通信、城镇基础设施,束窄或堵塞河道形成灾害链并诱发新的地质灾害,直接威胁人民生命财产安全,等。

经地质调绘及地勘验证,项目起点张家山隧道至建设马边河大桥乐山岸段之间滑坡群发育,通过内部专题讨论、现场地质和地物核对、实测控制因素、乐西公司和咨询单位确认、桥隧布设等环节,采用了隧道方案避让。

2. 崩塌、危岩

测区山高壁陡,岩层倾角陡倾,岩性以砂岩、泥岩等较软岩为主,局部夹有泥灰岩等硬质岩,差异风化易形成碎落、掉块。岩体在河谷下切过程中发生了一定的卸荷变形,特别是下部含较软岩层、三面临空山脊部位坡体卸荷变形强度大,发生崩塌频率也较高。区内崩塌整体发育特征如下:

(1)崩塌发育的内在因素是岩体中结构面的发育,在陡坡地形处形成崩塌。

(2)崩塌数量和体积与基岩节理、裂隙的发育密度有关。节理、裂隙发育区,崩塌一般数量较多且体积大,常以崩塌群出现。在节理、裂隙不发育地区,崩塌一般数量少且体积小,但单块岩体体积较大。

(3)崩塌的发生与软硬岩层的相间出现及微地貌形态(如陡崖)的存在密切相关。

(4)在分布规律上,崩塌多出现于人类工程活动强烈地段,特别是开挖山体修筑公路、水库建设、采石场等地段。

(5)崩塌的发育数量、规模大小与区内活动断层的发育程度、活动性有直接而密切的联系。

本项目主要为越岭线，线位标高相对较高，崩塌落石不发育，仅狭窄沟道局部软硬岩体分界处发育小型崩塌，对路线影响小。

3．泥石流

测区内地质构造发育，受褶皱及后期卸荷影响，岩体表层较破碎，风化层较厚，给泥石流提供了丰富的物源，在暴雨季节，松散堆积体受降雨搬运，沿沟谷出口形成规模大小不等的泥石流灾害，分布较为广泛。泥石流的形成区均位于沟谷两侧坡面，具有坡面较陡、风化层相对较厚、植被发育差的特点；流通区均位于沟谷下游，多呈"V"字形，一般在流通区内或两侧边坡下部堆积有以坡面流形式发育的松散层。

泥石流作为山地夷平过程中出现的一种由水流侵蚀、搬运和堆积泥砂的水土运动现象，它的发生需要基本条件和促发条件，在同时具备三个基本条件和具备激发、触发或诱发条件之一的情况下，才会发生泥石流。其中三个基本条件为充沛的水源、丰富的固体物质来源、有利的流域形态和沟床纵坡。激发、触发和诱发条件则一般指土体骤然失稳、水体突然增加、地形突变震动或山坡森林植被遭破坏。就本路线段来说，上述各条件虽然不是很突出，但也达到了形成泥石流基本条件。

S1段泥石流主要分布在K27+000~K32+500段。对路线有影响的泥石流分述如下：

（1）K27+000~K27+200段泥石流沟，沟底纵坡较陡，后缘陡崖砂岩、泥岩出露，风化严重，节理裂隙发育，呈碎块状，易发生碎落坍塌。泥石流规模中等，暴发频率低，属沟谷型稀性泥石流。原施工图放线线位从泥石流物源区以隧道接桥梁方式通过，隧道从松散堆积体处出洞，浅埋和坍塌风险极大；桥梁跨越沟道时，沟内漂卵石块径大达1~2 m，冲击力大。

该沟在施工运营期对高速公路产生影响的风险较大，现以绕避处治。

（2）K29+002~K30+300段泥石流沟，沟底纵坡较陡，后缘陡崖砂岩、泥岩出露，风化严重，节理裂隙发育，呈碎块状，易发生碎落坍塌。泥石流规模中等，暴发频率低，属沟谷型稀性泥石流。原施工图放线线位从泥石流物源区以隧道接桥梁方式通过，桥梁跨越沟道时，沟内漂卵石块径大达 3~4 m，冲击力大；另外沟道两侧为松散堆积体，厚度最大 40~50 m，稳定性差，在暴雨及常年冲刷条件下，易发生溜坍滑移，危及桥梁墩台及桩基。

该沟在施工运营期对高速公路产生影响的风险大，现以绕避处治。

泥石流沟情况及处治示意见图 2-6~图 2-11。

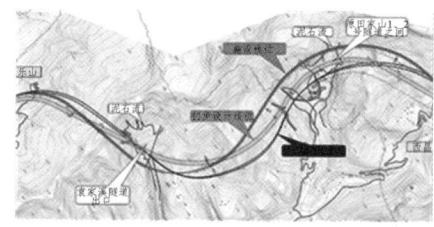

图 2-6　路线绕避平面示意图

图 2-7　K27 袁家溪隧道出口

图 2-8　K29 田家山隧道上方情况

图 2-9　K29 田家山隧道洞身上方沟道

图 2-10　K29 田家山洞身上方沟道巨石

图 2-11　K29 田家山洞身上方沟道巨石

4. 岩　溶

岩溶地表水和地下水对可溶性岩石的化学溶解和机械侵蚀作用所产生的地貌现象，常表现为落水洞、竖井、漏斗、溶洞、溶蚀洼地和暗河等，选线不当常导致严重后果。岩溶对公路的危害如下：地下洞穴的顶板坍塌引起洞上的铁路建筑物下沉或破坏；洞穴或漏斗周期性冒水，淹没路基基底，引起沉陷、翻浆或崩塌；突发性地下涌水，冲毁工路建筑物。根据岩性及地质构造，宜将线路选在难溶岩层通过，宜避开地质构造破碎带，使线路方向与主要构造线正交或较大夹角斜交，以减少其影响；可溶岩层与非可溶岩层和不透水层的接触带常诱发落水洞、漏斗、塌陷及暗河等，故应予绕避；岩溶地段，宜以明线（路基、桥涵等）通过，不宜做地下工程（隧道）特别是长隧道。

K27+000~K28+100、K46+850~K47+800、K57+550~K60+500、K70+000~K72+050段有雷口坡组白云岩、白云质灰岩分布，野外调查发现地表出露的灰岩受褶皱影响，节理裂隙发育，充填较差，线路区地下可能存在溶洞以及大的裂隙（图2-12、图2-13）。建议在灰岩出露段采用物探技术探测、钻探及其他有效方法进行勘察，取得岩溶地貌、岩溶发育程度、发展规律、溶洞围岩分级以及地面水、地下水活动规律等方面的资料。

图2-12　K28溶缝、溶隙　　　　图2-13　K58+200发育溶槽

5. 煤系地层及瓦斯

三叠系上统须家河组、二叠系乐平组地层均夹煤线（图2-14）和炭

质页岩层。该地层岩石强度较低，边坡多不稳定，隧道围岩质量一般较差，开挖洞室还会遇到瓦斯和黏土层这些较特殊的工程地质问题。当隧道穿越这些地层时，应加强通风，对煤层开挖处必须灌浆、锚喷，处理后的空隙和冒落处，必须用不燃性材料充填密实，不得漏风，防止煤层自燃。

图 2-14 地表出露岩体夹薄层煤线

6. 冰雪冻害

在公路交通气象中，尤以冰雪、浓雾天气对公路交通的影响最大。降雪时飞舞的雪花阻碍视线，导致能见度降低；而雪后晴天时，由于积雪对阳光的强烈反射作用，产生眩光，也会使视力下降。下雪时伴随有大风会造成风吹雪，使能见度变差、视距变短甚至产生视程障碍，视距可从 100 m 以上的状态，在数秒间变成无视距的白色世界，造成驾驶人员判断失误，也使除雪机械和道路现场作业的运转操作效率降低，带来大量安全隐患。同时，当车辆在积雪路面上行驶时，由于轮胎表面与雪之间的摩擦及附着系数都很小，车轮易打滑，不易启动，导致车速不能太快。

针对冰雪病害，西南电力设计院有限公司完成的乐山至西昌高速公路冰雪区划及影响专题研究，根据走廊带内 4 座气象站、6 个观冰点连续 33 年的实测资料分析，表明公路路线平坦开阔区域积雪深度、积雪日数以及结冰日数随海拔升高而增加；而在微地形区域，积雪深度、积雪日数以及结冰日数与海拔高度相关性较弱，微地形微气候对山区冰雪量级和持续时间影响程度显著。

2018 年 11 月—2019 年 5 月，项目组在标段工区内开展了物探、钻探工作，并沿县道 X163 对工区内的季节性融雪线进行了勘察，得到了关于一般情况下的工区内融雪线的大概位置，有一定的代表意义，可供参考。但历史峰值仅能通过气象站进行数理统计分析。

冰雪等级区划主要考虑用最大积雪厚度、地面结冰情况及积雪持续时间 3 个参数来衡量，将冰雪区划标准划分为 5 个等级，分别为无冰雪、轻度、中度、严重、极严重。各冰雪等级的上限为历史最大冰雪的取值，下限为常年最大冰雪的取值，冰雪等级区划标准见表 2-7。本次统计，仅以明显结冰的中度为观测标志。

表 2-7 冰雪等级区划标准表

区　段	冰雪等级	海拔区间/m	观测时间	备注
K70+600~K70+712（谷堆乡明线）	中度	>2 150	一般时段—11-24（小雪）	
	中度	>2 100	12-07（大雪）	
	中度	>2 050	12-22（冬至）	
	中度	>2 000	1-5（小寒）	
	中度		1-20（大寒）	
K63+310~K70+600	严重	>2 100	一般时段—11-24（小雪）	
	严重	>2 050	12-07（大雪）	
	严重	>2 050	12-22（冬至）	
	严重	>2 000	1-5（小寒）	
	严重		1-20（大寒）	
K54+000~K63+310	中度	>1 750	一般时段—11-24（小雪）	
	中度	>1 700	12-07（大雪）	
	中度	>1 650	12-22（冬至）	
	中度	>1 600	1-5（小寒）	
	中度		1-20（大寒）	

K57+550（ZK57+575）~K58+402（ZK58+405）桂花停车区、桂花隧道和麻咪泽隧道间明线（K63+310~K63+405）、罗成依达大桥（K64+882~K65+012）应加强冰雪处治。

2.5 施工重难点

乐西高速公路作为四川省交通重点项目，采用施工图设计施工总承包（EPC）和传统土建招标相结合的模式，开展建设管理。项目具有工程规模大、桥隧比例高、地质地形复杂、进场通道差等特点，桥隧比达81.78%。共设置桥梁23 948.795 m/87座，隧道100 508.27 m/36座，分离式立交6处、涵洞及通道67道、天桥3道、服务区3处、停车区2处、养护工区3处、匝道收费站9处。全线占地746.68 hm^2，较用地预审减少104.69 hm^2。项目重难点是"两隧""两桥""一区段"。

（1）两隧：大凉山1、2号隧道，长度分别为15 366 m和12 454 m。其中，大凉山1号隧道是目前省内乃至西南地区在建和已通车最长的高速公路隧道，该控制性工程将采用TBM平导方案+主洞钻爆法施工方案，可以有效提高建管效率，降低安全风险，同时填补国内高速公路利用TBM施工工艺辅助隧道施工的空白。

（2）两桥：马边特大桥和子莫格尼特大桥。其中：马边特大桥主桥为（155+270+155）m矮塔斜拉桥，桥长1 226 m，桥高216 m；子莫格尼特大桥主跨为（95+2×180+95）m的连续刚构桥，全长1 039 m、桥高157 m。

（3）一区段：项目穿越嘛咪泽省级保护区狭窄的试验区和30 km无人区的林场。

乐山至西昌高速公路项目工程建设存在一定的困难，同时由于工程体量庞大、施工条件和环境的限制，不可预见因素多，施工管理难度较大。BIM模型作为信息集成体，可以通过施工模拟、质量安全管控等，为项目建设提供有效的数据支撑。针对工程建设重难点，本项目提出了基于BIM技术的智慧工地解决方案。

通过基于BIM技术的智慧工地管理云平台的应用，能在一定程度上提高管理效率，控制工程风险，保障工程质量，提升环境治理水平。随着信息技术的不断发展，可供智慧工地选择的基础设施和技术手段必然更加丰富，依托智慧工地进行现场管理和远程监管的创新空间必然更加广阔，通过智慧工地进行项目全方位立体化的实时监管，为公路施工实现绿色建造、信息化管理和科学决策奠定坚实的基础。

2.6 高速公路全要素智能建造的必要性

针对乐西高速公路工程项目中的施工重难点，采用信息化管理手段，建立工程质量信息化动态管理平台，加强过程质量管控。四川高速公路建设开发集团有限公司开发了包含 12 项模块功能的项目建设信息管理系统，确保工艺监测、安全预警、隐蔽工程数据采集、远程视频监控等设施设备在施工管理中的集成应用；率先在全省首个通过机载 GIS 雷达对地形数据采集，搭建 BIM 技术管理平台；利用物联网技术对项目拌和站配合比数据进行监控采集，实现对质量的实时监督控制；使用隧道瓦斯自动监控系统，防患于未然。在隧道、特大桥、拌和站、梁场、钢筋加工场等重要工点现场建立监控系统，以便过程中发现问题及时解决。在路面施工中，为了提高沥青混合料、水稳料拌和质量的稳定性，排除质量不合格隐患，采用了沥青混合料、水稳料拌和站数据监控系统，利用"物联网"技术实现了沥青混合料、水稳料拌和过程数据的实时动态监控。全面推行"智慧工地"建设，提升项目管理信息化水平。

第 3 章

高速公路全要素协同数字孪生智能建管一体化平台架构研究

3.1 高速公路项目建设管理现状与需求

3.1.1 高速公路项目建设管理现状

1. 业务现状

传统业务流程数据上报汇总及时性差、缺少数据关联性，未能形成统一的项目监管制度体系；施工现场管理不规范，试验操作不规范，数据不严谨，施工现场对安全管理不到位，问题发生后，缺乏对问题的回溯能力。传统的信息化无法切实有效地解决施工现场存在的问题，无法提高现场管理水平。

2. 信息化现状

传统的信息化管理模式主要体现出的不足以及困难之处为：

（1）数据孤岛。

各系统只能以单个管理目标为主，没有形成数据信息共享及关联。不同系统间信息不能相互传递，数据难以共享互通，使得传统信息化管理系统容易出现"数据孤岛"的情况。

（2）数据应用缺乏。

传统管理系统数据主要作用是为业主、施工、监理等各单位提供建设管理过程的各项数据，并且将各类数据留存后形成竣工资料，各类采集、填写的数据未做到合理利用，未对项目后期养护、管理过程提供帮助，缺乏数据应用措施。

（3）数据丢失。

高速公路建设与运营是两个差异巨大的阶段，在高速公路从建设转向收费运营的过程中，建设期间的数据遗失已成为普遍现象，其结果造成现阶段运营高速的养护无法实现问题责任追溯以及获取相关养护部位的建设数据资料，难以实现预防性养护决策的长远目标。

3.1.2 高速公路项目建设管理需求

1．项目管理需求

传统数据管理无法及时掌握现场施工情况，缺乏对现场生产数据的实时了解，在施工建设的项目管理上存在一定的漏洞与隐患。而新形势下的项目管理需要通过建设项目管理中心，实现对项目施工的实时监测预警与统计分析，为应急事件发生后快速处理提供辅助决策支撑，提升项目管理效率。

2．监督指导需求

新形势对项目生产与监督指导的需求不断提高，需要通过项目管理中心的建设，实现行业专家、业务管理部门对施工现场复杂工艺的指导，对现场施工实行全天候、全过程监控，促进项目管理方式由传统向现代，由封闭向开放，由非标向标准的、规范的方向转变，发挥各级业务管理部门的监督指导作用。

3．体系建设需求

信息化建设作为提升项目管理能力和效率的重要手段，在"十三五"期间将全面开启完善升级过程。现阶段项目现场端信息化水平较低，数据资源独立、分散，未形成规范、统一的信息化标准体系。

为了提升整体项目监管水平，实现穿透管理层级的项目管理，需要通过项目管理中心建立规范、统一的在建项目管理制度体系与信息化管理体系，提升项目建设全过程的项目管理水平。

3.2 平台总体设计方案

3.2.1 平台设计思路

1．构建要素完整的建设管理框架体系

通过构建"1个基础体系、1个数据集成平台、1套感知监测体系"，初步建立"智能在端、智慧在云"的信息化管理体系，以增强高速公路项目建设信息化管理的预见性、主动性和协同性，实现高速公路建设的可视、可测、可控。

2．提升施工监测能力

通过在关键工点部署智能感知监测设施，构建完善的公路智能感知体系，把数据的获取和处理作为日常管理的基础工作，定量分析与定性分析相结合，从依靠经验判断变为依靠数据科学决策。

3．提升协同工作能力

通过"互联网+公路管理"新模式，将各参建方有机紧密结合、管理与安全紧密结合，使管理者能够及时掌握项目建设动态，监督指导项目建设，实现工程项目跟踪管理、动态控制，以达到运营管理科学化、工作督办动态化、考核管理精细化、业务管理规范化的目标。

4．提升决策支持能力

通过对各类数据采集、汇总、分析、挖掘，构建基于大数据场景下的高速公路建设管理决策平台，应用于智能监测、质量管理、进度管理、质量管理、投资管理、安全管理等。

3.2.2 平台设计目标

建设管理平台设计目标如图 3-1 所示。

按照四川省交通投资集团有限责任公司（以下简称"交投集团公司"）信息化建设总体规划，加强集团对重点建设项目的全面、立体管控，实现建设项目全过程电子信息化管理，全面提升建设综合管理水平，四川高路交通信息工程有限公司以交投集团公司指导意见为建设理念，打造了一个全过程标准化的建设管理平台，做到项目数据从设计、施工、竣工到养护的全面存储打通，通过管理平台使施工现场流程标准化，让项目公司以标准化的方式对现场进行管理，同时，确保现场施工数据的实时采集，施工过程可溯源。

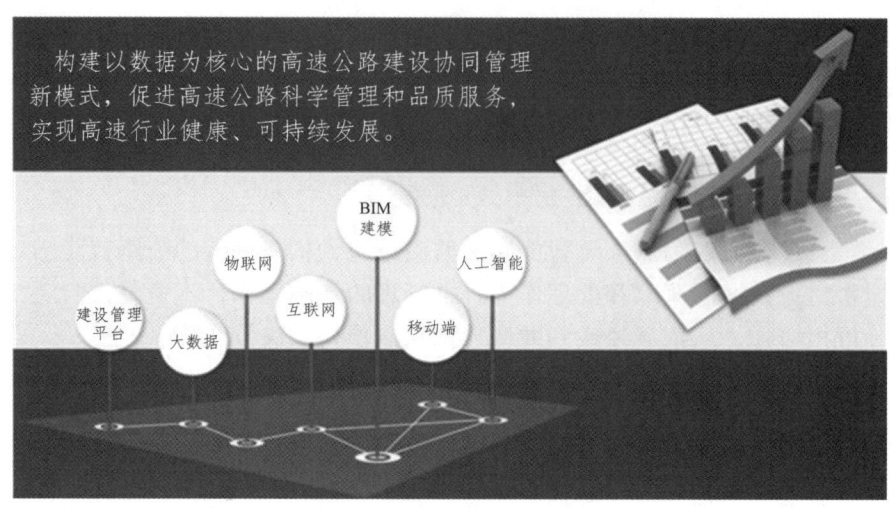

图 3-1 建设管理平台设计目标

建设管理单位在四川高速公路建设开发集团有限公司（以下简称"川高公司"）的指导下开展建设项目管理平台的开发工作，通过明确统一的业务处理方式和数据口径，管理用表相对统一，确定管理系统各个模块的主要功能和要求。各新建项目根据项目特点，针对性地选择各个模块，从而建立自己的建设信息化平台系统。在此之上，集成"川高系统基于全寿命周期的建设项目管理平台"，管理新建项目的信息化系统，以一个统一平台方式，实现各新建项目的信息化管理，推动在建高速项目管理模式朝着工作流程化、流程标准化、考核数据化、数据台账化、责任明确化的"五化"目标前进，最终树立规范、透明、反腐倡廉的阳光工程。

编制"新建项目统一数据元标准"，形成数据项标准文件，作为新建项目功能的最小集合；建立"新建项目标准数据库"，各新建项目数据集中存储，严格遵循统一数据元标准；预留各新建项目营运管理信息汇总接口，作为将来的运营养护系统的接入基础。

建设管理平台目前已在乐西等多个项目上线并稳定运行至今，后续将会逐步推广至其余项目上线运行。各项目的建管平台完全贴合交投建管平台数据接入标准进行建设，并实现数据云控存储。建管平台从系统功能和数据结构上都已在市场同类产品中处于领先的位置。因此，建管平台不局限于集团内部项目管理工具软件，可将其推广至全川乃至全国，并不断迭代更新完善平台功能，使其成为国内首屈一指的项目建设管理平台。

3.3 平台系统框架

3.3.1 标准建立

《川高系统公路工程信息模型标准》
《高速公路项目单位、分部及分项工程划分指南》
《建设管理用表编制指南》
《土建工程质量保证资料编制指南》
《工程质量检查指南》
《公路工程建设项目档案整理编制规范》

3.3.2 总体架构

提供在建高速综合管理服务，坚持川高顶层"标准化"的原则，兼顾项目公司"个性化"需求。业务层向下联结施工过程中智能终端以及数据融合集成平台；中间利用横向云平台、融合通信、人工智能、大数据、视频、地理信息、物联网等新技术组成的数字管理平台；基础设施和感知层向上提供服务能力支撑智慧应用。平台技术框架如图 3-2 所示。

3.3.3 数据架构

过融合集成平台提供的标准 API 接口，支撑大数据的各类应用依托统一的数据标准规范，建立从数据采集、汇聚、治理到开放共享数据服务平台。建设完整的建管数据架构体系，实现数据全生命周期的管理，支撑大数据的业务价值应用。内部打破传统的各项目独立建设数据库的

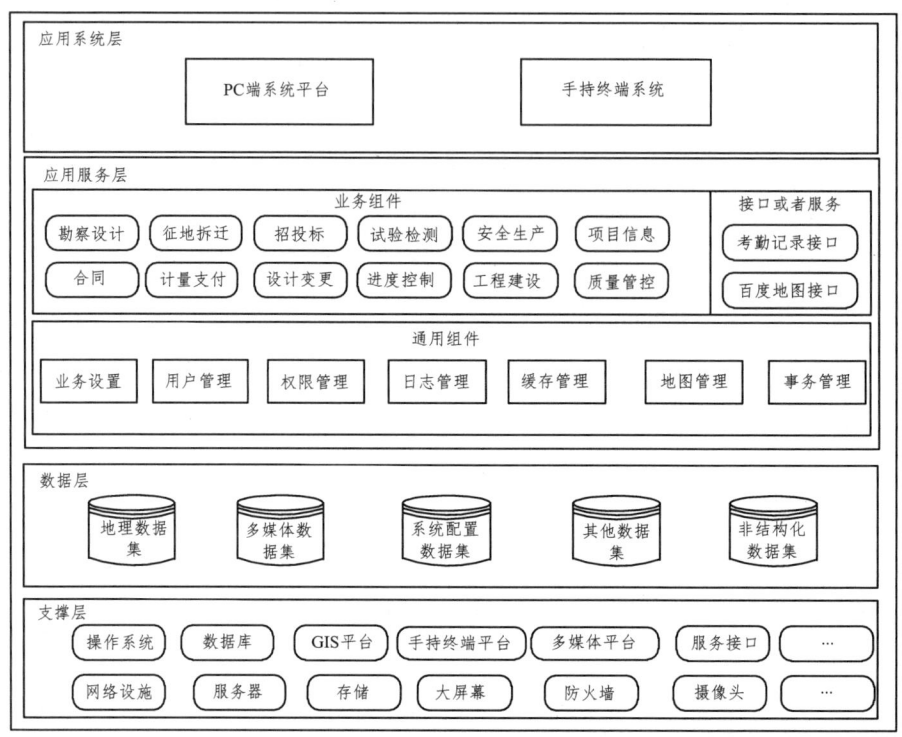

图 3-2 平台技术框架

烟囱模式，规划构建形成统一的应用与数据管理平台业务架构高速公路过程全周期全要素管理突破单项目内循环模式，建立川高跨层级管理业务线；以管理、服务、协同和支撑为职能线；以项目前期、合同管理、投资计划、后期管理为综合业务线；通过 WBS/EBS 建立纵横贯通建管全周期数据业务体系。

3.3.4 技术架构

技术架构为三层架构。

前端：LVS/Nginx 提供负载均衡。

业务层：由 Apache/Tomcat 等容器提供 Java 程序运行环境。

底层：数据库和大数据文件系统提供数据存储层。

3.3.5 平台安全保障

安全技术体系：构建基于软件定义安全的智能防护体系与主动诱捕体系，构筑纵深防御体系。

安全管理体系：从管理制度制定、管理岗位的设定、安全赋能培训的实施等方面，保障数据安全、健康的运营。

安全运维体系：从事前主动发现系统的漏洞、事中发现攻击行为进行及时响应及补丁修复、事后进行策略调整及攻击事件的溯源；构建全方位立体的安全运维体系。

3.4 平台关键技术

3.4.1 多源数据融合

1. 多源异构数据融合理论

随着智能物联网、移动社交网络和云计算等新技术的不断涌现，数据量呈爆炸式增长。数据挖掘技术及数据融合技术已受到学术界和工业界的广泛关注。由于海量数据来源各异、类型丰富且关系复杂，多源异构数据融合在现实世界中很多领域具有广泛的应用前景，已成为目前热门的研究领域。

多源异构数据融合中的"多源"指的是数据的来源有显著差异。例如，从固定传感网络收集到的是具有强时序性的感知数据，从车载传感网络收集到的是具有高空间覆盖率的感知数据，从便携式传感网络收集到的是可分配的感知数据，多源数据在时空分布上具有显著差异。同时，由于数据非同源，数据的类型也可以千差万别，图像、视频、声音、文字和数值等都可以作为原始数据用于同一个融合系统中。另外，多源数据的数据质量存在明显差异，主要表现在数据精度、数据相关性和数据可信性等方面。

多源异构数据融合中的"异构"指的是数据结构的不等价性，主要包括数据的概率分布、数据密度及数据内属性的相关性。对于非同源数据，数据通常为异构的，且差异明显存在。对于同源数据，数据的异构性同样不能被忽视。例如，同样为气象监测站点的北京监测站与新疆监测站，数据所表达的气候关系差异巨大。

如图3-3所示，多源异构数据融合的一般过程是：首先，将原始数据进行处理，得到可以应用于模型训练的训练集，对目标问题选择合理的建模方式，并基于训练数据对参数进行求解，从而得到初步的模型训练结果；然后，基于原始数据生成的测试集（不与训练集有交集），对模型进行验证，测试模型的精度及其他指标，不断重复以上过程，直到到达目标要求，得到推理模型；最后，将推理模型部署于应用场景中，使用目标数据进行推理，达成目标需求。

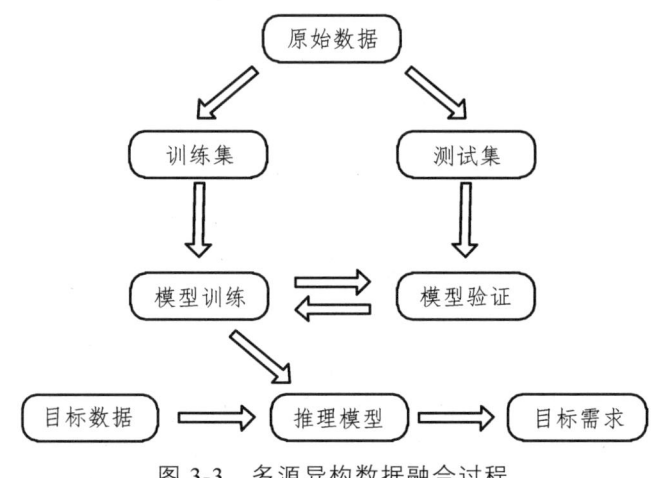

图3-3 多源异构数据融合过程

2. 多源异构数据获取

勘察、规划设计阶段是整个公路工程的最初阶段，也是整个工程的根本保障，往往决定着工程的质量。在公路全生命周期管理中，BIM应用在设计阶段便开始介入，设计阶段搭建的BIM模型应能适应选线、初测、施工图设计要求，并尽量满足未来业主在施工、运维管理阶段对可视化管理的BIM应用，使BIM在公路全生命周期中发挥的作用最大化。公路工程具有点多、线长、面广的特点，同时具有不同标段的分项工程以及复杂的工序，因此公路项目会包含海量的数据信息。

在构建道路信息模型前，首先要有地形数据的支持。采用装载倾斜摄影设备的无人机对复杂山区高速地形地貌进行航拍（图 3-4），可得到针对工程所在地区的点云，形成 .tif 文件，点云中携带着密集的高程点，各高程点中又包含着不同的 xyz/RGB 信息；对 .tif 文件进行处理，为构建数字高程模型提供原始数据支持。

图 3-4　倾斜摄影航拍

所谓数字高程模型（DEM），即是用一组有序数值阵列形式表示地面高程的一种实体地面模型，是整个道路工程模型的重要组成部分，也是构建道路模型的基础。对 DEM 描述方式采用 TIN 模型，即不规则三角网模型，它是由分散的地形点（实测高程点）按照一定的规则构成的一系列不相交的三角网络（图 3-5）。对于 TIN 模型中离散的实测高程点集，存在多种三角网剖分方式，这里选择在地形拟合方面表现最为出色的 Delaunay 三角网剖分方式；山区地形的高低起伏变换可以由等高线来形象地描述（图 3-6），并运用多尺度的影像数据进行叠加，可更形象真实地表现地形。

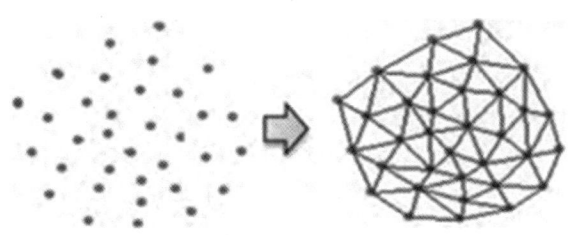

图 3-5　三角构网

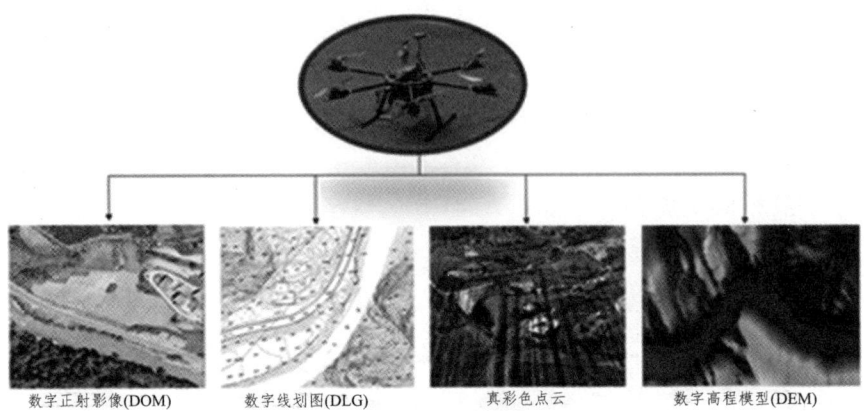

图 3-6 测绘数据获取

随着无人机技术的高速发展，基于无人机平台的航空摄影测量正在逐渐取代传统外业测量，能够极大地提高数据获取周期。同时在某些外业测量难以开展的地区，由于无人机质量轻、体积小、易操作，故其能够帮助外业测量人员完成困难的测量任务。

（1）机载激光雷达。

一般来讲，三维激光扫描仪的体积大、质量重，不适合搭载于小型无人机之上，但是随着近年来该设备的制作工艺水平不断提高，设备逐渐向轻小型化发展，利用多旋翼的无人机平台已经可以搭载该设备。这种基于无人机平台的机载激光雷达技术不仅具备获取高精度点云数据的能力，使用起来也更具优势，不受场地限制，受天气因素影响较小，飞行成本低廉，必然会得到越来越广泛的应用。乐西高速项目通过这种基于无人机平台的机载激光雷达技术获取了某些重要合同段的点云数据，通过这种点云数据制作的数字高程模型（DEM）相比于传统 1∶500 地形图纸精度更高，更接近真实地形，无论是对于设计人员前期设计还是工程造价，都能极大地提高其准确度。

（2）海量测绘数据管理。

由于公路工程所涉及的区域范围较大，基于无人机平台获取的高精度数据相比于传统的测绘图纸数据量呈几何级增长，如何对这些数据进行有效的管理对于提高数据的使用率及使用效率有着重要影响。

无论是工程沿线的影像数据还是点云数据，数据量都堪称海量，借助地理信息系统（GIS）可以帮助我们对这些数据进行有效的存储、编辑、查询和分析，通过三维 GIS 平台，理论上可以对 TB 级别的数据进行高效的管理，对数据进行切片缓存，并且提供数据下载、在线查询等数据服务，可根据工程要求调用对应的数据。GIS 对海量数据的管理能力使其能够成为公路工程建设管理系统的基础平台，这是其他任何系统无法取代的。

3. 数据处理与发布

（1）矢量。

通常 GIS 矢量数据为 shapefile 数据，Geojson 是比较通用的一种网络矢量传输格式，利用数据处理工具将.shp 文件转换为 Geojson 数据并导出，将 Geojson 文件放入 Cesium 根目录中通过函数 Viewer. dataSources. add [Cesium. Geojs-onDataSource. load（'/Apps/leshan/4l. geojson'）] 进行数据的加载。

（2）地形。

STK World Terrain 与 Small Terrain 是 Cesium 支持的两种地形类型；其地形系统支持由流式瓦片数据生成的地形。STK World Terrain 地形可以通过 API 直接在线调用，但访问全球的在线地形数据，由于数据量庞大，若网速跟不上会有卡顿、加载不出地形等问题。所以选择通过倾斜摄影得到的高速山区.tif 数据进行处理生成 Small Terrain 文件，虽然 Small Terrain 为中等高分辨率，相比高分辨率的 STK World Terrain 略逊一筹，但是对该研究工作已足够，这样也就实现了数据的本地部署，使所研究区域的数据快速加载，提高了渲染效率。

配置好 CTB（cesium-terrain-builder）环境后，将携带高密度点云的.tif 数据转换生成 terrain 文件，得到的地形数据为金字塔结构（图 3-7）。金字塔结构是以四叉树或八叉树的方式来管理地形数据的结构，即将高精度地形图根据视点的远近，分为多级地形；视点拉远将显示低精度的地形，视点拉近则显示高精度地形，图 3-8 为 Cesium 调用地形数据后的效果图。

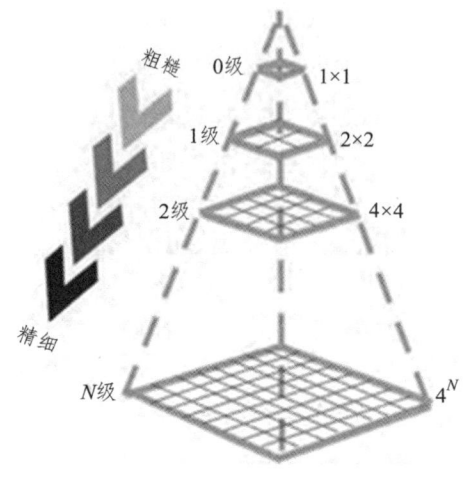

图 3-7 四叉树地形金字塔结构

图 3-8 山区地形展示图

(3)道路模型。

首先将设计好的公路模型进行处理,在 Civil3D 中将道路模型以 FBX 格式导出,将地模以 IMX 格式导出;在 Revit 中将设计好的桥梁、隧道模型以 FBX 格式导出;将所有模型文件导入 infraworks 中整合为高速公路全模型(图 3-9),然后导出 FBX 格式的全模型文件(不包括地模)。由于 Civil3D 及 Revit 中的材质库有限,不能满足所需,将 FBX 文件导入 3Dmax 对公路材质进行丰富处理,最终导出 OBJ 模型文件。

图 3-9 整合后的效果图

由于实际工程高速全专业模型体量庞大,需要通过 Cesium 3D tiles 对模型建立 LOD 来实现 Web 端海量三维模型的快速加载。3D tiles 数据集是以分级、分块进行渲染的,它将海量的三维数据以分块、分层的形式组织起来,可以大幅度减轻浏览器及 GPU(图形处理单元)的负担,是 Cesium 中比较核心的部分,3D tiles 可用于流式传输 3D 内容,包括矢量、点云、倾斜、BIM 模型等;其瓦片集是用树空间数据结构组织的瓦片集合,每个瓦片都拥有一个包围体用于包围其内部内容。每个瓦片都代表着一个要素或一个要素集,比如建筑物等 3D 模型、点云中的点、矢量数据集中的点、多边形、折线等。

3D tiles 格式由两部分组成,一个是 JSON 格式的数据组织文件(tileset.json),另一个是每个节点所对应的模型文件(.b3dm 等)。图 3-10 为 b3dm 数据格式的详解,其中:body 部分的要素表是指该瓦片包围盒中的要素(构件)个数;批量表的作用是存储要素的属性,可通过 BatchID 调用 BatchTable 中的属性数据;内嵌的 gltf 文件即存储着模型的几何数据及纹理贴图等。

将不同标段的道路、桥梁、隧道模型进行区域分割、要素分组处理,分别对要素组进行贴图等细化处理,并利用开源工具完成数据格式的转换,最终完成 3D tiles 文件的生成。图 3-11 是将模型文件转换为 3D tiles 数据的流程。

(4)模型的位置调整及旋转。

当模型加载后,往往会存在模型与地形位置不匹配,公路模型部分区域被地形掩盖或公路模型悬在半空(不贴地面)的情况,需要对模型位置进行调整使之与地形融合在一起。在 3D tiles 中每个瓦片的位置信

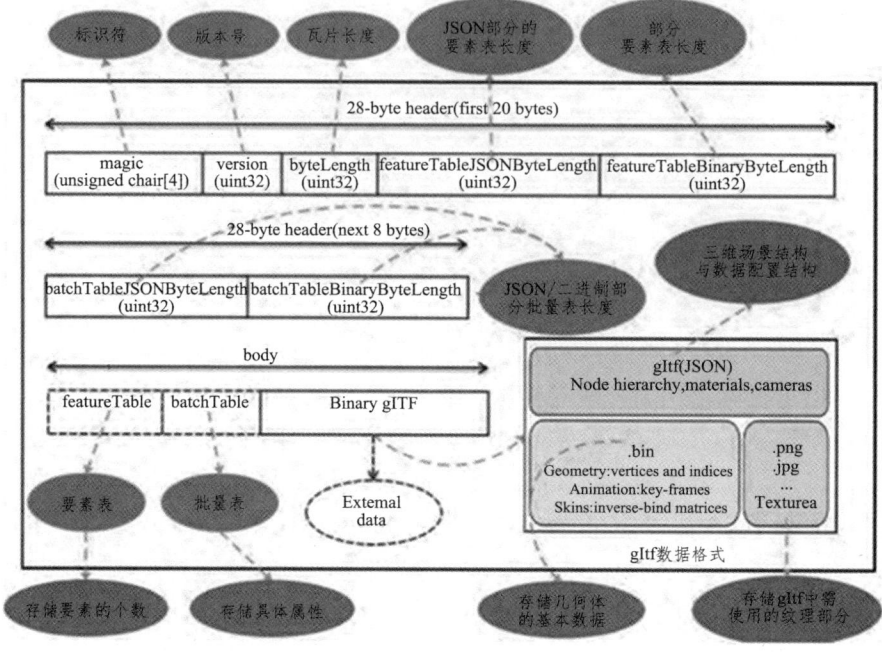

图 3-10 B3dm 及 gltf 数据格式

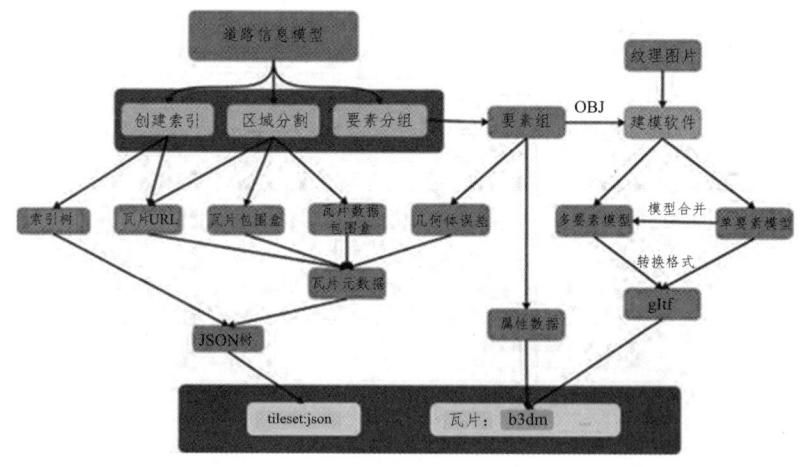

图 3-11 模型数据转换流程

息都写在 JSON 及对应的.b3dm 文件中,所以调整整体模型位置要改动整个 3Dtiles 数据。通过查找 Cesium 的 API 文档,Cesium 3D tileset 中定义了一个 modelMatrix 类，是一个 4×4 矩阵，说明通过矩阵运算是可以调整整个 3D tiles 数据位置的。

要达到位置变换就要构造"平移矩阵"及"旋转矩阵"。WebGL 绘制模型的基本元素是三角形，这里以一个三角形为例，设其顶点坐标从点 $P(x,y,z)$ 移动到点 $P'(x',y',z')$，X、Y、Z 各轴上平移的距离分量为 T_x、T_y、T_z，那么则不难得到：

$$\begin{cases} x' = x + T_x \\ y' = y + T_y \\ z' = z + T_z \end{cases} \tag{3-1}$$

将式（3-1）用变换矩阵来表示则有：

$$\begin{pmatrix} x' \\ y' \\ z' \\ 1 \end{pmatrix} = \begin{pmatrix} 1 & 0 & 0 & T_x \\ 0 & 1 & 0 & T_y \\ 0 & 0 & 1 & T_z \\ 0 & 0 & 0 & 1 \end{pmatrix} \begin{pmatrix} x \\ y \\ z \\ 1 \end{pmatrix} \tag{3-2}$$

将式（3-2）记为 $A' = MA$，M 即平移矩阵。

设点 P 绕 Z 轴旋转 β 后得到 $P''(x'',y'',z'')$，由于是绕 Z 轴旋转，则点 P 的 z 坐标不变，只要考虑 x、y 坐标的变化，用 P 到原点的距离 r、α、β（图 3-12）对点 P、P'' 的坐标来表示，则有：

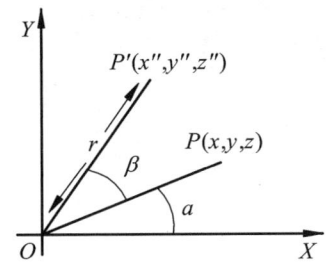

图 3-12　点 P 在坐标系中的变化

$$\begin{cases} x = r\cos\beta \\ y = r\sin\beta \end{cases} \tag{3-3}$$

$$\begin{cases} x'' = r\cos(\alpha+\beta) \\ y'' = r\sin(\alpha+\beta) \end{cases} \tag{3-4}$$

运用三角函数两角和公式变换式（3-4），然后将式（3-3）代入消去 r 和 α，可得：

$$\begin{cases} x'' = x\cos\beta - y\sin\beta \\ y'' = x\sin\beta + y\cos\beta \end{cases} \quad (3\text{-}5)$$

将式（3-5）用变换矩阵来表示，则有：

$$\begin{pmatrix} x'' \\ y'' \\ z'' \\ 1 \end{pmatrix} = \begin{pmatrix} \cos\beta & -\sin\beta & 0 & 0 \\ \sin\beta & \cos\beta & 0 & 0 \\ 0 & 0 & 1 & 0 \\ 0 & 0 & 0 & 1 \end{pmatrix} \begin{pmatrix} x \\ y \\ z \\ 1 \end{pmatrix} \quad (3\text{-}6)$$

记为 $A'' = NA$，N 即绕 Z 轴的旋转矩阵。

类似地，也可以得到绕 Y 轴的旋转矩阵、绕 X 轴的旋转矩阵。在 Cesium 中通过程序定义不同的变换矩阵（定义绕 Z 轴旋转的对象：Cesium.Matrix4 from RotationZ；定义平移的对象：Cesium.Matrix4.from Array），将 M、N 等不同的变换矩阵进行复合得到复合矩阵，通过将模型数据与复合矩阵作运算，再将运算结果赋值给 tileset.model Matrix 即完成模型位置的变换。图 3-13 为渲染加载并调整模型的示意图。

图 3-13 模型渲染效果

3.4.2 多源数据库构建

1. 多源数据分类编码

（1）一般规定。

公路工程信息分类编码依据《施工工程信息的组织》（ISO 12006-2

的方法和框架制定。

公路工程信息分类对象包括公路工程中的资源、过程以及成果。

公路工程中建筑物的分类编码引用《建筑信息模型分类和编码标准》（GB/T 51269—2017）。

公路工程信息分类采用《信息分类和编码的基本原则与方法》（GB/T 7027—2002）中的面分法。

对未定义的分类编码条目，可在现有分类表的基础上扩展，且应符合本章的规定。

（2）信息分类。

公路工程信息模型和分部分项的分类应符合表 3-1 的规定。

表 3-1 公路工程信息分类表

表编号	分类表	分类对象	附 录
16	公路工程构造物	构造物	A
17	公路工程空间结构	空间结构	B
18	公路工程功能系统	功能系统	C
19	公路工程构件	构件	D
42	公路工程材料	材料	E
43	公路工程属性	属性	F
44	公路工程几何	几何	G
45	公路工程分部分项	分部分项	H

单个分类表内部的层级均分为一级类目——大类、二级类目——中类、三级类目——小类和四级类目——细类等，应符合表 3-2 的规定。

表 3-2 分类级别表

层 级	类 目	中文类目
一级类	大 类	桥梁构件
二级类	中 类	支撑构件
三级类	小 类	主 梁
四级类	细 类	箱 梁

（3）编码原则。

公路工程信息模型编码由分类表编码和层级编码组成。

公路工程信息模型编码采用全数字编码，分类表编码和单个分类表内各层级编码均采用两位数字表示。

分类表编码和各层级编码之间使用"-"连接，各层级编码内部使用"—"连接。

分类对象的编码应符合以下规定：

① 分类对象编码由分类表编码、大类代码、中类代码、小类代码、细类代码组成。

② 大类编码采用8位数字表示，前2位表示大类代码，后6位用"0"补齐。

③ 中类编码采用8位数字表示，前2位表示大类代码，加中类代码，后4位用"0"补齐。

④ 小类编码采用8位数字表示，前4位表示中类代码，加小类代码，后2位用"0"补齐。

⑤ 细类编码采用8位数字表示，前6位表示小类代码，后2位表示细类代码。

（4）代码应用。

为了在复杂情况下精确描述对象，应采用运算符号联合多个编码一起使用。

编码的运算符号宜采用"+"、"/"、"<"、">"符号表示，并按照对应规则使用。

"+"用于将同一表格或不同表格中的编码联合在一起，以表示两个或两个以上编码含义的集合。

"/"用于将单个表格中的编码联合在一起，定义一个表内的连续编码段落，以表示适合对象的分类区间。

"<"和">"用于将同一表格或不同表格中的编码联合在一起，以表示两个或两个以上编码对象的从属或主次关系，开口背对编码是开口正对编码所表示对象的一部分。

2. 多源数据库构建

数据信息是BIM建设的灵魂，更是公路管理分析的基础，而公路全寿命周期的项目数据类型庞杂、数据量大，如何有效组织管理海量数据，提高数据的访问效率是一个非常重要的问题。因此必须对公路全寿命周期数据进行规划，研究制定相应的数据编码规则，使得各阶段材料等能够有序存放。采用 Arc-GIS 分图层管理，并应用制定的编码规则（表 3-3）将具有相同特征的空间信息放在同一图层，便于存储和调用。将公路 BIM 数据库分为了基础地理信息类、公路设计信息类、公路施工建设类、多媒体文件文函图片类四大类，每一类数据信息分若干个图层或属性表，构成数据库总体框架。

表 3-3 数据分层（部分）

母类	子类	图层名	类型	系统编码	典型信息	备注
基础数据类	基础地形信息	等高线	线图层	JC—DX—L—DGX	点属性：ID，图层名，颜色，类型，高程，坐标	
		高程点	点图层	JC—DX—P—GCD	线类属性：ID，图层名，颜色，类型，高程，线型，线宽，长度	
		……	……	……	面类属性：ID，图层名，颜色，类型，高程，面积	
公路设计类	路线	桩号	点图层	GL—LX—P—ZH	ID，图层名，颜色，类型，高程，XY 坐标	
		平面	线图层	GL—LX—L—PM	ID，线型，项目编号，起点，终点，单元长度	
		……	……	……	……	
	路基路面	边坡	线图层	GL—LJLM—L—BP	ID，边坡类型，路侧，图层名，颜色	
		……	……	……	……	
	……					
施工进度数据类	路基路面	施工	属性表	SG—LJLM—TAB	ID，部件编号，上次日期，上次状态，记录日期，进度状态，备注	
	桥涵	施工	属性表	SG—QL—TAB	ID，部件编号，上次日期，上次状态，记录日期，进度状态，备注	
		……	……	……	……	
	……					

续表

母类	子类	图层名	类型	系统编码	典型信息	备注
多媒体文件类	设计文件	第n合同段	各标设计成果	DM—SJ—WJ	目录结构与编制办法一致	包含设计图表、合同等
		概预算	概预算	DM—SJGS—WJ		
	文函	合同	合同	DM—HT—WJ		
		……	……	……	……	

在严格遵守各类的 BIM 编码规则的基础上，分类别逐层次构建 BIM 信息数据库，创建的数据有着统一的编码标准，且数据包含相互关联扩展属性，将 BIM 多源数据无缝联结为一体，从而实现数据一体化的相互调用。数据库架构如图 3-14。

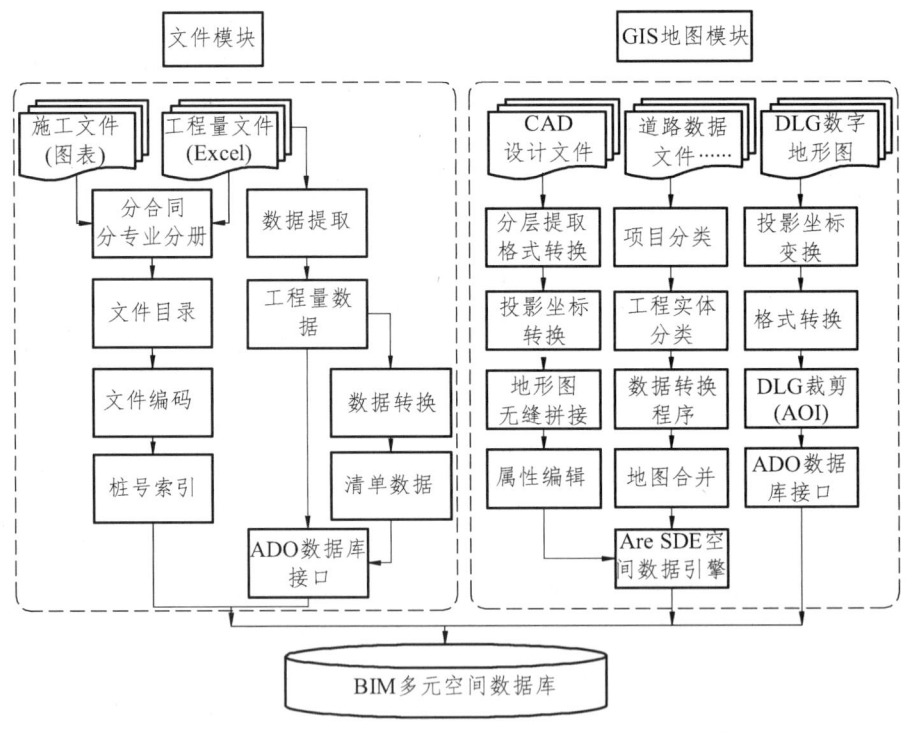

图 3-14 BIM 数据库架构

3.4.3 全要素数字模型构建

带有丰富合理信息的 BIM 模型是建设管理系统和后期基于 BIM 应用的基础和前提。在建立 BIM 模型的过程中，把设计关键信息和 BIM 模型进行融合，让软体设计信息成为 BIM 模型的"身份证"。比如桥梁的桩柱模型，设计信息中的跨号、编号、合同段、桩号信息就是其"身份证"。有了设计信息这样的身份证，计量、施工过程管理等信息都能和 BIM 模型进行很好的配合。这样的 BIM 模型构建方式与现有的应用方式和管理习惯完全吻合。

1．地质专业

在地质数据库中配置工程项目地质内容环境，包括岩性层、覆盖层、地质时代、风化层、断层、卸荷、地下水等环境配置；录入并管理野外勘察数据，将钻孔数据、勘探线的勘探剖面数据、地质点数据等录入数据库。根据录入的地质数据和 DEM，地质专业通过自动和手动的方式建立地质分界面，形成地质三维模型，见图 3-15、图 3-16。

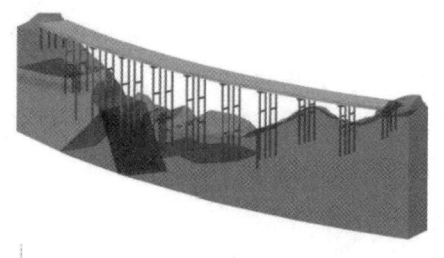

图 3-15　三维地质模型（一）　　图 3-16　三维地质模型（二）

2．路线专业

线路设计人员基于测绘数据，在 DEM 上通过二次开发的方式将路线数据快速转换成 BIM 模型数据导入到建设管理系统中，将其保存在中心服务器上供其他专业调用。线路模型的平纵多方案可实时切换、比选，为后续的工程量统计、三维模型更新带来极大便利，从而快速实现项目的多方案比选。

3. 路基专业

路基专业基于线路专业的数据，可实现路基与线路的关联，通过自定义标准横断面（图3-17），基于DEM和路线模型，生成路基模型。由于与路线的关联，只需更改对应的标准横断面模板和路线，便能实时更新路基模型。

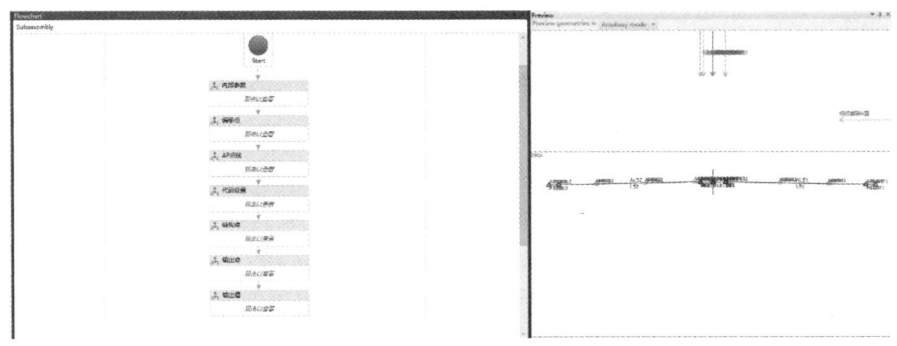

图3-17 路基标准横断面构件

4. 桥隧专业

桥隧专业基于线路专业数据，实现桥梁与线路的关联，通过自定义参数化构件创建各类参数构件库（图3-18），开展桥梁设计和建模工作，所有常规桥梁均可参数化、自动化建模，并将阶段性成果和最终的设计成果提交到中心服务器上供其他专业调用。

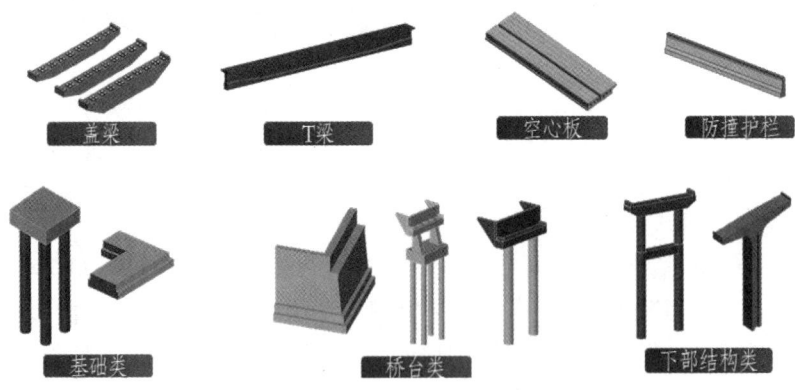

图 3-18　桥隧构件库

3.4.4　三维模型轻量化管理

通过基于 BIM 软件 Revit 二次开发的模型格式转换和优化的模型数据组织形式，得到支持 WebGL 的轻量化 JSON 数据文件，并通过对 WebGL 原理和 Three.js 框架的研究使用，实现可视化操作的平台移植和 BIM 模型在 Web 端的重建渲染、属性查询等操作，满足高速公路 BIM 模型轻量化管理的 Web 端实时三维交互查询的要求，达到了预期目标。此外，相较于传统的 C/S 架构，在实现 Web 端实时可视化的同时降低了系统复杂度和对硬件的需求，针对前人使用 FSV 和 XML 格式渲染效率不高的问题，使用通过二次开发后得到的编码简单、序列化和反序列化更方便的 JSON 数据文件，大大提升了数据传输和渲染效率，实现了模型数据基于 WebGL 技术的 Web 端实时高效渲染。

1. Revit-JSON 接口实现

（1）定义 JSON 数据接口。

WebGL 不能直接支持 rvt 格式文件，需要进行文件格式的转换，而 JSON 数据储存采用的是键值对的方式，非常方便进行解析且具有与平台无关和轻量化的特点，此外相对于传统的 XML，其封装、解析以及传输效率更高,因此开发采用JSON作为中间数据文件格式。把Revit二次开发导出的OBJ格式的高速公路几何信息存入几何区之前需要进行数据格式方面的调整,此外,还需要在图3-19所示属性区存放高速公路模型JSON格式对应信息,然后将两者通过JSON键值对统一标识符一一对应。

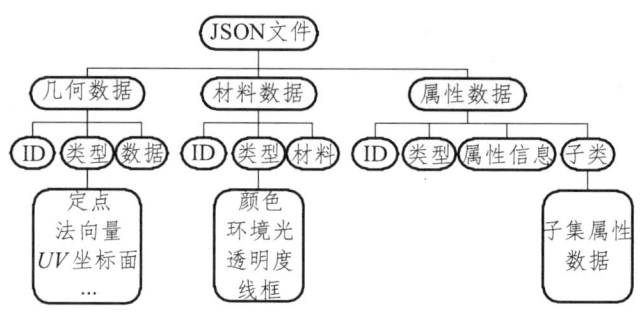

图3-19 中间文件结构数据图

(2)Revit二次开发。

首先设计高速公路的数据提取流程,主要分为定点数据、法线数据、材质纹理数据三个方面,即高速公路模型定点数据提取、高速公路模型法线数据提取(对模型几何信息进行约束和修正)、高速公路模型纹理和材质信息提取。如材质信息,在IFC分层架构下逐层获取IFCELEMENT信息。具体流程设计如图3-20所示。

高速公路模型数据提取后进行Revit二次开发,其核心技术是Revit对象转换为JSON文件。具体分为两个核心部分:

(1)几何信息。将获取到的高速公路对象导出为OBJ格式,保存在如图3-19所示的几何区,其中几何信息获取是通过Geometry来得到其GeometryElement实例,然后通过对其solid进行遍历得到实体,并对每个实体遍历得到其面和边,从而获得其坐标点。

(2)将获取到的高速公路对象材质属性信息存放在JSON中间文件属性信息区域。其中材质属性信息获取通过数据导出类IExportContext自定义MyExport类,通过Onmaterial()方法获取材质信息ID,得到ID就能得到material,然后就能获取包含所有渲染信息的Asset对象。具体实现代码如下:

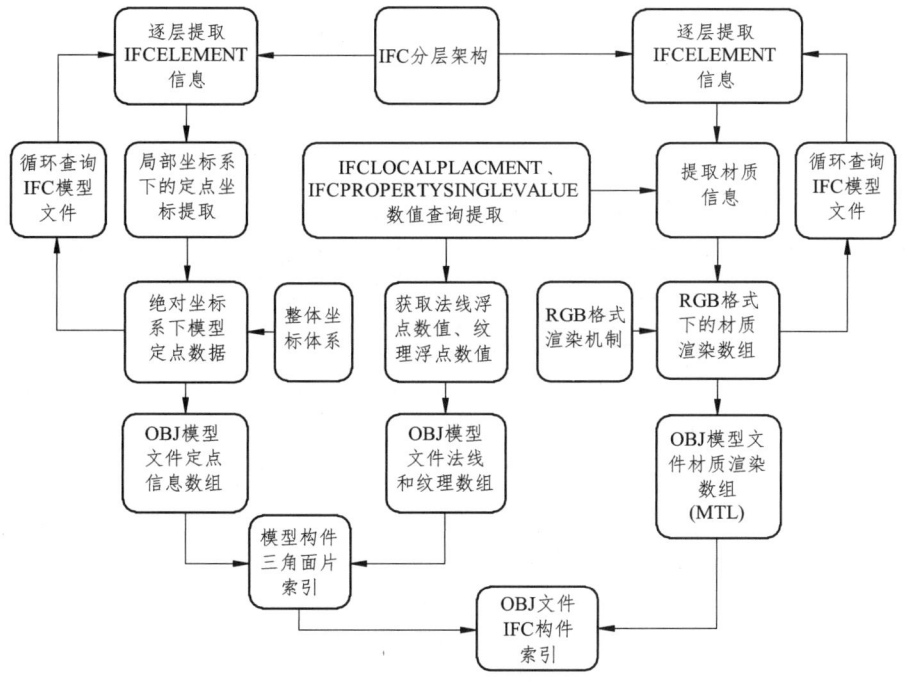

图 3-20 高速公路模型数据提取流程

IExportContext pExport=new MyExporter();

CustomExporter exporter = new CustomExporter (doc,pExport);

ElementId appearanceId=material.AppearanceAssetId;

AppearanceAssetElement appearanceElem=document.GetElement (appearanceId) as AppearanceAssetElement;

Asset theAsset=appearanceElem.GetRenderingAsset();

ElementId Id =material.AppearanceAssetId;

//通过上面取得的 AppearanceAssetId 得到 Appearance Asset Element AppearanceAssetElement Elem=document.GetElementId as AppearanceAssetElement;

//获得 Asset Asset Asset=Elem.GetRenderingAsset();

两核心步骤的具体实现方式如图 3-21 所示。

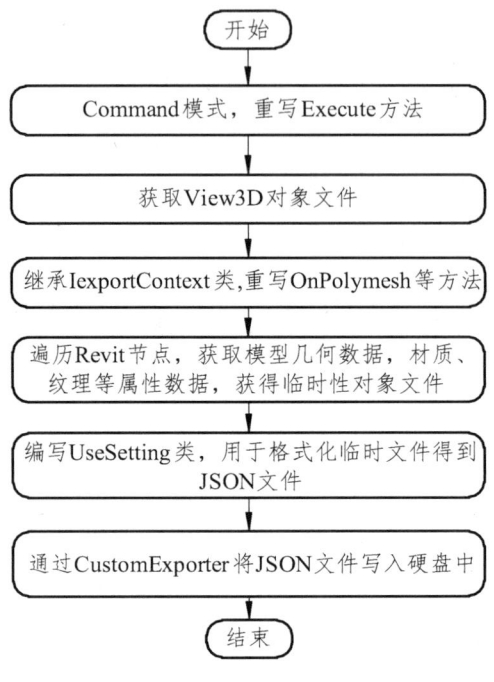

图 3-21　二次开发流程图

2. Web 端重建与渲染

鉴于 Three.js 框架进行模型可视化显示的优异性能表现，因此本书采用 Three.js 进行 Web 端的功能开发。前文导出的高速公路 JSON 格式中间文件包括几何信息、材质和纹理三部分，将外部文件导入 Three.js 来进行三维场景创建。

（1）进行三维场景构建，这里通过 Three.Mesh 函数来实现，其包含两个参数，其中几何关系由 Geometry 类定义，可获取顶点和片面数组信息，Material 类定义材质属性信息，然后借助函数 gl.texlmage2D 来进行后续的材质信息操作（该函数功能是根据指定的参数来生成 2D 纹理并上传）。

（2）通过 Three.js 进行三维渲染。创建 Scene 进行对象容纳，通过 JS 异步加载 JSON 文件进行解析生成 Geometry 并生成 Mesh 模型，再放入 Scene 场景中进行加载。JSON 文件解析步骤如图 3-22 所示。

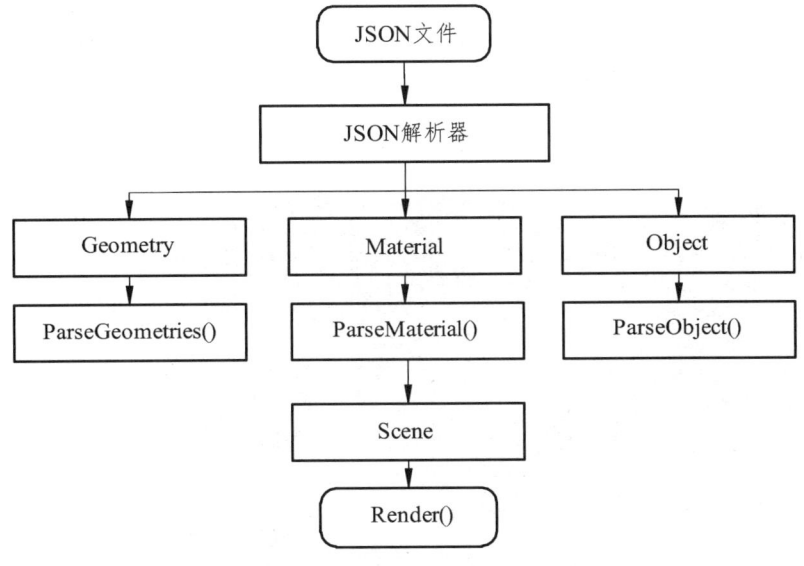

图 3-22　JSON 文件解析步骤

通过 parseGeometries() 函数对 Geometries 集合中的 type 属性进行遍历，并通过 THREE.JSONLoader 函数对引入场景的 Revit 二次开发后的高速公路 JSON 格式文件解析。在进行上述操作之后，完成在 Render 内的场景渲染。在此重点分析高速公路 JSON 中间文件的解析和加载，对场景引入基本的光源、相机等的着色、渲染不再进行详细说明。

3．属性关联与轻量化管理

（1）属性关联。

高速公路 BIM 模型属性数据包含其结构和工程属性，但由于高速公路 JSON 文件中的几何和属性数据分别储存在 JSON 中间文件的几何数据和属性数据区域，为了实现 Web 端属性信息查询，通过设置统一标识符 UID 进行两区域数据信息关联，然后进行 Web 端匹配标识符实现属性信息显示。

Three.js 对接收到的 JSON 文件进行处理，通过 OBJ 解析器将几何数据解析生成三维模型，并通过 UID 关联储存在内存中的属性信息。通用交互实现方式为鼠标点击查询，这里需要用到 WebGL 的 Canvas 节点渲染，因此需要进行 Canvas 内部子对象的获取。这里通过鼠标点击获取浏览器窗口二维坐标，然后进行三维坐标的转换并与三维模型的几何对象进行匹配，从而获取其 UID 值，然后通过唯一标识符 UID 与存储的属性信息进行匹配即可实现属性信息在 HTML 页面的显示。高速公路 BIM 模型项目信息获取实例如图 3-23 所示。

图 3-23　高速公路 BIM 模型项目信息获取

（2）轻量化管理。

实现高速公路 BIM 模型的轻量化即实现高速公路 BIM 模型对系统环境配置依赖性的降低和模型数据文件体量的压缩，具体分析如下：

① 高速公路 BIM 模型对系统环境要求。传统基于 Revit 的可视化平台，需要高配置的电脑软硬件来支持，而基于 WebGL 的高速公路 BIM 模型轻量化方法是基于 Web 端的可视化平台，可同时兼容多版本浏览器和移动端，在平台显示方面实现了便宜轻量化。同时，鉴于通过 WebGL 进行高速公路模型的渲染重构时会对 GPU 资源消耗，本节通过表示渲染流畅度的帧率 FPS 来进行简易衡量（一般 FPS 值达到 30 即可实现流畅的可视化查询和交互操作），测试显卡型号为 NVIDIAQuadroK2100M，根据 Three.js 的性能监视器进行管理渲染性能。

② 模型文件大小调整。由于高速公路可视化信息查询对于其模型的精细度要求不是很高，所以在保证模型信息完整度达 90% 且符合管理者的可视化要求的情况下，可以实现一定水平的数据文件压缩；此外通过采用共享顶点的数据组织方法来去除冗余重复的顶点数据，实现了顶

点数据的极致精简，也可以达到缩小内存占用的目的，从而实现高速公路 BIM 模型的轻量化 Web 端显示。

3.4.5　物联网数据自动收集

1．试验室试验设备数据收集

（1）功能需求分析。

组建试验室局域网，使试验室及办公室于同一局域网，安装试验室检测管理软件，实现试验数据不落地、无纸化审批、自动传输；对提取各种试验检测设备的数据，自动进行计算、绘图、统计，生成试验报告、台账等管理试验检测资料，并记录报告修改过程，上传至信息化系统，提高试验检测数据处理效率及正确性。具备断网续传功能，以保证断网后采集的真实数据在网络恢复时可以上传至数据中心，记录数据上传至数据中心的时间；不合格（异常）数据自动判定、提醒；可在需要时，由其他模块调用数据；上传数据人工不能修改，只有得到业主或者监理退回指令才能进行重新试验采集；能自动采集 300 kN、2 000 kN 型压力机及万能试验机的试验数据，并上传实时采集和监控试验数据，包括并不仅限于以下几个方面数据——混凝土抗压强度、水泥胶砂抗压强度、水泥砂浆抗压强度、金属材料室温拉伸试验结果、钢筋焊接接头拉伸试验结果等，并上传数据相关载荷时间曲线，具备混凝土强度按照工程部位自动统计评定功能。

（2）数据采集实现。

试验室试验设备主要是压力机和万能机。试验过程中，试验的数据通过局域网传递到安装了数据联网监测软件的电脑上，软件自动分析数据，按照标准表格生成报告。数据和报告实时上传到应用服务器，同时全程进行录像，确保试验的真实性、规范性、追溯性。

信息系统中每一次试验有唯一编号，记录了样品试验检测数据，自动绘制压力曲线图等信息，按照试验规程自动生成格式统一的试验报告。同时系统还将试验数据与数据库中相应标准进行对比，定期生成分析统计表，供具有权限角色检索、查看，对不合格的试验报告标红警告提示。试验室试验设备数据收集见图 3-24。

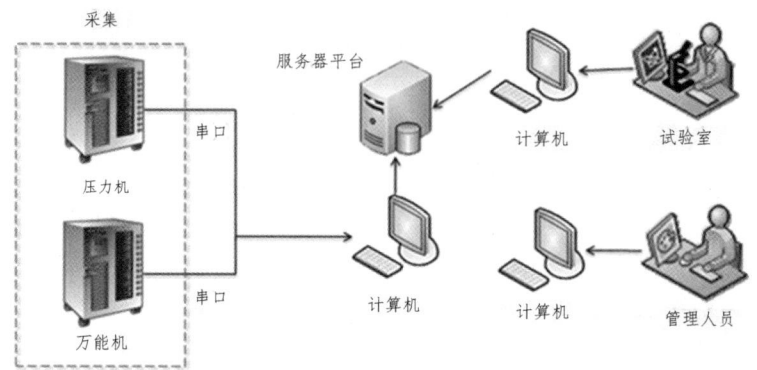

图 3-24 试验室试验设备数据收集

2．拌和站智能设备数据上传

（1）系统功能分析。

乐西高速公路水泥混凝土拌和站智能设备数据，需要重点关注以下功能：

① 通过材料用量查询，了解配合比执行情况。

② 通过拌和时间监控，查询搅拌时间。

③ 通过产能分析，查看实际产能及产量。

④ 通过统计某工程部位的混凝土生产信息，进行成本核算，也可用于推算施工时间。

⑤ 数据实时上传，若发生拌和机控制系统故障，仍能保存完整的原始数据，且不必担心数据被操作者修改。

（2）系统实现流程。

在招标文件中已明确各施工单位搅拌站设备必须采用数控设备，但调研中发现施工单位搅拌站数控设备的型号不同，使得搅拌站的数据采集复杂化。因此需对数控设备进行改造。改造的方法是加装物联单片机控制核心，直接读取原机数控设备的重量数据信息，包括每盘料的各种物料重量及混合料总重量等，进行数据封存，并通过控制 GPRS 模块或 Internet 网络将数据传输到指定 IP 服务器的数据库内，如图 3-25 所示。每种物料实际用量，在信息系统中与理论设计配合比进行对比分析，可以明确判断实时或一段时间内混合料的生产质量，对混凝土搅拌设备拌和过程做到质量监控。

通过在系统中设定配合比信息，对掺料和拌和时间设置偏差报警值，数据超标后及时进行短信或手机 APP 推送分级报警，并通过协同主线工作流进入处理流程。具体报警值的确定，根据各施工单位实际情况进行制定，其中包含各种材料偏差报警、拌和时间偏差报警，调用协同主线工作流处理的流程、权限等。

系统实现将水泥混凝土拌和站中生产的混凝土数据，包括工程名称，浇筑部位，强度等级，出料时间，水、水泥、砂、碎石、矿粉、减水剂、粉煤灰等构成成分，操作室接收电子任务单，配合比通知单；按单次操作形成信息码，实时传递到服务器。若检测到网络不通，则存在终端上，并发出警告，等恢复网络后立即传输。应用服务器接收到信息码，比对各项参数进行分析，将异常数据标红，同步进入工作流下一步处理。管理信息系统内置了系列图表，可实时生成这一阶段时间的生产对比图，直观醒目地支持决策，并对发现的异常提供纠偏。施工负责人、监理、业主对系统提示的异常和纠偏值进行人工判断，下达相应的指令，以杜绝不合格材料，减少工程损失，在保障工程质量的基础上，实现拌和站生产成本的精细化管理。

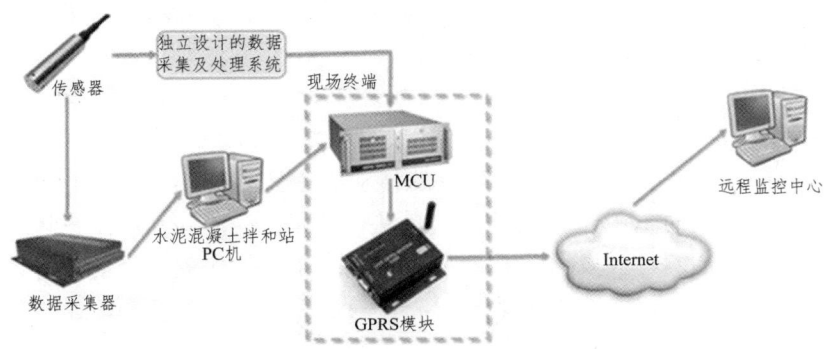

图 3-25　拌和站智能设备数据上传

3.4.6　移动互联技术

利用云计算和云存储技术，通过移动管理平台实现移动办公。现场的所有管理行为通过手机移动端设备予以流程化和量化，使现场项目施工管理信息化、标准化、规范化建设一步到位，有效提高项目施工现场管理的工作效率，提升管理品质。通过移动管理平台的便捷操作、及时沟通，全面掌控实时、动态的项目进度、质量、安全等全部生产过程。

1. 移动端技术架构

本系统采用基于 HTML5 的移动应用技术架构。HTML5 是新一代的超文本标记语言，虽然 2014 年 10 月 29 日 W3C（World Wide Web Consortium，万维网联盟）才最终制定完该标准，但从 2008 年开始大部分现代浏览器已具备了某些 HTML5 支持。经过多年发展，技术上已有一定的成熟度。

采用 HTML5 作为移动应用架构最直接的好处是可以降低开发成本，提高工作效率，而且常用功能的实现效果与原生代码相近。如果都采用原生代码开发，则需要组建一支 Andorid 开发团队和一支 IOS 开发团队，分别用 Java 和 Objective-C 开发，成本高且工作量大，测试也需要分别进行。采用 HTML5 技术只需要一支 HTML5 开发团队，完成编码后就可以直接打包成 Android 和 IOS 应用程序，还可以方便地实现 PC 端的 B/S 应用，大部分代码可以重用。但 HTML5 并不是十全十美的，它的标准和技术目前还在完善中，对于一些复杂效果，HTML5 无法实现，或实现代价大，但可以配合使用原生技术来实现这些复杂效果。

总的来说，基于 HTML5 开发的移动应用具有最小化成本、更新敏捷性的优点，而采用原生技术开发则具有最大化性能和良好用户体验的优点。目前这两种开发方式并不存在激烈的竞争替代关系，而是可以取长补短，混合使用，在不断地寻找和获得优秀用户体验的同时，尽力降低开发成本。

系统采用基于 HTML5 技术的一个主要原因是目前的功能需求该技术都可以实现，无论在开发成本上还是在开发进度上都具有很大的优势。后期如果需要开发复杂功能，譬如调用手机核心功能接口（包括地理定位、加速器、联系人、声音和振动等），可以结合 HTML5 移动应用开发平台使用混合技术。

移动端应用开发主要还是使用 HTML5 + CSS3 + JavaScript 技术，同时也使用了第三方界面开发框架 jQuery Mobile，这是 jQuery 在手机上和平板设备上的版本。系统还有一个主要功能是 BIM 模型浏览，需要选择一个合适的 BIM 浏览器，我们选择了 BIMServer 下的开源项目 BIMViews。该 BIM 浏览器也是基于 HTML5 的 WebGL，与本系统的移动应用架构一致。

在开发其他功能的过程中还需要用到 HTML5 的一些标准和技术，如本地持久化使用 HTML5 的离线存储技术（LocalStorage），上传下载使用 Websocket 技术，多线程处理使用 Web Worker 等。移动端技术架构如图 3-26 所示。

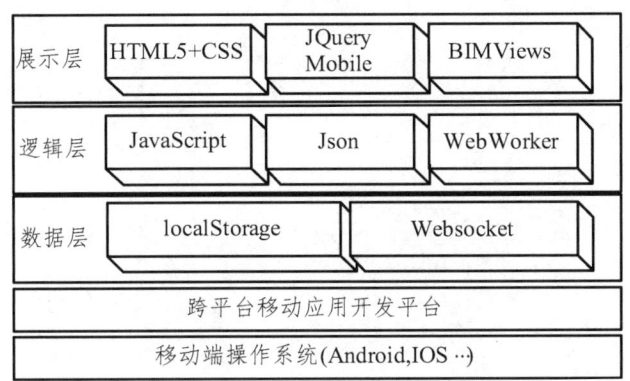

图 3-26 移动端技术架构图

目前主流的 HTML5 跨平台移动应用开发平台有 PhoneGap（后来被 Adobe 收购成为 Cordova 开源项目）、APICloud 等，我们主要采用 PhoneGap。

2．移动端平台功能

（1）电子沙盘。

建设管理系统以 GIS 系统作为基础平台，结合航空影像、倾斜摄影、激光点云等多源、多时相、多尺度的空间数据，以三维形式展示路基、桥梁、隧道、互通等 BIM 模型信息及项目区域的地形、地貌等信息；同时支持在网页端和移动端进行场景漫游、查询定位、属性查看、空间分析等功能。电子沙盘作为建设管理系统最基本的功能，同时也是 BIM + GIS 技术完美结合的直接体现，见图 3-27。

图 3-27 电子沙盘

(2) 资料线上统一管理。

通过每个模型唯一的 ID，不仅能够进行属性挂接和查询，还能够将其与相关的设计、施工资料进行绑定，每个模型都有一个或多个对应的设计资料，用户可以在网页端或移动端快速准确地找到模型对应的设计图纸等信息；可以在电子沙盘中点击某个模型部件查看其设计资料，也可以根据合同段、部件类型等不同类型进行检索。此外移动端 APP 还支持将资料数据离线缓存到设备上，方便施工、运维人员在现场的工作。

用户也可以通过网页端登录后对施工现场的各类材料、物资进行管理，按照品类记录库存数、登记采购需求，按照设定的时间周期统计消耗情况等，并和现场管理中的场地进行关联（图 3-28）；还可以在电子沙盘中将上述信息显示为资源地图，直观地展示不同材料、物资的分布情况。

图 3-28　资料管理和查询

（3）现场移动办公。

巡查人员可以在施工现场使用移动端 APP 记录巡查情况，以图片、视频、文字描述等方式记录并上传；管理人员通过网页端登录 BIM 管理系统后，可以汇总查看上传的所有资料，并针对特定的情况提出相应处置措施，也可以在电子沙盘中点击某个模型部件，查看现场资料的所有历史记录。

现场管理包括视频监控和场地管理。用户可以在网页端或移动端 APP 中随时打开监控摄像头的实时画面了解施工现场的情况；具有相应权限的管理人员可以在网页端按照真实布设情况对监控摄像头点位进行新增、维护等操作。通过场地管理功能，用户可以在电子沙盘中标绘临时场地的范围、用途等，方便管理决策。

（4）施工进度和计划实施追踪。

项目管理人员登录网页端设置当月的计划信息，现场施工人员根据实际完成情况在移动端 APP 上按时填报进度（图 3-29）。当前完成进度和计划信息都可以在电子沙盘中以着色高亮显示的方式直观地表达出来，用户也可以根据需要设置不同的颜色或显示不同类型的部件，便于直观地把握施工进展情况，并基于填报的数据进行计量管理与考核。

图 3-29　施工进度计划填报

（5）即时通信。

即时通信模块可以让登录到系统的不同用户相互之间发起会话，便于用户沟通交流工作内容（图 3-30）。用户可以从内部通讯录中选择某个成员然后发送文字、图片、所在项目位置等信息，目标用户使用网页端或移动端登录后都会收到消息通知。通过移动端设备登录的用户还可以直接拨打通讯录中记录的对方手机号码进行语音通话。

图 3-30　即时通信平台

（6）内部网盘。

内部网盘是以企业私有云为基础搭建的项目资料公共存储空间，用户可以将任意资料上传到内部网盘，然后在许可的权限范围内进行各种操作例如通过消息发送、绑定到模型等。BIM 模型的设计资料、巡查人员上传的现场资料等也都存储在内部网盘中。

（7）业务管理。

业务管理包括用户管理、任务管理和流程审批等功能模块。

对使用系统的人员通过登录账号进行权限设置，具有用户管理权限的人员可以通过网页端登录后，在用户管理模块中对系统用户进行各类管理操作，包括新增、修改、账号锁定、操作权限设置及分组管理等。

任务管理模块显示当前用户的全部任务信息，例如上级管理者根据现场巡查结果做出的工作安排等；模块支持勾选完成、删除、归档等常用操作，任务状态的变化也会通过即时通信功能通知到相关人员。用户可以在移动端或网页端查看及处理自己的当前任务。

流程审批是按照采购、请销假等不同的事务，一般人员可以向上级发起某个流程审批请求，上级管理人员逐级对流程内容进行批复，支持通过、拒绝、意见回复等功能。用户可以在移动端或网页端处理审批流程。

3.5 平台组成与功能

高速公路建设管理平台由各业务子模块构成，平台实现对各业务子系统的统一用户管理、统一事务待办、业务数据向上级平台的推送、流转，各子模块业务关联数据打通及综合报表呈现。平台包括项目管理模块、隧道管理模块、质量评定模块、竣工档案模块、BIM模块5个子模块，具备先进性、可扩充性、安全性、实用性，便于操作，易于维护，可大幅度提高建设项目的管理水平。这里主要对项目管理模块进行详细介绍。

项目管理模块包含进度控制模块、项目信息模块、合同管理模块、设计变更模块、计量支付模块、政策法规模块、绩效考核模块、安全生产模块、投资管理模块、项目资料模块、科学研究模块、工程建设模块、质量管控模块、资料库模块、辅助功能模块15个模块，这些模块又各自包含不同数量的子模块，具体如表3-4～表3-18所示。

表3-4 进度控制模块概括说明

模块名称	进度控制
模块说明	基于填报的信息生产图表并查看各重点工程完成情况及信息
子模块名称	功能简述
工程进度	基于各章节产值信息填报，实时生成各类图表，并以多种（如声、光、色等）动态方式对用户明确展示原始进度、进度节点等信息
重点工程	点击可查看各重点工程建设情况的统计信息
形象工程	点击可查看路面、桥梁和隧道的形象工程统计情况
进度计划	标段总量录入、总体计划

表 3-5 项目信息模块概括说明

模块名称	项目信息
模块说明	用于建设项目过程中相关文件的登记及相关信息的登记与展示，可以整体管理项目建设过程中的所有相关文件，施工单位、监理单位用户只能看到自己参与的项目信息，业主可以查看所有项目的相关信息，可以设置某一个项目的查看权限等
子模块名称	功能简述
基本建设程序维护	支持提供建设方对于项目信息、建设方基本信息的发布与维护工作
项目概况	展示项目的重点信息
项目文件	登记相关文件信息，展示项目相关文件
组织架构	登记组织架构信息，展示项目管理层的组织架构
参建单位	登记项目参加单位信息，展示项目参建单位录入信息
大事记	登记对建设项目有重大意义的事件或影响进行管理
常用下载	系统管理员按照分类登记【系统使用】时所用到的驱动插件等，便于用户使用时下载安装插件等
短信平台	短信管理平台实现短信收发、模板管理和通讯录等功能
公告管理	展示项目公告信息

表 3-6 合同管理模块概括说明

模块名称	合同管理
模块说明	合同基本信息、履约，人员考勤和资金使用情况
子模块名称	功能简述
合同登记	合同基本信息的维护
项目投资管理报表	项目投资管理报表包括建筑工程安装费用表、专项评估费用表、建设项目管理费用表、前期工作费用表、形象进度对内汇总表、研究试验费用、土地征拆费用表、基本情况表、工程概预算表（概算）、造价控制施工动态表、形象进度对外汇总表、工程概预算表（预算）以及设备、工具、器具和家具购置费表等功能
桥梁信息	桥梁包括桥梁信息维护和指标信息表等功能

续表

模块名称	合同管理
隧道信息	隧道包括隧道信息维护和指标信息表等功能
沥青混凝土信息	沥青混凝土包括结构层数据维护、路面和指标信息表等功能
概预算	概预算包括概预算执行情况、概预算信息维护等功能
考勤部门关联	考勤机系统的部门与本业务系统的部门进行关联匹配
请假单	考勤人员请假详细信息
考勤原始记录	考勤机同步的原始考勤信息
考勤明细表	考勤人员的考勤明细
考勤月度报表	考勤人员的出勤率信息
考勤通报	缺勤人员信息的通报
招标投标	期号基本信息维护
款项内容	款项内容信息
收款信息	收款单位金额等基本信息
资金计划	施工单位各笔资金使用计划

表 3-7 设计变更模块概括说明

模块名称	设计变更
模块说明	变更主要分为变更意向和变更申请两部分。建设方、监理、设计、承包人、地方政府等先提出变更意向，上报上级部门审核，首先由业主代表召集施工、监理、设计单位以及提出变更的部门一起进行实地勘察，初步对变更提出处理意见，并上报工程部审核，工程部进行现场踏勘后，对工程变更的必要性和合理性进行审查，并组织相关单位对工程数量进行评估或确认，工程数量的评估或确认应有详细的测量记录和计算说明书。总工对于设计方案的变更进行必要的审查，若因方案变化引起了重要、重大设计变更，必要时请专家论证或提交公司领导班子决策，经总工对设计图纸审核无误后，由设计单位出具设计变更联系单实施
子模块名称	功能简述
工程技术联系单	施工单位向监理和业主单位提出变更意向的信息维护

续表

模块名称	设计变更
监理工作联系单	监理单位向设计和业主单位提出变更意向的信息维护
设计工作联系单	设计单位向业主单位提出变更意向的信息维护
建设工作联系单	经办人向上级领导提出变更意向的信息维护
工程变更申请单	施工单位对有设计意向的变更向监理和业主提出申请的相关信息维护
新增单价（承包人）	承包人在工程变更中涉及的工程量清单细目无单价或单价有异议的，需经审批新增（或调整）单价
工程变更令	当工程变更报告单审批完结以后，引用工程变更报告单，包括变更明细，合同监理工程师签字后发送总监签发，流程完成后由合同监理选择计量期下达变更令
设计变更管理表	展现变更详情的报表

表3-8 计量支付模块概括说明

模块名称	计量支付
模块说明	对项目的合同（如施工合同、监理合同等）进行登记，把所登记的合同的总工程量分解成分项工程，对各个分项工程量进行核实，并把合同分成多个计量期，对每个计量期内完成的数量、金额进行计算，再通过上报、审核等流程，最后生成业主、监理、承包商的各自每个计量期的数据，再生成报表
基础资料	基础信息包括合同清单、1号清单、WBS结构、EBS结构、工程结构合同清单、现场核查数量、汇总金额、材料调差参数、材料类型功能，通过数据导入、录入的方式作为计量原始数据
土建计量	土建施工计量包括中间计量、材料预付款、价格调整、开工预付款、民工工资应急周转金、违约文件、优质优价提取、计日工、中期支付证书、施工报表审核和标段计量期等功能
监理计量	监理计量包括中期支付证书、标段计量期、中期支付项、计量情况说明和监理报表审核等功能
试验计量	试验计量包括中期支付证书、标段计量期、中期支付项和试验报表审核等功能

续表

模块名称	计量支付
机电计量	机电计量包括中期支付证书、标段计量期、设备材料及安装调试、违约文件和机电报表审核等功能
房建计量	房建计量包括中期支付证书、标段计量期、材料预付款、中间计量、违约文件和房建报表审核等功能
工程结构计量	工程结构计量包括标准构件库维护、结构拆分、中间计量、材料预付款、开工预付款、民工工资应急周转金、违约文件、优质优价提取、计日工、中期支付证书、施工报表审核和标段计量期等功能

表 3-9 政策法规模块概括说明

模块名称	政策法规
模块说明	政策法规录入、公开相应内容
子模块名称	功能简述
项目管理制度	项目管理制度录入、公开相应内容
政策法规	政策法规录入、公开相应内容

表 3-10 绩效考核模块概括说明

模块名称	绩效考核
模块说明	绩效考核打分、绩效考核汇总、被通报台账、绩效考核信息等功能
子模块名称	功能简述
绩效考核打分	对项目一段时间内工作效率进行考核打分
绩效考核汇总	按月份、年份对项目绩效考核评分汇总
被通报台账	对考勤通报情况汇总
考勤管理	记录考勤信息

表 3-11 安全生产模块概括说明

模块名称	安全生产
模块说明	制订各个安全计划，颁布国家安全生产管理法规
子模块名称	功能简述
安全生产法律法规	制订各个安全计划，颁布国家安全生产管理法规
安全生产组织架构	实现安全生产管理职能机构及安全机构设置，对工程项目部安全管理制度建设进行管理

表 3-12 投资管理模块概括说明

模块名称	投资管理模块
模块说明	项目投资报表的汇总、造价的控制、已经变更汇总
子模块名称	功能简述
项目投资管理报表	投资管理包括概预算管理、工程变更管理、变更计量管理、造价控制、主要工程造价经济指标等其他合同条款计量。支持各功能模块数据分权限录入，按工单流程进行申报、审核和审批，最终形成投资管理报表
主要工程造价经济指标	主要造价经济指标包括桥梁、隧道、沥青混凝土路面等功能
工程变更管理	包括造价执行动态表、设计变更明细、造价控制、主要造价经济指标、设计变更批复、设计变更效率、设计变更分类、设计变更汇总等功能

表 3-13 投资管理模块概括说明

模块名称	项目资料模块
模块说明	各参建单位项目资料的分类管理
子模块名称	功能简述
项目资料	各参建单位项目资料的分类管理

表 3-14 科学研究模块概括说明

模块名称	科学研究模块
模块说明	科学研究相关资料维护，包括科学研究课题、研究人、研究成果等主要信息
子模块名称	功能简述
科学研究	科学研究相关资料维护，包括科学研究课题、研究人、研究成果等主要信息

表 3-15 工程建设模块概括说明

模块名称	工程建设模块
模块说明	工程建设中参建施工单位及监理单位建设资料
子模块名称	功能简述
施工单位建设资料	提供承包人对于单位信息、施工方基本信息的发布与维护工作。 包括有单位信息、工地图片、组织机构、工地快报、会议纪要、民工工资管理等
监理单位建设资料	支持提供监理人对于单位信息、监理方基本信息的发布与维护工作。 支持有单位信息、组织机构、工地快报、监理月报、会议纪要

表 3-16 质量管控模块概括说明

模块名称	质量管控模块
模块说明	施工过程中对现场质量数据汇总、管控
子模块名称	功能简述
施工现场数据监控	该系统包括施工现场数据监控、实体工程现场资料、质量组织机构图、首件认可、重大专项施工方案、监理现场确认单、质量整改督办、交工验收管理、竣工验收管理等功能
质量管理	质量管理包括未处理不合格台账细表、质量检测数据总汇、不合格质量事件详细台账、不合格质量事件处理台账
现场资料	施工现场传回的图片、视频、数据等
交工验收管理	
竣工验收管理	

表 3-17 资料库模块概括说明

模块名称	资料库模块
模块说明	包括项目基础资料、优质优价、竣工决算数据、科研工作、招标数据库、其他资料等功能，主要完成资料的增加、删除和修改

表 3-18 辅助公路模块概括说明

模块名称	辅助功能模块
模块说明	工程投资、形象进度、质量控制、安全控制等情况,业务设置、增减系统操作人员
子模块名称	功能简述
综合查询	需要支持工程投资完成情况查询、工程形象进度情况查询、质量控制情况查询、安全控制情况查询、造价控制情况查询、环水保控制情况查询、廉政控制情况查询、工程变更查询、中期支付情况查询、变更计量情况查询、合同及变更情况查询、合同文件查询、征地拆迁情况查询功能
辅助功能	需要支持电子签名、手机短信提醒、待处理工作提醒功能
系统管理功能	（1）支持人员管理包括人员的增删改、配置角色、配置单位、配置区域以及按照人员姓名、所在组织来进行人员的查询。 （2）支持角色管理包括角色的增、删、改以及角色的配置功能和按照角色名称进行查询功能。 （3）支持组织架构管理包括组织的增、删、改功能以及按照组织名称进行查询的功能。 （4）支持功能管理包括功能的增、删、改功能以及按照功能名称进行查询的功能。

3.6 组织体系

在应用 BIM 过程中,对原有项目管理的模式进行了一定程度上的改革,增加了 BIM 工作在参建各方工作中的比重,修改了部分部门的工作流程。为保证 BIM 实施顺利,需要从组织和技术上进行双重支持,增强 BIM 的执行力。同时规定参建各方的 BIM 职责与权限,以使各方参与到 BIM 工作中,有据可依,各司其职。技术上,BIM 顾问团队及软件厂商拥有强大的技术能力和实施能力,对项目 BIM 实施的推动是坚实的基础。本章从基于 BIM 的项目管理新模式、组织架构、各方职责、技术支撑等方面进行介绍。

3.6.1 基于 BIM 的设计-招标-建造模式

1. 传统 DBB 项目管理模式

传统的项目管理模式，即设计-招标-建造模式（Design-Bid-Build，简称 DBB），是经过长期的实践，逐步累积经验发展而来的一种项目管理模式。

DBB 的运作模式如下：项目业主委托咨询方进行前期研究、论证和评估，随后进行设计，通过招标选择项目承包商。承包商负责工程的材料和设备采购、建造，同时有权进行分包等。项目业主委托监理方对项目的质量、安全、成本、进度等方面进行监督、协调，并指派代表与监理方、承包方沟通协调。其结构如图 3-31 所示。

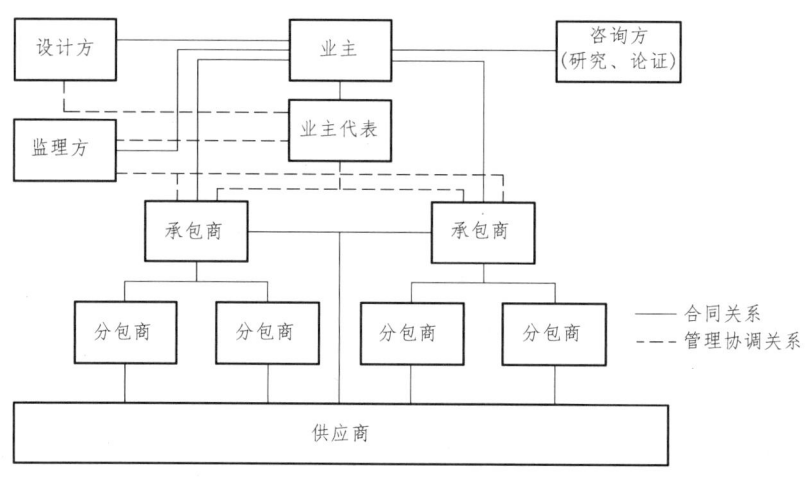

图 3-31 DBB 项目管理模式

DBB 模式因阶段划分明确，前一阶段完成后才能开始后一阶段，所以有很明显的优缺点。其优点为：业主方、监理方、承包商等各方权、责、利分配明确，各自行使权利和履行义务。其缺点为：设计方、承包商在设计阶段没有协同，可能导致施工与设计难以一致，变更频繁，导致延误工期，损害业主方利益。

2. BDBB 项目管理模式

新的项目管理模式为基于 BIM 的设计-招标-建造模式（BIM-

Design-Bid-Build，简称 BDBB）。BDBB 的运作模式与传统模式有部分共同点，即原有的参建各方的合同关系、管理协调关系仍然存在，而 BIM 则渗透到每个方面、每个参建单位，不仅仅是以人员的形式，更以 BIM 的技术、平台、理念的形式，向整个项目、整个企业来推广、应用。BIM 顾问由业主方聘请，负责对项目的质量、安全、成本、进度、资料甚至采购等方面进行协同管理。承包商、监理方、设计方等其他各方也可聘请 BIM 顾问，负责本方相应的业务。其结构如图 3-32 所示。

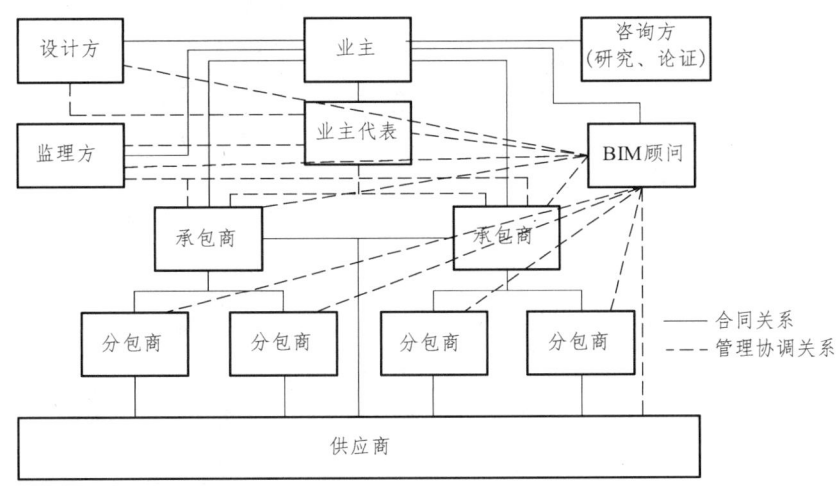

图 3-32　BDBB 项目管理模式

关于 DBB 模式下设计方与承包商的协同问题，在 BDBB 模式下有良好的解决方案：

① 业主方聘请有技术、有经验的 BIM 顾问参与项目的全过程，在设计阶段，BIM 顾问依据本身的工程经验，能够对设计有瑕疵的部分提出意见，协助设计方提高设计质量。

② 设计方的设计成果以模型的形式呈现给承包商，即便承包商没有参与设计阶段的协同工作，也能够良好地理解设计意图，根据现场的实际情况校核设计，更快速、更超前地提出问题，有效减少各种变更、返工、延期等情况的发生。

BDBB 模式最大的特点就是协同性，在 BDBB 模式下，参建各方一定是协同工作的。如：设计方进行客观必要的变更时，变更模型直接上传到 BIM 平台，并由系统通知承包商查看，承包商可以就变更内容迅速反馈，形成协同；监理方巡视发现问题需要整改时，在 BIM 平台标记出模型和问题，由系统通知对应责任人查看，责任人可以立即采取整改措施并反馈给监理方重新审核，形成协同；承包商发现材料库存较少需要补充时，利用 BIM 平台发出一条通知，说明需补充材料的各项信息的同时，关联上将要施工部位的模型，由系统通知供应商查看，供应商可以及时补货并反馈结果至承包商，形成协同；等等。如图 3-33。

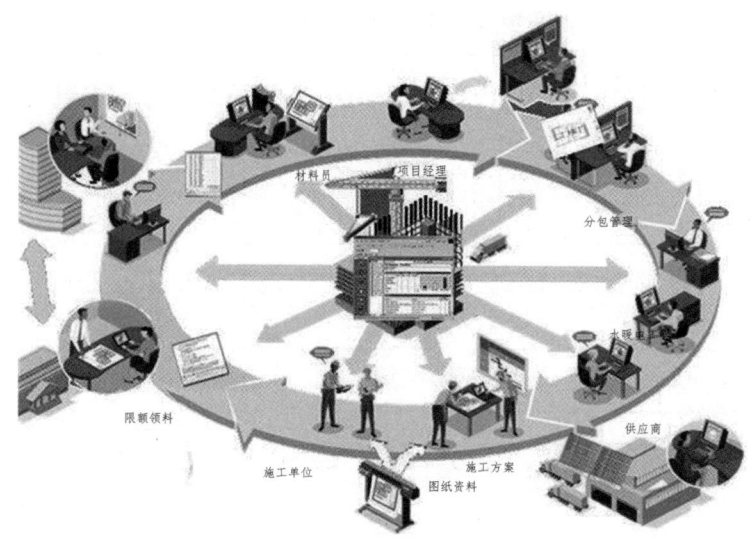

图 3-33　BDBB 模式下的协同

3.6.2　基于 BIM 的管理组织架构

良好的组织保障是确保 BIM 实施执行力的先决条件。在 BDBB 模式下，组织保障主要分为三个层面：

1. 整个项目层次的组织保障

在整个项目层次，应由建设单位统一领导，建立以 BIM 顾问单位为 BIM 总体管理与协调中心的组织结构，做到统一管理、指令唯一、职责明确。

在施工阶段，应以施工总包单位为 BIM 实施与应用的主体责任方，

BIM 顾问单位负责 BIM 工作的总体管理与协调，各标段总包、工程监理负责各自 BIM 工作的实施与应用，建设单位对 BIM 工作与成果进行监督与审查。

BIM 整体组织架构如图 3-34 所示。

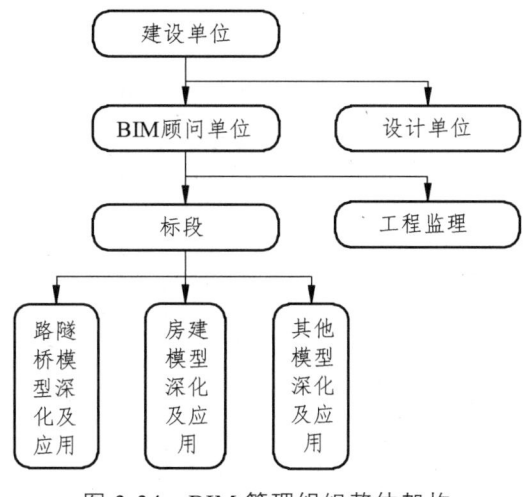

图 3-34　BIM 管理组织整体架构

2．实施应用阶段的组织保障

在施工阶段，单标段总包应有一定的 BIM 实施能力和应用能力，主要负责属于总包方自己的 BIM 成果创立，如实施方案模拟、构件加工信息提取等。

如果本身没有相应的 BIM 技术人员，建议聘请单独的 BIM 实施顾问。标段总包应该成立本标段的 BIM 项目小组，总包公司在后台有一定的技术支持，BIM 项目小组由项目经理或者项目总工直接领导。BIM 工作成果由建设单位进行监督和审查。

3．实施顾问内部的组织保障

如果总包单位没有足够的 BIM 实施能力，需要聘请专业的外部实施顾问。BIM 实施顾问内部应该有完善的组织架构，以保证有完整的 BIM 实施能力和应用能力，为总包单位做出优秀的 BIM 成果。完整的 BIM 顾问团队应包含建模组、审核组、应用组、驻场组、BIM 负责人等，其中建模组又可细分为土建组、钢筋组、机电组、钢结构组等，应用组可按照项目管理的不同方面分为技术组、成本组、质量安全组等。

BIM 实施顾问内部组织架构如图 3-35 所示。

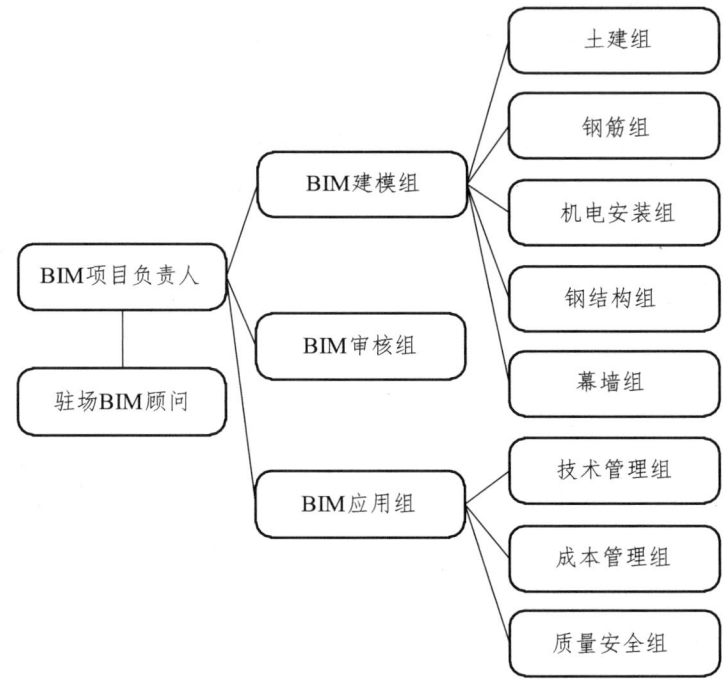

图 3-35 BIM 实施顾问架构

3.6.3　基于 BIM 的参建各方职责

在基于 BIM 的项目管理新模式下，维护参建各方权、责、利的明确关系，需要一整套完善的制度，其中，参建各方的职责明确是关键。

在 BDBB 模式下，参建各方的职责如下：

1．建设单位

① 对施工阶段的 BIM 应用和实施提出需求。

② 审定、批准施工阶段 BIM 实施方案。

③ 审定施工阶段的 BIM 技术标准和工作流程。

④ 组织施工图模型会审与交底会。
⑤ 监督检查 BIM 各方工作进度、质量情况，验收施工阶段 BIM 交付成果。
⑥ 协助 BIM 顾问单位对 BIM 各实施与应用方的工作协调。
⑦ 参与 BIM 工作例会、协调会和 BIM 技术培训。

2．BIM 总协调方

① 牵头制定《项目 BIM 实施方案》，并对 BIM 各方交底，协调实施。
② 对施工阶段各标段的 BIM 实施与应用提出需求。
③ 审定、批准施工阶段各标段 BIM 实施方案。
④ 审定施工阶段各标段的 BIM 技术标准和工作流程。
⑤ 主持施工图模型会审与交底会。
⑥ 监督检查 BIM 各方工作进度、质量情况，验收施工阶段 BIM 交付成果。
⑦ 上传、发布、归档权限内的工程数据与资料至鲁班 BIM 协同管理平台。
⑧ 根据建模标准，完成本项目施工图模型。
⑨ 牵头并参与 BIM 工作例会、协调会和 BIM 技术培训。

3．项目设计方

① 配合 BIM 顾问单位提供深化、维护模型所需的设计数据、图纸及相关资料。
② 参与施工图模型会审与交底会，辅助交底与答疑。
③ 针对 BIM 顾问单位与施工单位确认的设计问题进行回复，需要修正时提供正式的变更。

4．各标段总承包方

① 配置 BIM 团队，对本标段进行 BIM 技术应用和管理，并根据《项目 BIM 实施方案》的要求提交 BIM 成果。
② 基于设计 BIM 模型或图纸，建立施工 BIM 模型，在施工过程中实时维护 BIM 模型，保证其及时性、可用性。
③ 根据《项目 BIM 实施方案》编写《××标段 BIM 实施方案》，

并完成《××标段 BIM 实施方案》确定的应用内容。

④ 各标段 BIM 负责人负责本标段的 BIM 工作沟通与协调，组织本标段施工阶段的 BIM 实施工作。

⑤ 接受 BIM 总协调方的监督和审核，根据总协调方提出的 BIM 成果审核意见进行整改。

⑥ 根据合同规定的工作内容，协调本标段各分包单位施工 BIM 模型，整合本标段各分包单位的 BIM 模型，统一于本标段交付模型。

⑦ 将 BIM 技术应用于本标段项目管理，合理安排施工顺序，保证及时高质量地完成各项工程目标。

5．设备供应商

① 根据招标文件要求，提供设备 BIM 模型及相关信息（包含厂家、联系方式、操作手册等）。

② 配合过程中相关设备验收资料的上传。

③ 配合在 BIM 平台上设定设备的养护周期和报废提醒。

④ 配合相关设备入场方案的模拟。

6．工程监理方

① 制订自身的 BIM 实施方案，包括 BIM 管理的人力资源配置、设备配置、工作流程和 BIM 监理实施细则，提交给 BIM 顾问单位。

② 参与施工图模型会审与交底会，提出会审意见。

③ 协助 BIM 顾问单位对施工总包单位的 BIM 实施和应用进行监督和审查。

④ 比对 BIM 模型与二维设计文件，核查模型或设计文件中可能存在的问题，提出核查意见。

⑤ 利用 BIM 模型等应用成果与工程现场情况进行比对，通过移动终端进行现场核查，准确记录、上传、同步现场造价、进度、质量、安全信息与数据至模型中，同步审核、更新直至最终的 BIM 竣工模型。

⑥ 定期提供含有 BIM 模型信息的现场进度、质量、安全和造价方面的监理报告，并进行总结和汇报。

⑦ 利用 BIM 模型等应用成果辅助现场协调、分部分项工程验收、隐蔽工程验收和竣工验收。

⑧ 上传、发布、归档权限内的工程数据资料至鲁班 BIM 协同管理平台。

⑨ 参与 BIM 工作例会、协调会和 BIM 技术培训。

3.7 保障机制

3.7.1 建立系统运行保障体系

（1）按 BIM 组织架构表成立总包 BIM 系统执行小组，由 BIM 系统总监全权负责。经业主审核批准，小组人员立刻进场，以最快速度投入系统的创建工作。

（2）成立 BIM 系统领导小组，小组成员由总包项目总经理、项目总工、设计及 BIM 系统总监、土建总监、钢结构总监、机电总监、装饰总监、幕墙总监组成，定期沟通，及时解决相关问题。

（3）总包各职能部门设专人对口 BIM 系统执行小组，根据团队需要及时提供现场进展信息。

（4）成立 BIM 系统总分包联合团队，各分包安排固定的专业人员参加。如果因故需要更换，必须有很好的交接，保持其工作的连续性。

（5）购买足够数量的 BIM 正版软件，配备满足软件操作和模型应用要求的足够数量的硬设备，并确保配置符合要求。

3.7.2 编制 BIM 系统运行工作计划

（1）各分包单位、供应单位根据总工期以及深化设计出图要求，编制 BIM 系统建模以及分阶段 BIM 模型数据提交计划、四维进度模型提交计划等，由总包 BIM 系统执行小组审核，审核通过后由总包 BIM 系统行小组正式发文，各分包单位参照执行。

（2）根据各分包单位的计划，编制各专业碰撞检测计划，修改后重新提交计划。

3.7.3 建立系统运行例会制度

（1）BIM系统是一个庞大的操作运行系统，需要各方协同参与。由于参与的人员多且复杂，需要建立健全一定的检查制度来保证体系的正常运作。

（2）对各分包单位，每两周进行一次系统执行情况飞行检查，了解BIM系统执行的真实情况、过程控制情况和变更修改情况。

（3）对各分包单位使用的BIM模型和软件进行有效性检查，确保模型和工作同步进行。

3.7.4 建立系统运行检查机制

（1）BIM系统是一个庞大的操作运行系统，需要各方协同参与。由于参与的人员多且复杂，需要建立健全一定的检查制度来保证体系的正常运作。

（2）对各分包单位，每两周进行一次系统执行情况飞行检查，了解BIM系统执行的真实情况、过程控制情况和变更修改状况。

（3）对各分包单位使用的BIM模型软件进行有效性检查，确保模型和工作同步进行。

3.7.5 模型维护与应用机制

（1）督促各分包在施工过程中维护和应用BIM模型，按要求及时更新和深化BIM模型，并提交相应的BIM应用成果。如在机电管线综合设计过程中，对综合后的管线进行碰撞校验并生成检验报告。设计人员根据报告所显示的碰撞点与碰撞量调整管线布局，经过若干个检测与调整的循环后，可以获得较为精确的管线综合平衡设计。

（2）在得到管线布局最佳状态的三维模型后，按要求分别导出管线综合图、综合剖面图、支架布置图以及各专业平面图，并生成机电设备及材料量化表。

（3）在管线综合过程中建立精确的 BIM 模型，还可以采用 Autodesk Inventor 软件制作管道预制加工图，从而大大提高项目的管道加工预制化、安装工程的集成化程度，进一步提高施工质量，加快施工进度。

（4）运用 Revit Navisworks 软件建立四维进度模型、在相应部位施工前一个月内进行施工模拟，及时优化工期计划、指导施工。同时，按业主所要求的时间节点提交与施工进度相一致的 BIM 模型。

（5）在相应部位施工前的一个月内，根据工进度及时更新和集成 BIM 模型，进行碰撞检测，提供包括具体碰撞位置的检测报告。设计人员根据报告迅速找到碰撞点所在位置，并进行逐一调整。为了避免在调整过程中有新的碰撞点产生，检测和调整会进行多次循环直至碰撞报告显示零碰撞点。

（6）对于施工变更引起的模型修改，在收到各方确认的变更单后的 14 d 内完成。

（7）在出具完工证明以前，向业主提交真实准确的竣工 BIM 模型、BIM 应用资料和设备信息等，确保业主和物业管理公司在运营阶段具备充足的信息。

（8）集成和验证最终的 BIM 竣工模型，按要求提供给业主。

3.7.6　BIM 模型的应用计划

（1）根据施工进度和深化设计及时更新和集成 BIM 模型，进行碰撞检测，提供具体碰撞的检测报告，并提供相应的解决方案，及时协调解决碰撞问题。

（2）基于 BIM 模型，探讨短期及中期之施工方案。

（3）基于 BIM 模型，准备机电综合管道图（CSD）及综合结构留洞图（CBWD）等施工深化图纸，及时发现管线与管线、管线与建筑、管线与结构之间的碰撞点。

（4）基于 BIM 模型，及时提供能快速浏览的 nwf、dwf 等格式的模型和图片，以便各方查看和审阅。

（5）在相应部位施工前的一个月内按施工进度表进行 4D 施工模拟，提供图片和动画视频等文件，协调施工各方优化时间安排。

（6）应用网上文件管理协同平台，确保项目信息及时有效传递。

（7）将视频监视系统与网上文件管理平台整合，实现施工现场的实时监控和管理。

3.7.7 实施全过程规划

为了在项目期间最有效地利用协同项目管理与 BIM 计划，先投入时间对项目各阶段中团队各利益相关方之间的协作方式进行规划。项目全过程 BIM 交付如图 3-36 所示。

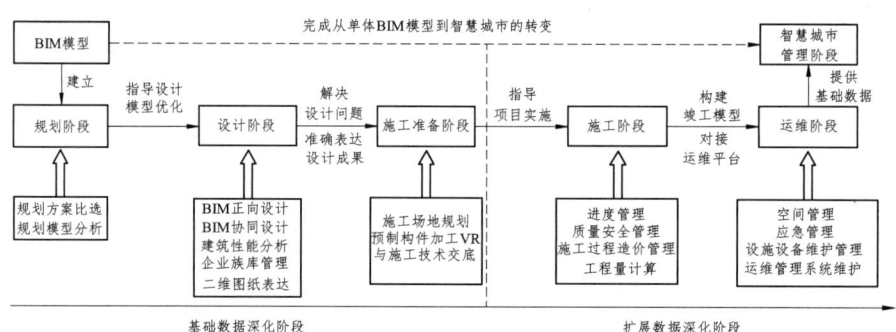

图 3-36　项目全过程 BIM 交付

从建筑的规划、设计、施工、运维，直至建筑全寿命周期的终结，各种信息始终整合于一个三维模型信息数据库中；设计、施工、运营和业主等各方可以基于 BIM 进行协同工作，有效提高工作效率、节省资源、降低成本以实现可持续发展，如图 3-37 所示。

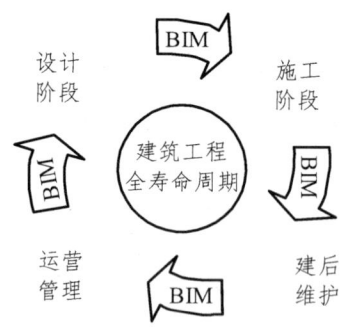

图 3-37　BIM 在建筑周期中的关系

借助 BIM 模型，可大大提高建筑工程的信息集成化程度，从而为项目的相关利益方提供了一个信息交换和共享的平台。结合更多的数字化技术，还可以被用于模拟建筑物在真实世界中的状态和变化，在建成之前，相关利益方就能对整个工程项目的成败作出完整的分析和评估。

3.7.8 协同平台准备

为了保证各专业内和专业之间信息模型的无缝衔接和及时沟通，BIM 项目需要在一个统一的平台上完成。该协同平台可以是专门的平台软件，也可以利用 Windows 操作系统实现。其关键技术是具备一套具体可行的合作规则。协同平台应具备的最基本功能是信息管理和人员管理。

在协同化设计的工作模式下设计成果的传递不应为 U 盘拷贝及快递发图纸等系列低效滞后的方式而应利用 Windows 共享、FTP 服务器等共享功能。

BIM 设计与管理要传输和存储的数据量远大于传统设计、建设与运营管理。据 DC（《数字》，*Digital Universe*）的研究报告表明，2000 年，全世界产生数据量为 0.18ZB，到 2020 年，全球所建和复制的信息量将超过 10ZB，数据量呈现数百倍数量级的增长；2015 年我国大数据市场规模达到 115.9 亿元，增速达 53.1%。预计到 2021 年，我国大数据市场规模将突破 350 亿元。在大数据时代，各行各业对数据的分类检索和储存智能化要求越来越高，大数据对人们来说意味着宝藏，大数据技术就是打开这座宝藏的一把金钥匙，要依托发展大数据的行业应用和 5G 传输系统。要建立统一的 BIM 平台来承载信息，提高设计和应用的效率。

项目应用 BIM 所采用的软件及硬件配置要满足 BIM 实施标准及建模要求，通过编制 BIM 应用具体执行计划，明确项目参与人员的工作职责和工作内容，以及团队协同工作的平台，进行建模、沟通、协调，实现项目参与方各司其职。

第 4 章

多源异构数据融合技术研究

4.1　多源异构大数据融合国内外发展现状

多源异构大数据融合的研究开始于美国。早在 20 世纪中期，美国军队就已经可以对多源传感器所获得的相关信息进行过多源数据融合，以提高决策的精确度。而且数据融合最早的定义也是美国国防部在 1991 年所述，即数据融合是一个针对多源异构数据信息的加工过程，该过程还包括自动化检测、相关互联以及多级组合等。然后第二次定义是 Wald 在 1998 年将数据融合技术定义成了一种通过融合算法以及相关工具方式将多源异构数据信息进行关联分析的形式框架。该技术框架的意义不仅为了获得更加多源优质的数据信息资源，而且通过应用该框架可以有效改善决策的鲁棒性以及可靠性。因此，目前数据融合也没有一个统一定论。在应用领域上，数据融合不仅在工业控制领域、医疗识别领域、天气预测领域等相关领域有所应用，而且逐渐向更多更广的交叉领域扩展。

随着多元化的数据信息急剧增加，多源异构大数据融合算法不仅要求数据来源更加可靠多源，而且要求数据决策更加精准。美国在 20 世纪 80 年代就建立了相关研究机构，并且还会定期组织该方面的专家对多源异构大数据融合这一核心技术进行学术沙龙活动，以促进该技术的研究发展。他们不仅在文献方面产生了多部广为流传的佳作，而且提出了多源异构大数据融合的相关框架，得到许多相关领域专家对该研究方向的关注与应用。在众多文献中，具有重大突出贡献的还应该是《多传感器数据融合》这本由 Waltz、Llinas 等人撰写出版的书籍，该书主要介绍了多传感器定义、采集、融合算法等方面的基础知识。同时针对多源异构数据融合的数学理论知识，Hall 等所撰写的《多传感器数据融合数学基础》也得到了该领域研究初学者的追捧。同时，美军科研总部从海湾战争中得到相关启发，并高度注重数据融合技术，而且在战场与军事监督中通过该技术的运用，使美国军队更加确信多源异构大数据融合技术的发展具有尤其必要的实际价值。因此，美国还建立了 C3I 军事系统，该系统以多源异构大数据融合为核心对其军事系统自动化处理技术进行应用研究，并且无论是日本还是英国等科技大国，数据融合技术都是国家重点二十项研发计划中的重中之重。在 20 世纪后期，第一代多源异构数据融合系统已成熟并广泛投入到实际军事战场使用,该系统不仅包含美国开发的应用于军事分析的系统(TCAC)和应用于情报处理的系统(INCA),还包含其他国家开发的应用于海军战事分析及其可视化的系统(TOT)等。

相对于国际上多源异构大数据融合方面的研究,中国由于国情影响起步较晚,而且当时传感器技术以及计算机技术发展不成熟导致我国前期研究也是从军事以及情报应用领域开始的。直到美国研究开始十年以后,中国研究人员才开始对军事目标跟踪定位进行研究。但我国真正对多源异构大数据融合这一领域进行重视,却是建立在国际上多源异构大数据融合研究领域的理论相对越来越完善以及单一传感器决策不再具备稳定性的基础上。而且我国也通过科研鼓励、政治引导以及资金支持等方法激励国内多领域交叉学科研究者开展研究。无论是前期的《数据融合理论与应用》这关于多源大数据融合基础的理论著作,还是21世纪初关于多源传感器融合的《多传感器融合及其应用》这一优秀的专著,都为我国相关理论建设提供了支持。进入21世纪,为了促进多源异构大数据融合技术全方位向实用性推进,我国不仅多次召开关于多源异构大数据融合技术研讨会,而且在身份识别、威胁判断、决策信息融合、多目标跟踪等方面出现了不同的研究分支和应用实例。例如:《多源异构数据融合系统及方法与流程》这一专利是中国南方航空股份有限公司彭向晖通过对航空多源数据的数据源层、计算层、数据层及分析层进行设计实现的,为航空公司的科学决策提供支持;段建斌运用模糊神经网络对多源数据融合的技术,得到实时监测瓦斯变化情况的效果;北京大学的化柏林、李广建等在大数据环境下针对竞争情报进行数据融合研究,并重构了多源异构融合的处理流程以及算法体系。我国学者对于算法研究也从简单的数据集成到现在深度学习的应用,比如余永红结合网络以及兴趣点等相关推荐算法,基于项目属性的泊松矩阵分解兴趣点推荐算法;博士学者王海颖通过形成联系度矩阵并扩维等方法,提出了一种新的基于集对分析联系度的多源数据融合方法。虽然我国很重视这方面的发展,但与国际先进水平还有很大的距离。因此,为了缩小我国数据融合在运算精度以及速度方面与国际先进的差距,还需要再接再厉,抓好科技发展与进步。

4.1.1 单模型多源异构数据融合

非同源数据往往在数据结构、数据表达和数据分布等方面差异较大。例如：由固定监测站点收集的感知数据在时间上具有较强的连续性，但是在空间上分布固定且较为稀疏；由车载传感网络收集的数据在空间上具有轨迹信息标注，在时间上也可以具有一定的连续性；由群智感知平台收集的高速公路建设感知数据则具有较强的随机性。然而，在基于高速公路建设感知数据的多源异构数据融合中，往往需要将差异性较大的数据集关联起来完成任务目标。

如何突破非同源数据的差异完成数据融合，是多源异构数据融合的关键问题。在该问题中，面临的主要挑战如下：

（1）数据结构差异，即每一条数据在数据属性、数据表达和数据质量上差异明显。数据属性的差异主要指的是不同的数据所包含的数据属性结构差异，例如，在空气质量监测数据中，会包含 PM2.5（细颗粒物）、PM10（可吸入颗粒物）和 SO_2 等空气污染物指数，而在交通数据中，数据属性则为汽车速度和汽车地理位置标识等交通指数；数据表达差异指的是数据的类型差异，数据类型可能是数值、文字、图像、视频和音频等多种形式；数据质量差异指的是数据精度的差异，不同造价的感知设备所收集的数据在精度上差异明显。如何有效解决数据的结构差异，完成异构数据融合是多源异构数据融合的关键问题。

（2）未标注数据，高速公路建设感知数据由于传感器造价不同，数据的精度往往差异较大，在模型训练中，能作为真值的数据在整体数据集中占比较低，从而会产生大量的未标注数据，如果直接放弃未标注数据进行建模，则会由于数据量太少而导致建模失败。如何在少量标注数据下完成异构数据的建模是一个十分严峻的挑战。

（3）数据稀疏区域，由于高速公路建设感知数据分布不均，会产生大量的数据稀疏区域，如何对数据稀疏区域建模，解决稀疏区域的冷启动问题是一个十分严峻的挑战。

4.1.2 多模型多源异构数据融合

在多源异构数据融合中，单源数据往往具有较强的结构化特征，这些结构化特征往往具有一定的数据信息，从而可以提升任务目标的准确率。例如，自然语言数据具有较强的上下文关联性，同时还会有语义和情感等复杂的结构化关联；连续拍摄的运动物体图像数据具有较强的物理运动关联特征。基于城市感知数据，实现城市空气质量预测，其利用时空分类器基于协同训练算法处理城市感知数据，充分利用数据的时空信息提升了空气质量预测的准确率。然而，数据的结构化特征不仅仅包含时空属性，当结构化属性特征数量上升时，协同训练算法的复杂度也会呈指数级上升，不适用于较多结构化特征的分析。

在包含结构化数据特征的多源异构数据融合中，需要在模型上支持多种结构化特征属性的分析。在该问题中，面临的主要挑战如下：

（1）基于结构化特征的数据建模，针对不同结构的数据及任务目标，完成数据到结构化特征的构建，同时需要保证数据特征的有效性，需要考虑数据的时序属性、空间拓扑关系和数据语义等多种复杂的数据结构化特征。

（2）多结构模型融合，在多源异构数据融合中，通过单源数据的结构化特征建模可以得到多个子模型，同时每个子模型在数据属性、数据质量和数据分布上差异明显，如何在多源异构数据环境下，高效完成多结构模型融合是一个十分严峻的挑战。

（3）未标注数据处理及数据稀疏区域，在该场景下，由于结构化特征数据的建模往往基于单源数据，如何在单源数据中处理未标注数据或与其他源数据联合处理未标注数据都是严峻的挑战。同时，单源数据内出现数据稀疏区域的概率会远远高于多源数据整体，解决单源数据内数据稀疏区域的冷启动及过拟合问题在多源异构数据融合中具有重要意义。

4.1.3 包含领域知识的多源异构数据融合

在多源异构数据融合中，领域知识具有重要作用。例如，在研究连续图像中的运动物体识别问题时,将物理学运动定律与模型训练相结合,实现了高精度无标注图像运动物体识别。在高速公路建设感知数据的大量应用领域内,都包含相应的领域知识。例如,在环境水质监测中,流体的运动定律可以有效推算污染物的漂移速率及方向,从而预测污染物的漂移轨迹,提升水质监测的准确率;在空气质量监测中,污染物的漂移和沉降等现象都具有相应的领域知识模型。

如何将领域知识模型有效应用于多源异构数据融合中,是研究的主要问题之一。其面临的主要挑战如下:

(1) 知识模型表达。与机器学习算法不同,大部分的领域知识模型都来自严格的推理及演算,模型参数固定且对变量数据精度要求较高,而机器学习算法则是主要依托于数据演算,基于训练样本数据求解参数,模型在结构上具有较大的灵活性,不同区域内的模型差异较大,不可以直接类比。领域知识的模型在结构上较为固定,同时对参数变量要求较高,在许多场景中难以部署。例如,在环境噪声等级评估中,可以依据近场声波传播模型对噪声传播进行评估,但是需要精确的建筑几何模型参数,精确参数获取的难度导致领域知识模型的可用性被大大降低。如何在多源异构数据融合中对知识模型进行适应性改造,提升整体模型效果是一个严峻的挑战。

(2) 知识语义挖掘。在多源异构数据融合中,许多领域知识模型与目标不存在直接相关性,需要对领域知识模型与任务目标进行关联,在保证知识模型与任务目标相关性的同时,提升任务目标的性能。

4.1.4　雾计算环境下的多源异构数据融合

随着硬件设备的不断进步,设备在计算能力、存储能力及通信能力上都有显著提升,使得在边缘和终端节点上实现数据建模及数据推理成为可能。同时,随着大量城市感知数据应用普及,数据隐私、数据安全及数据的传输限制造成了大量的数据孤岛,无法支持集中式数据训练。例如,基于用户手机中的隐私图像数据训练图像识别模型,在不传输数据的前提下,由用户手机完成本地图像识别模型,再在云端将模型整合,从而实现了分布式环境下的数据融合。然而,在多源异构数据环境中,同一数据样本会经常部署于不同的应用场景中，例如，城市的路网数据不仅在交通预测上具有显著的作用，在空气质量预测和环境噪声分析等多个应用场景中也具有重要的作用；同时，在同一个应用场景中，不同用户的模型也会由于数据异构而出现差异性。例如，在空气质量监测中，对于包含高精度监测站点数据的模型与不包含高精度监测站点的模型就会有明显的结构化差异。

综上所述，雾计算环境下的多源异构数据融合面临的主要挑战如下：

（1）数据并行的分布式多源异构数据融合，即每一个分布式节点数据独立，不支持共享。对于数据稀疏区域的节点，模型的冷启动问题及过拟合问题都需要考虑。同时，在包含大量未标注数据的城市感知数据场景中，会存在大量的不包含标注数据或者极少标注数据的分布式节点，如何对缺少标注数据的节点进行模型更新与验证是雾计算环境下多源异构数据融合中的一个关键问题。

（2）模型并行的分布式多源异构数据融合，即每一个分布式节点上的模型异构，由于不同分布式节点上数据类型的差异，难以在多源异构数据环境中对分布式节点进行统一建模，需要在支持模型并行的前提下实现分布式多源异构数据融合。

4.2 基于模型集成的多源异构数据融合

4.2.1 基于模型集成的多源异构数据融合概述

在多源异构数据融合中，许多单源数据都具有显著的结构化特征。例如，图像数据相邻像素的像素值具有强相关性，自然语言处理中的文本数据也通常都具有较强的连贯性和语法关联，在高速公路建设感知数据中，由监测站点在连续时间内所采集的信息具有较强的时间连续性，同时不同空间位置的监测数据在空间上会形成一定的拓扑结构等。与非结构化数据不同，结构化数据在不同实例间具有明显的关联效应，从而可以有效提升模型的准确性。

对多源异构数据中的结构化数据进行分析及处理，构建多子分类器。在不同子模型内针对数据特征设计算法及推理模型，从而得到单子分类器到任务目标的推理函数，再基于整体训练数据集对多子分类器的推理函数进行集成，从而得到最终的推理模型，如图 4-1 所示。本章基于高速公路建设感知数据，构建空间分类器、时间分类器及图像分类器，并基于极限学习机对三个子模型进行融合。

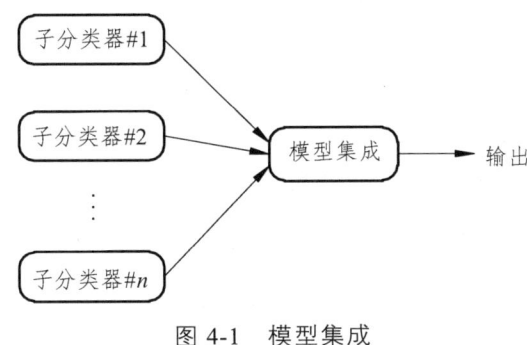

图 4-1 模型集成

4.2.2 多源异构数据的结构特征

高速公路建设感知数据是由多种单源感知数据构成的数据集合。不同单源感知数据在感知设备、时空分布、造价和感知数据类型等方面存在差异显著。针对高速公路建设多源异构数据的时空特性、构建时间模型及空间模型分别对单源数据进行处理，然而在高速公路建设感知数据中，实时数据具有较强的突发性和随机性，无法与时间模型及空间模型相合并，同时在同一地点内产生的实时数据数量较少，难以构建模型，存在严重的数据稀疏及冷启动问题。以下针对多源异构数据中的时序属性、空间属性及实时属性进行分析，并给出结构化多源异构数据融合的问题建模。

1. 时序属性

时序属性是单源感知数据的重要属性。高速公路建设感知数据通常在时序上具有较强的连续性，不会出现跃迁且具有拐点，基于时序属性对任务目标可以进行有效的预测及评估。

依据文献资料，时序数据通常被定义为：

$$data.Temporal = \{(x_1,t_1),(x_2,t_2),\cdots,(x_n,t_n)\} \quad (4\text{-}1)$$

其中：x 为数据的属性；t 为数据的时间戳，依据不同的传感设备，t 可以是不同采集频率的固定间隔数值。处理时序属性的数据有两种方式，即构建时序属性实例与构建时序属性模型。在构建时序属性的实例中，时序实例如下：

$$instance.Temporal = \{(x_1,x_2,\cdots,x_m),(x_2,x_3,\cdots,x_{m+1}),\cdots,$$
$$(x_n,x_{n+1},\cdots,x_{n+m})\} \quad (4\text{-}2)$$

即每一个时序实例都是由连续采样间隔内的数据构成，从而每一个实例都可以构成一个时序序列。与构建时序属性的实例不同，时序属性的模型需要在模型中不同实例间设置权重属性，从而使得不同实例可以依据时序关系关联起来。

2．空间拓扑

基于公路建设感知数据的应用场景大部分都存在空间上的强关联性。例如，在交通预测问题中，区域内的路网状况及道路交通的车流信息同样在空间上具有较强的相关性。对于具有空间拓扑关系的数据集合，采用图的二元组来定义：

$$data.Spatial = G(V,E) \quad (4\text{-}3)$$

其中：V 是图中的顶点集合，用于存储数据的属性；E 是图中边的集合，用于存储不同地点数据的关联关系，包括距离信息及其他关联信息。依据任务目标的不同，构建不同的实例集合，在解决单目标问题时，将具有空间拓扑关系的数据构建成实例：

$$instance.classification = f(u,e), u \in V, e \in E \quad (4\text{-}4)$$

即将空间拓扑中的距离信息及其他关联信息处理成与数据等价的数值数据，构建实例集合，每一个实例中的属性与模型相匹配，从而可以完成单目标任务求解。

在研究数据间的关系模型时，需要对图中边的权重进行求解，依据文献资料，目标可以被定义求解元素的关系矩阵：

集合 $A = \{x_1, x_2, \cdots, x_n\}$，集合 $B = \{y_1, y_2, \cdots, y_m\}$，定义 $\boldsymbol{R}$ 为集合 A 与

B 的关系矩阵，$\boldsymbol{R} = M(\boldsymbol{R}) = (r_{ij})_{nm}$，其中，$r_{ij}$ 定义如下：

$$r_{ij} = \begin{cases} f(u,e), \langle x_n, y_m \rangle \in \boldsymbol{R} \\ 0, \langle x_n, y_m \rangle \notin \boldsymbol{R} \end{cases} \quad (4\text{-}5)$$

除了将距离信息处理成与数据等价的数值数据外，还可以对空间拓扑关系进行更深层次的挖掘，采用特征工程的方法对数据属性及空间拓扑属性进行融合。

3．实时数据

在公路建设感知数据中，实时数据占有重要的位置。随着众包和群智感知等技术的迅速发展，由用户参与并提供的数据成为公路建设感知数据中不可或缺的一部分。实时数据在时间上具有突发性，不具有时序属性，在空间上的拓扑关系也比较薄弱，除此之外，由用户感知的数据通常会出现数据稀疏区域并且只具有少量的数据积累，难以快速得到精确率较高的子模型。在构建数据实例时，可以将实时数据构建成非结构化数据实例，在模型上需要选择实时性较强的增量模型来解决实时数据的建模问题。

4．基于数据特征的多源异构数据融合问题定义

在给定源领域 D 内，包含集合 S，其中 S 为多源异构数据源的集合，集合 S 中包含不同的单源数据子集，基于数据分析和数据的结构化特征，构建数据子集：

$$S = \{s_1, s_2, s_3, \cdots, s_n\} \rightarrow \{T_1, T_2, T_3, \cdots, T_m\}, \ m \leqslant n \quad (4\text{-}6)$$

对于每一个数据子集 T，对于已知目标 g 生成结构化的实例特征集合。例如：在连续时间内的实例数据，构建时间分类器 H_{l1}；在具有空间特征的数据子集内，构建包含距离信息的分类器 H_{l2}；以图像像素为基础数据构建分类器 H_{l3}。

$$H_{l1} = \{(x_1, g_1, 1), (x_2, g_2, 2), (x_3, g_3, 3), \cdots, (x_l, g_l, t)\} \quad (4\text{-}7)$$

$$H_{l2} = \{(x_1, g_1, A_1), (x_2, g_2, A_2), (x_3, g_3, A_3), \cdots, (x_l, g_l, A_l)\} \quad (4\text{-}8)$$

$$H_{l3} = \{(l_1, g_1), (l_2, g_2), (l_3, g_3), \cdots, (l_l, g_l)\} \quad (4\text{-}9)$$

其中，在 H_{l1} 中的 t 代表的是时间序列，在 H_{l2} 中的 A_n 代表的是一个 $1×L$ 的矩阵，用于存储实例 m 到其他各个实例节点的空间距离，在 H_{l3} 中的 l_m 代表的是第 m 个实例中图像数据的存储，通常是基于 RGB 颜色的像素值信息。对于未知目标 g，同样生成结构化的实例特征集合 H_{u1}、H_{u2} 和 H_{u3}：

$$H_{u1} = \{(x_1,1),(x_2,2),(x_3,3),\cdots,(x_u,t)\}, u \leq l \quad (4\text{-}10)$$

$$H_{u2} = \{(x_1,A_1),(x_2,A_2),(x_3,A_3),\cdots,(x_u,A_u)\}, u \leq l \quad (4\text{-}11)$$

$$H_{u3} = \{(l_1,l_2,l_3\cdots,l_u)\}, u \leq l \quad (4\text{-}12)$$

结合 H_{l1} 及 H_{u1} 构建子分类器 f_1 的训练集，并计算得到推理模型，其中需要考虑半监督数据训练的问题及子分类的模型设计，并由推理结果构建数据集 M：

$$f_1(H_{l1},H_{u1}) \rightarrow M = \{(m_1,g_1),(m_2,g_2),(m_3,g_3),\cdots,(m_l,g_l)\} \quad (4\text{-}13)$$

同理得到其他的子分类器的推理模型 N、V，从而构建聚合模型的数据训练集，此时所有数据结果都为标注数据，依据标注数据整合数据训练集 W：

$$W = \{(m_1,n_1,v_1,g_1),(m_2,n_2,v_2,g_2),(m_3,n_3,v_3,g_3),\cdots,(m_{lu},n_{lu},v_{lu},g_{lu})\} \quad (4\text{-}14)$$

以 W 实例集为基础完成最终的模型训练，从而实现结构化的多源异构数据融合。

4.2.3 基于模型集成的结构化多源异构数据融合框架概览

基于真实数据所涉及的数据集包括气象数据、监测站点数据、交通数据、城市图像数据及地图数据，通过数据分析，将所有数据集划分到三个子分类器中，分别为时间分类器、空间分类器及图像分类器，并最终通过极限学习机实现模型集成，完成高精度的公路数据融合评估。

1. 系统框架

图 4-2 展示了评估系统的整体框架，主要由三个部分组成：① 同构数据聚合，其主要通过差异分析、数据分析及关系分析对不同源数据进

行匹配,从而找到相似性较高的同构数据集合。② 构建子分类器,在同构的多源数据中,针对数据类型选择合适的建模方法对任务目标进行推理,主要构建三个子分类器:时间分类器、空间分类器及图像分类器。③ 模型集成,基于多子分类器的推理结果进行模型集成,并得到最终的推理模型。本章采用基于极限学习机(Extreme Learning Machine,ELM)的多层神经网络对多子分类器进行聚合。

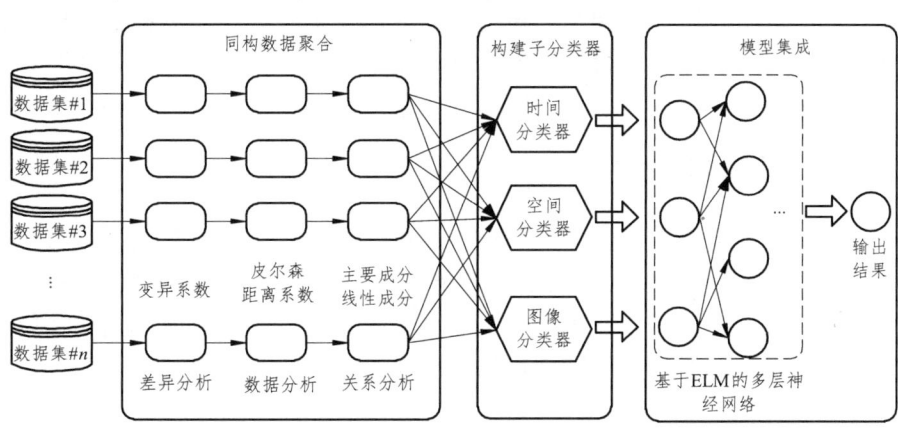

图 4-2 公路建设数据融合评估系统框架

(1)同构数据聚合。

同构数据聚合主要包括数据的特征值抽取及数据的关系分析:通过差异分析可以有效识别出多源数据中的关键数据,屏蔽掉低信息量数据对模型的影响;通过数据分析可以基于数据相似性实现多源数据中的高相关性数据匹配;通过关系分析可以对数据中的主要成分进行分析,从而实现数据的高效利用。

(2)构建多子分类器。

基于公路建设感知数据构建三个子分类器:① 时间分类器使用本地数据进行估计,主要考虑历史数据进行评估,时间分类器根据最近 24 h 的历史数据实现对数据的评估。采用 Akaike 准则进行模型选择,时间分类器使用的是线性回归模型。② 空间分类器根据监测站点之间的空间相关性进行评估,由于建设过程中产生的细颗粒和气体可以从一个地方扩散到另一个地方,所以附近位置的数据具有空间相关性。空间分类器使用相邻地点最近 3 h 的数据,例如,湿度和风速。空间分类器采用优化后的可扩展提升树进行数据评估。③ 图像分类器使用智能手机用户拍摄的实时图像数据进行评估，智能手机用户拍摄的图像数据是不规则的实时数据，带有地理位置信息和时间戳。为了充分利用图像数据，使用 FTRL-Proxima 进行在线学习。

2．模型集成

基于极限多层神经网络的聚合器对时间分类器、空间分类器和图像分类器进行集成，训练得到最终评估模型。

4.2.4 同构数据聚合

同构数据聚合主要包含两部分：① 特征抽取，对原始数据集进行特征抽取，主要考虑将异构的数据类型统一为可以融合与分析的数据类型。② 特征分析，对抽取出来的数据特征进行相似性分析，从而找到相似度较高的非同源数据，实现同构数据整合。

1．特征抽取

特征抽取主要是将多种类型的数据处理成可以方便融合的数值数据，下文将对所使用的图像数据、气象数据、交通数据的特征抽取进行简要介绍。

（1）图像特征。

本章采用空间对比度、暗通道和 HSI 颜色差异三个特征。空间对比度 F_{ig} 以大气传输理论为基础，定义如下：

$$F_{ig} = |\nabla_x I(x)|, I(x) = J(x)t(x) + A(1-t(x)) \quad (4\text{-}15)$$

其中：$J(x)$ 是场景亮度；A 是大气光；$t(x)$ 是大气传输。图像的暗通道特征心 F_{id} 可以被定义为：

$$F_{id} = t(x) = 1 - \min_{y \in \Omega(x)} \{\min_{c \in \{r,g,b\}} J^c(y)/A^c\} \quad (4\text{-}16)$$

其中：$\Omega(x)$ 是像素 x 附近的一个小块；J^c 是一个颜色通道。使用 HSI 颜色空间中三个分量的差异作为特征，可以表示为：

$$F_{ic} = 1/(mn)\sum_{y=1}^{n}\sum_{x=1}^{m}\sqrt{d_x(c)^2 + d_y(c)^2}, c \in \{h,s,i\}$$
$$d_x(c) = I_c(x,y) - I_c(x+1,y) \quad (4\text{-}17)$$
$$d_y(c) = I_y(x,y) - I_c(x,y+1)$$

其中：I 是有 $m \times n$ 个点的输入图像；$I_c(x,y)$ 是点 (x,y) 的 $c \in \{h,s,i\}$ 值。

（2）气象特征（F_m）。

本章选择了五个特征：湿度（F_{wh}）、温度（F_{wt}）、风速（F_{ws}）、气压（F_{wb}）和天气（F_{ww}）。

（3）交通特征（F_t）。

本章使用从百度地图网站收集的数据。由 HTTP 请求记录生成的不同颜色（绿色、黄色和红色）的像素可以描述交通状况。因此区域 g 的 F_t 可以定义为：

$$F_t(g) = \{g.g(num), g.y(num), g.r(num)\} \quad (4\text{-}18)$$

其中：$g.g(num)$ 是区域中的绿色像素的数目；$g.y(num)$ 是黄色像素的数目；$g.r(num)$ 是红色像素的数目。

（4）POI（兴趣点）特征（F_p）。

土地利用与大气污染物浓度有直接关系。显然，工厂会造成空气污染物的大量增加，而城市绿化带可以有效减少空气污染物的扩散。本章将 POI 分为四类：工业区、商业区、居住区和绿化带。对于每个区域，每个类别的数量可以定义为 F_p。由于 POI 在短时间内不会频繁变化，因此 POI 特征的更新频率为一天。

2．特征分析

本章提出将同构数据分析法用于单源数据的分类及构建子分类器，主要从三个方向分析不同源数据的相关性，即差异分析、数据分析和关系分析，从而完成数据分类，构建子分类器。

（1）差异分析。

差异分析主要针对单源数据的变异系数进行分析，通过统计单源数据的概率分布，可以得到单源数据的差异性系数。通常认为概率分布较为平均的单源数据具有较大的信息量及信息价值；而概率分布较为集中的单源数据则认为变异性较差，可以直接从数据集中去除。例如，在空气质量系数中,大气压强数据通常分布概率十分集中且变化较小,数据价值较低,而其他空气质量参数(CO_2 和 PM2.5 等)则概率分布较为平均,且数值差异性较大,具有较大的数据价值。

(2)数据分析。

本节使用皮尔森系数和距离系数来描述两个非同源数据的数据关系,主要用于得到非同源数据在数据上的相似性系数。

皮尔森系数:给定两个变量 x、y,则 x 与 y 的皮尔森系数通常被定义为:

$$P_{x,y} = \frac{COV(x,y)}{\partial_x \partial_y} = \frac{E[(X-\mu x)(Y-\mu y)]}{\partial_x \partial_y} \quad (4\text{-}19)$$

其中:$COV(x,y)$ 是 x 与 y 的协方差,由样本数据计算得到;∂_x、∂_y 分别是 x 与 y 的标准差,皮尔森系数可以比较完整地反映两个不同线性变量之间的差异性。但是对于非线性变量,皮尔森系数有可能会出现较大的偏差。为了进一步讨论非线性变量之间的相似性,本节还是用距离系数进行分析。距离系数:基于文献资料的研究,将变量 x 与 y 的距离系数 $d(x,y)$ 定义为:

$$d(x,y) = \sqrt{(x-y)^T \sum{}^{-1}(x-y)} \quad (4\text{-}20)$$

其中:T 是 x 与 y 的协方差矩阵,如果 T 为单位矩阵,则该距离可以由马氏距离转换为欧几里得距离;如果协方差矩阵是对称矩阵,则该距离可以被转换成马尔科夫距离。从而可以得到如下结果:

$$d(x,y) = \sqrt{\sum_{i=1}^{p} \frac{(x_i - y_i)^2}{\partial_i^2}} \quad (4\text{-}21)$$

(3)关系分析。

在关系分析中,本节采用主要成分分析(Principal Component Analysis,PCA)及线性判别分析(Linear Discriminant Analysis,LDA)来评估不同源数据中属性关系的相似性。

主要成分分析:基于文献资料的研究,将数据源 x 内的数据属性按照独立判别的条件进行标准化,得到的标准矩阵就是 x 数据源中主要属性的分析结果。通常,对 x 数据源的处理可以按照如下方式:

$$Z_{i,j} = \frac{(x_{ij} - \overline{x}_j)(\sqrt{n-1})}{\sqrt{\sum_{i=1}^{n}(x_{ij} - \overline{x}_j)^2}} \quad (4\text{-}22)$$

其中：Z 是数据 X 的标准矩阵；$\overline{x}_j$ 是 x 数据样本中 j 属性值的均值。在得到标准矩阵 Z 后，x 的主要成分矩阵 R 可以被定义为：

$$R = \left[\frac{\sum Z_{ki} \cdot Z_{kj}}{n-1}\right]_p xp = \frac{Z^T Z}{n-1} \quad (4\text{-}23)$$

如果在数据样本中，数据的属性具有较强的独立性，则使用主要成分分析效果较好，若数据属性之间的差异性很低，则主要成分分析难以得到准确的属性划分结果。针对关联度较高的属性关系，本节进一步使用线性判别分析对数据进行处理。

线性判别分析：基于文献资料的研究，对于一个包含 n 个属性的单源数据集 x，其样本集为 m，引入 Fisher 判别准则，即：

$$J_{\text{fisher}}(\phi) = \frac{\phi^T S_k \phi}{\phi^T S_w \phi} \quad (4\text{-}24)$$

其中：S_k 是样本集 m 的协方差矩阵；S_w 是样本集 m 中类内离散性判别的矩阵。对于属性 i，定义矩阵 S_i、S_w 为：

$$S_i = \sum (X - \overline{x}_i)(X - \overline{x}_i)^T \quad (4\text{-}25)$$

$$S_w = \sum_{i=1}^{n} S_i \quad (4\text{-}26)$$

通过主要成分分析及线性判别分析，可以对原始数据进行降维处理，以实现数据源的合并，从而构建子分类器。

4.2.5 基于极限多层神经网络时空数据分割的多子分类器数据融合

本节将详细介绍各子分类器的详细算法及集成算法。本节基于特征分析，将用于公路建设的原始数据划分到时间分类器、空间分类器和图像分类器三个子分类器中。其中：时间分类器采用线性回归算法进行建模；空间分类器采用优化的随机森林算法进行建模（可扩展提升树）；图像数据在本场景中属于众包数据，会存在不容忽视的冷启动问题，因此本节使用基于 FTRL-Proximal 的增量学习算法对图像数据进行建模。在多个子分类器得到自己的运算结果后，本节基于极限学习机对各子分类器进行集成。

基于多子分类器的输出结果作为神经网络的输入进行拟合，因此输入之间不存在类似图像数据、自然语言数据等较强的局部相关性，从而导致 CNN 等多种深度学习网络不再适用。同时，子分类器的输出为一维数据，神经网络复杂度较低，可以采用极限学习机快速求得最优解。与 BP 神经网络不同，极限学习机通过随机设定输出层与隐含层的连接权值及隐含层的阈值，并通过解方程组的形式对参数进行求解，不需要反向传播来调整参数，因此模型的运算量会大大降低，从而提升模型的效率。

1．扩展提升树

给定一个具有 n 个样本和 m 个特征的数据集，即 $\Re = \{(x_i, y_i)\}(|\Re| = n, x_i \in \mathbb{R}^m, y_i \in \mathbb{R})$，构造一个具有 K 个加和函数的树来预测输出：

$$\hat{y}_i = \phi(x_i) = \sum_{k=1}^{K} f_k(x_i), f_k \in F \tag{4-27}$$

其中：$F = \{f(x) = w_q(x)\}(q: \mathbb{R}^m \to T, w \in \mathbb{R}^T)$；$q$ 表示每棵树的结构，并将样本映射到相应的叶索引；T 是叶子的数目；f_k 用来描述一个独立的树形结构 q 和叶子权重 w；w_i 表示第 i 个叶子上的分数，通过对相应叶子上的分数求和来计算最终的预测结果。正则化目标可定义为 $L(\phi)$ 的最小值：

$$L(\phi) = \sum_i l(\hat{y}_i, y_i) + \sum \lambda T + \lambda \|w\|^2 / 2 \tag{4-28}$$

其中：l 被定义为可微凸损失函数。为了避免过拟合，使用附加的正则化项来平滑最终的学习权重。

在欧几里得空间使用传统方法优化上述公式中的树集成模型是很

困难的，可使用二阶近似快速优化目标：

$$L^t \simeq \sum_{i=1}^{n}[l(y_i, \hat{y}^{t-1}) + g_i f_t(x_i) + h_i f_t^2(x_i)/2] + \Omega(f_t) \quad (4\text{-}29)$$

为了得到简化的目标，可以去掉常数项，并将 Ω 扩展为 $\Omega(f_t) = \gamma T + \lambda/2\sum_{\mu=1}^{T} w_\mu^2$。目标可以被简化为：

$$L^t \simeq \sum_{\mu=1}^{T}[(\sum_{i \in J_\mu} g_i)w_\mu + 1/2(\sum_{i \in I_\mu} i + \lambda)w_\mu^2] + \gamma T \quad (4\text{-}30)$$

其中：$I_\mu = \{i \mid \xi(x_i) = \mu\}$ 是叶子 μ 的样本集合。

2．FTRL-Proximal 在线学习

给定向量 $\boldsymbol{g}_t \in \mathbb{R}^d$，其中 t 是当前训练样本的索引，向量 $\boldsymbol{g}_t$ 中的第 i 个元素表示为 $\boldsymbol{g}_{t,i}$。问题可以表示为：给定轮数 t，需要对使用特征向量 $x_t \in \mathbb{R}^d$ 描述的样本进行预测，即给定模型参数 w_t，预测 $p_t = (w_t \cdot x_t)$，其中 $\sigma(a) = 1/[1+\exp(-a)]$ 是 sigmoid 函数。标签为 $y_t \in \{1,2,3,4,5\}$，基于多类逻辑斯特回归的概率模型可以被定义为：

$$P(y = k \mid x) = \frac{\exp(w_K x + b)}{[1 + \sum_{i=1}^{Y-1} \exp(w_k x + b)]}, k = 1, \cdots, K-1$$

$$P(y = K \mid x) = 1/[1 + \sum_{i=1}^{K-1} \exp(w_k x + b)] \quad (4\text{-}31)$$

其中 $k, K \in y_t$，可以使用 1-of-K 编码来表示似然函数，即属于 y_k 类的特征向量 x_n 的目标向量 t_n 是二值向量，除元素 k 为 1 之外，其他所有元素为 0。似然函数可以表示为：

$$p(\boldsymbol{T} \mid w_1, \cdots, w_k) = \prod_{n=1}^{N}\prod_{k=1}^{K} p(y_k \mid x_n)^{t_{nk}} \quad (4\text{-}32)$$

其中，$\boldsymbol{T}$ 是一个 $N \times K$ 的目标变量矩阵，元素为 t_{nk}，然后取负对数给出：

$$E(w_1, \cdots, w_k) = -\ln p(T \mid w_1, \cdots, w_k)$$
$$= -\sum_{n=1}^{N}\sum_{k=1}^{K} t_{nk} \ln p(y_k \mid x_n) \quad (4\text{-}33)$$

这里使用 FTRL-Proximal 算法来进行理论分析，给定一个梯度序列 $G_t \in \mathbb{R}$，更新可以被定义为：

$$w_{t+1} = \mathrm{argmin}(G_{1:t} + 1/2\sum_{a=1}^{t}\sigma_s \| w - w_s \|_2^2 + \lambda_1 \| w \|_1) \tag{4-34}$$

其中，σ_s 是学习率，衰减公式为 $\sigma_{1:t} = 1/n_t$。

3. 极限多层神经网络

基于极限学习机的多层神经网络框架，具有 i 个隐藏节点的神经网络可以被表示为：

$$f_i(x) = \sum \phi(X, W_{ji}, a_j) \cdot W_{kj}, W_{ij} \in \mathbb{R}^d, a_j, W_{kj} \in \mathbb{R} \tag{4-35}$$

其中：$\phi_i(\cdot)$ 表示第 i 个隐藏节点的激活函数；W_{ji} 是输入权重向量；a_j 是偏置权重；W_{kj} 是输出权重。对于具有激活函数 ξ 的加和节点，ϕ_i 可以定义为：

$$\phi(X, a_i, b_i) = \xi(W_{ji} \cdot X + a_j) \tag{4-36}$$

极限学习机（ELM）理论旨在达到最小的训练误差及最小的输出权重范数，可以定义为：

$$\min : \| W_{kj} \|_\mu^{\theta_1} + \lambda \| HW_{kj} - T \|_v^{\theta_2} \tag{4-37}$$

其中：$\theta_1 > 0$，$\theta_2 > 0$，$\mu, v = 0, 0.5, 1, 2, \cdots, +\infty$；$H$ 是隐层输出矩阵；T 是训练数据目标矩阵。

ELM 自动编码器使用编码后的输出通过最小化重建误差来近似原始输入。ELM 自动编码器将输入数据 X 映射到更高级别的表示，然后通过确定性映射 $Y = h_\theta(X) = \phi(A \cdot X + b)$ 使用潜在表示 Y，其中，A 是权重矩阵，b 是偏置向量。最后，将 Y 映射回输入空间 $Z = h_{\theta'}(Y) = \Phi(A' \cdot Y + b)$ 中的重构向量 Z。

4.3 基于跨领域知识的多源异构数据融合方法

4.3.1 基于跨领域知识的多源异构数据融合方法概述

多源异构数据融合中的许多应用中都具有领域知识。知识与数据的融合目前主要包含两种方式：模型构建及模型约束。模型构建指的是基于知识构建数据模型，例如，在自然语言搜索中的知识图谱，与经典的搜索算法不同，知识图谱基于图形学构建了包含节点及属性的关系模型，从而可以更完整地描述自然语言中复杂的关系模型，取得了良好的效果。模型约束指的是利用数据知识对模型的算法进行条件约束，从而可以更快更准确地对模型进行求解。例如图像识别中，在包含运动物体的连续图像里，采用物理学运动定律（例如自由落体、匀速运动等）对运动物体的识别进行约束，实现了在无标签数据集下的高精度运动物体追踪。

在多源异构数据融合中，由于数据异构及领域差异，难以采用统一的模型对目标任务进行求解。本节采用多个子模型对多源异构数据融合中的跨领域知识进行建模，提出了基于跨领域知识的多源异构数据融合算法。

4.3.2 跨领域知识与数据融合

跨领域知识在数据融合中具有重要的作用。仅从数据出发的机器学习算法只考虑数据与目标之间的相关性，采用数据分析的手段对数据进行建模及评估。然而，当数据与目标之间不存在明显的直接关系时，或者数据与目标之间有较明确的知识关系时，领域知识与数据融合将会有效提升模型的准确性。例如：在高速公路水质污染分析中，将数据与流体运动模型结合可以有效提升污染物浓度预测的准确性；在高速公路噪声等级预测中，将数据与建筑物的几何模型相结合，分析噪声传播约束，可以有效提升噪声预测的准确性。数据与跨领域知识的结合，主要有两种方式：一是构建跨领域知识模型，结合数据进行运算；二是基于跨领域知识模型构建模型的约束条件，从而在模型求解中筛选掉部分错误解。

1. 知识模型构建

针对不同的任务目标及领域知识，知识模型的构建可以有多种形式。通常而言，知识模型可以被抽象成函数：

$$\text{Theory:} f(\text{attributes, timestamp, location}) \rightarrow \text{target} \tag{4-38}$$

其中，target 不一定是最终的任务目标，可以是中间参数甚至是与过程相关的变量。跨域知识模型构建时经常会遇到的问题，即无法得到精确的模型参数。例如，在高速公路噪声等级预测中，经典的声音传播模型需要精确的建筑几何参数，而这些参数在采样数据中难以得到，或者精度远远不够，从而导致知识模型对数据融合起到反作用。因此，跨领域知识模型往往不能直接应用到数据融合场景中，需要对跨领域知识模型采用数据训练的方式对模型参数进行调整。在数据融合中对知识模型进行构建，需要针对数据属性对起始模型进行模型转化：

$$\text{Theory:} f(x) \sim f(\text{attributes}) \tag{4-39}$$

收集采样数据，构建采样数据实例集合，同时将采样数据划分为训练集 T 和测试集 S，基于训练集 T 求解函数 $f(\text{attributes})$ 内的参数，并在测试集中验证，直至达到预定的模型效果。

2. 知识模型约束

知识模型约束是指在数据融合算法建模中，在模型求解的过程中，除了要完成损失函数的收敛，求解到局部最优解，还需要考虑跨领域知识对模型求解结果的约束。传统的模型训练求解过程如下：

$$f^* = \operatorname*{argmin} \sum_{i=1}^{n} \text{loss}[f(x_i), y_i] \tag{4-40}$$

其中，loss 是模型的损失函数，当模型损失函数最小时，则为模型解，而在有跨领域知识约束的模型训练过程中，其求解过程如下：

$$\overline{f}^* = \operatorname*{argmin} \sum_{i=1}^{n} g[f(x_i), y_i] + R(f) \tag{4-41}$$

其中：g 为加入了跨领域知识约束后的综合损失函数；$R(f)$ 是正则项。

通过引入一定量的偏差泛化函数，从而解决跨领域知识模型中参数缺失或精度不够导致的模型偏差问题。

3．包含跨领域知识的空气质量预测问题建模

空气质量预测指的是基于公路建设感知数据实现不同时段内的空气质量预测。

随着预测时间的变化，预测的精度也会逐渐减低。空气质量预测包含短期预测与长期预测，本节基于气团轨迹模型及高速公路建设感知数据实现 1~72 h 内的高速公路空气质量预测。

在给定源领域 D 内，包含集合 S，其中 S 为多源异构数据源的集合。集合 S 中包含不同的单源数据子集，基于数据分析和数据的结构化特征，构建数据子集：

$$S = \{s_1, s_2, s_3, \cdots, s_n\} \to \{T_1, T_2, T_3, \cdots, T_m\}, m \leq n \quad (4\text{-}42)$$

对于每一个数据子集 T，其包含数据实例集合 I、知识函数集合 F 及约束条件集合 H，即

$$T = \{\{i_1, i_2, \cdots, i_u\}, \{f_1, f_2, \cdots, f_v\}, \{h_1, h_2, \cdots, h_k\}\},$$
$$i \in I, f \in F, h \in H, I \neq \varnothing \quad (4\text{-}43)$$

对每一个数据子集 T 构建子模型 C，即

$$C = \sum_{v=1}^{v} \sum_{u=1}^{u} f(i) \quad (4\text{-}44)$$

子模型的求解可以被抽象为最优解问题：

$$\begin{cases} \min L(x) \\ \text{s.t.} \begin{cases} h_1(x) \geq 0 \\ h_2(x) \geq 0 \\ \cdots \\ h_k(x) \geq 0 \end{cases} \\ x = [i_1, i_2, \cdots, i_u]^\mathrm{T} \end{cases} \quad (4\text{-}45)$$

其中，$\min L(x)$ 是任务目标，在机器学习中通常被定义为损失函数，采用交叉熵、最小标准差等。在每一个模型中，可以基于领域知识对模型进行设计及约束，从而实现知识与数据的融合，同时会增加问题的求解难度，在某些情况下会成为 NP 难问题，需要依据实际的情况对求解方法进行优化和改善。针对单源数据所得到的多个子模型需要再次经过建模来得到最终的推理模型。本节将针对高速公路空气质量预测问题完成基于多子模型的知识与数据融合算法。下面给出空气质量评估问题的数学定义：

把高速公路划分为多个独立区域（1 km × 1 km），假设每个区域的 AQI（空气质量指数）是一致的。给定一个区域的集合 $G = G_1 \cup G_2$，其中 $u.\text{AQI}(u \in G_1)$ 是未知的，$u.\text{AQI}(u \in G_2)$ 是已知的，目的是基于数据集（u, M 和 F）推断每个区域 $g(g \in G)$ 在接下来 72 h 内的 AQI。

4.3.3 多领域知识与数据的相关性分析

本节首先评估每个子类的变异系数，然后进行子类与评估目标 AQI 之间的相关性分析，最后根据分析结果进行特征构建。

1. 数据相关性分析

（1）变异系数。

变异系数用于分析数据的丰富度，可以定义为：

$$C = \sqrt{\frac{\sum_{i=1}^{n}(x_i - \hat{x})^2}{(n-1)\hat{x}}} \quad (4\text{-}46)$$

其中：x 是子类的数据；$\hat{x}$ 是子类的平均值。表 4-1 展示了乐西空气监测站点主要子类的变异系数。CO_1h 子类变异系数最高；而 PRS_24h 子类变异系数较小，包含的信息较少。另外，24 h 的子类总是比 1 h 的子类的变异系数低，这样就可以从数据集中去除变异系数低的子类，从而有助于降低算法的计算复杂度。

表 4-1　乐西空气监测站点的变异系数

类　别	最小值	最大值	均值	方差	变异系数
CO_1h	0.1	38	1.232	1.819	147.64%
$PM_{2.5}$_1h	3	664	75.484	92.93	123.11%
SO_2_1h	2	293	23.793	30.37	127.64%
PM_{10}_1h	5	917	96.441	101.50	105.25%
O_3_1h	2	205	46.46	36.402	78.35%
NO_2_1h	2	165	55.169	33.773	61.22%
RHU_1h	8	94	34.93	19.011	54.43%
$PM_{2.5}$_24h	5	361	75.963	72.699	95.70%
CO_24h	0.1	38	1.206	1.649	136.73%
PRS_24h	1003.4	1031.2	1019.1	5.542	0.54%

（2）相关性分析。

监测站点距离目标区域 5 km，AQI 子类与目标 AQI 的相关性最强，而 RHU 与目标 AQI 的相关性很弱。当距离在 10 km 内时，相关性相对较强；而当距离大于 30 km 时，相关性相对较弱。相关系数与距离呈显著正相关。相关系数与时间呈显著正相关。6 h 后，相关变得很弱。

2．特征构建

为了准确预测目标位置的长期 AQI，本节将整个数据集划分到三个子模型中：时间预测器、空间预测器和气团预测器。在特征提取中，数据只出现在一个子模型中。所有数据都具有基于变异系数的校正参数。

（1）时间预测器特征。

在数据集中，每个位置都有大量的历史数据。该子模型中只使用目标位置的历史数据。图 4-3 展示了时间预测器特征的构造。在时间预测器中，本节使用本地 24 h 内的连续数据完成对未来 72 h 的空气质量预测。每个小时内的数据包含了本时刻内的气象站点数据及空气质量数据。

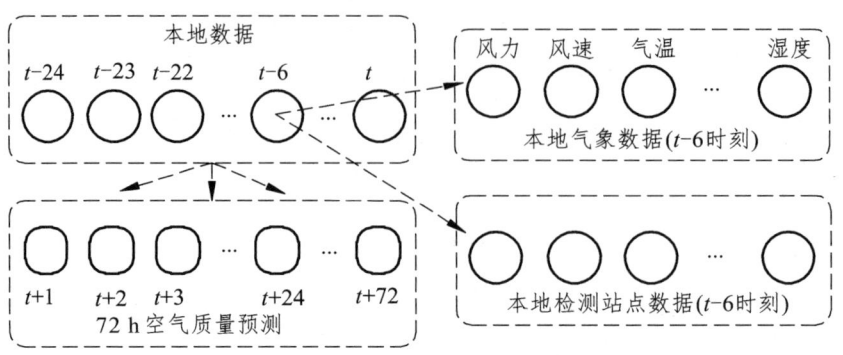

图 4-3 时间预测器特征

（2）空间预测器特征。

大量相关分析结果表明，相关系数与距离呈显著正相关，当距离大于 30 km 时，相关性相对较弱。因此本节使用距离在 30 km 以下的数据集（没有目标区域的数据）作为目标区域的周围环境。为了减少计算复杂度，目标区域（即圆心）的周围环境可以分成 4 个独立的区域（东北、西北、东南和西南），如图 4-4 所示。根据 4 个区域的地理坐标把其他站点投影到这 4 个区域上。对于每个区域，如果有多于一个站点，则使用归一化逆距离权重（Inverse Distance Weighted，IDW）来计算不同站点的贡献。

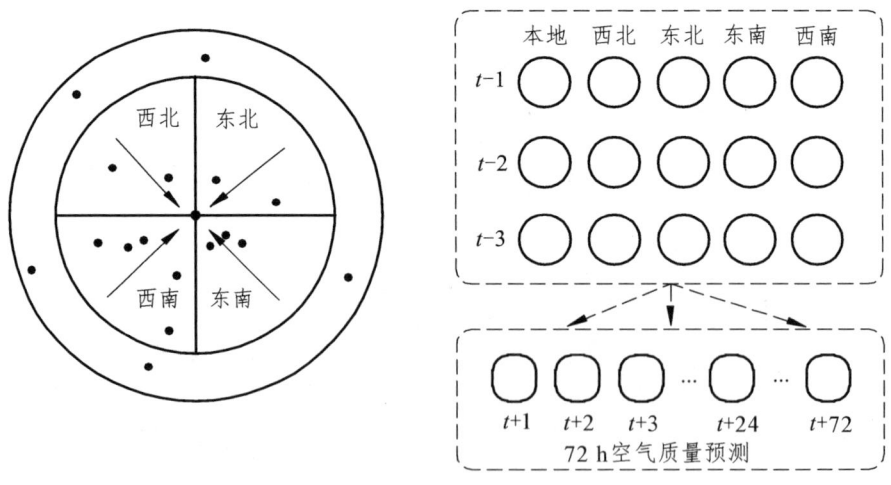

图 4-4 空间预测器特征

（3）气团预测器特征。

虽然当距离大于 30 km 时，目标位置与当前位置的相关性相对较弱。然而，如果具有专业领域知识，弱相关数据也可以对最终评估做出贡献。为了改进 AQI 预测模型，本节利用混合单粒子拉格朗日积分轨迹（Hybrid Single Particle Lagrangian Integrated Trajectory，HYSPLIT）模型的后向轨迹来跟踪空气质量轨迹。HYSPLIT 模型基于全球数据同化系统（Global Data Assimilation System，GDAS）来计算轨迹。

4.3.4 包含多领域知识的多源异构数据融合框架

1. 预测模型框架

图 4-5 展示了预测模型的框架，包括四部分：① 时间预测器仅使用本地数据预测 AQI，主要根据历史数据进行预测；② 空间预测器主要根据邻近站点之间的空间相关性预测 AQI；③ 聚合器利用由其他预测器生成的结果和目标站点的数据计算最终预测结果。

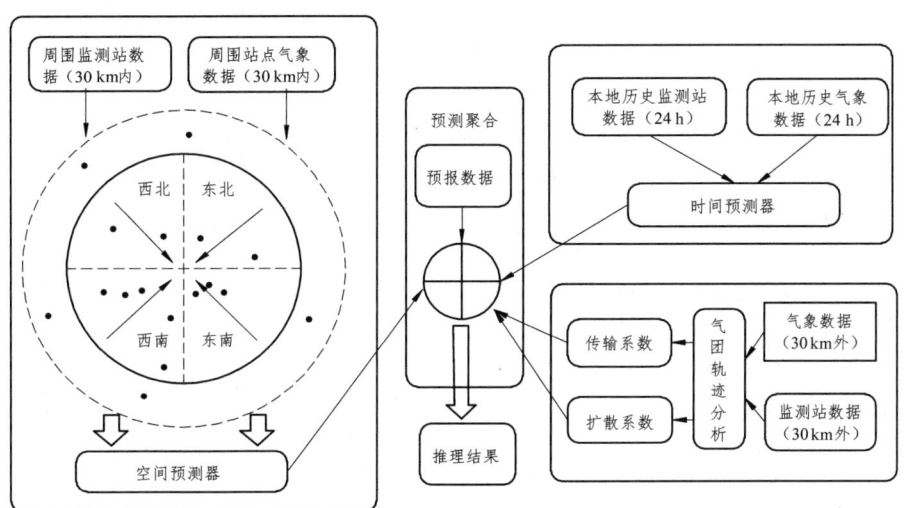

图 4-5　预测模型框架

2. 时间预测器

时间预测器根据三类数据实现对 AQI 的预测：① 该地点过去 24 h

的 AQI；② 该地点当前时刻的气象数据，包括湿度、风速、风向和大气压；③ 时间信息，包括小时、日和月。时间预测器采用线性回归模型，可以定义为：

$$y = w_0 + \sum_{i=1}^{n} w_i x_i \tag{4-47}$$

其中：y 是目标地点的 AQI；n 是样本的数目；x_i 是解释变量。例如，对于过去 1 h 的 $PM_{2.5}$ 值，基于最小二乘法，损失函数可以定义为：

$$L(w) = \frac{1}{2n} \sum_{i=0}^{n} [y_w(x_i) - y^i]^2$$

$$= \frac{1}{2n}(XW - Y)^T (XW - Y) \tag{4-48}$$

其中：$y_w(x_i)$ 是评估值，是样本 y' 的真值；X、W 和 Y 是变量的矩阵形式。

3．空间预测器

空间预测器基于两类数据实现对 AQI 的预测：① 包括 6 种大气污染物的空气质量记录；② 包括风速、风向、气温、湿度和气压等指标的气象数据。

包含 n 个样本和 m 个特征的数据集用 R 表示，其中 R^m 是最终特征的集合，R 是 AQI 的集合。本节使用具有 K 个加性函数的 XGBoost 树来预测输出：

$$\hat{y}_l = \phi(f_i) = \sum_{k=1}^{K} \theta_k(f_i), \theta_k \in P \tag{4-49}$$

其中，$P = \{\theta(x) = w_q(x)\}(q:\mathbb{R}^m \to T, w \in \mathbb{R}^T)$，$q$ 表示每棵树的结构，并将样本映射到相应的叶索引；T 是叶子的数目；θ_k 表示具有结构 q 和叶权重 w 的独立树；第 i 个叶子节点上的得分可定义为 W_i。正则化目标可定义为 $L(\phi)$ 的最小值：

$$L(\phi) = \sum_i l(\hat{y}_l, y_i) + \sum_k \gamma T + \frac{1}{2}\lambda \|w\|^2 \tag{4-50}$$

其中：l 被定义为可微凸损失函数。附加的正则化项用于平滑最终学习权重，以避免过拟合。二阶近似可用于快速优化目标：

$$L^t \simeq \sum_{i=1}^{n}\left[l(y_i,\hat{y}^{t-1})+g_i\theta_t(f_i)+\frac{1}{2}h_i\theta_t^2(f_u)\right]+\Omega(\theta_t) \quad （4\text{-}51）$$

其中，$\Omega(\theta_t)=\gamma T+\frac{1}{2}\lambda\sum_{\vartheta=1}^{T}w_\vartheta^2$，$I_\vartheta=\{i\,|\,\varepsilon(f_i)=\vartheta\}$ 是叶子 ε 的样本集合。$L(\phi)$ 可以被重写为：

$$L^t=\sum_{\vartheta=1}^{T}\left[(\sum_{i\in I_\vartheta}g_i)w_\vartheta+\frac{1}{2}\sum_{i\in I_\vartheta}h_i+\lambda)w_\vartheta^2\right]+\gamma T \quad （4\text{-}52）$$

4．基于多层神经网络的聚合器

聚合器采用的是基于多层感知器和反向传播的人工神经网络模型。隐层采用 Purelin 函数作为传递函数。如图 4-6 所示，输入层中有 13 个变量，其中时间预测器和空间预测器是时间和空间预测器提供的值，传输系数和扩散系数由气团预测器计算，天气预报特征由气象部门发布包括天气条件、湿度、温度、风速和风向，时间标签由日期和小时两个参数组成。由于模型的计算开销相对较大，重新计算的频率为一天。

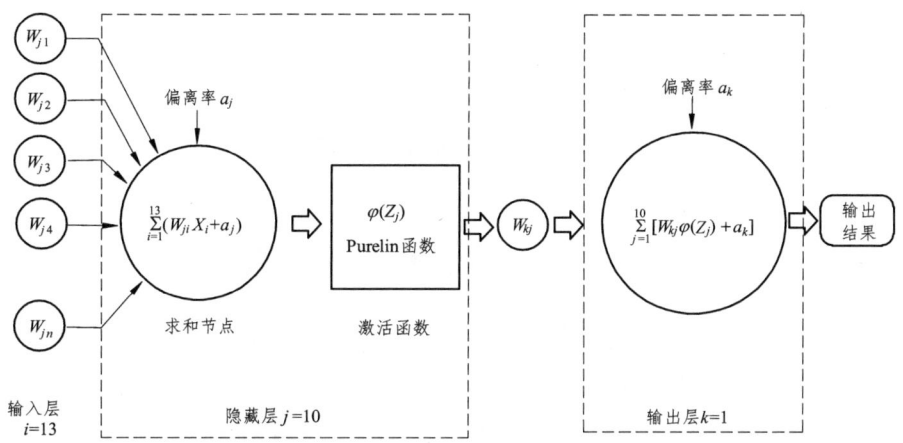

图 4-6　基于多层神经网络的聚合器

5．LSTM（Long Short-Tenn Memory）聚合

为了进一步提升区域模型预测的准确率，本节采用 LSTM 网对模型

进行优化，LSTM 是循环神经网络（Recurrent Neural Network，RNN）的变种，可以针对具有时序的数据进行预测。在本节中，构建学习数据 $X=\{x_1,x_2\cdots,x_t\}$，其中 t 是循环网络的展开长度。对于时间步 t，循环单元可以被定义为：

$$h^t = I_{stm}(u^{(t-1)}, x^t, v) \tag{4-53}$$

其中：$u^{(t-1)}$ 是循环单元的内部状态；x_t 是数据样本；v 是要求解的权重系数；l_{stm} 是激活函数。本节采用 sigmod 作为 l_{stm} 的激活函数。构建输出函数：

$$AQI^t = mh^t + c \tag{4-54}$$

采用分层训练的 LSTM 算法为网络构建输出门和遗忘门，则循环单元的更新算法如下：

$$h^t = \text{sigmod}(w_o h^{t-1} + p_o x^t + b_o) \cdot l_{stm}(s^t) \tag{4-55}$$

$$s^t = \text{sigmod}(w_{lstm} h^{t-1} + p_{lstm} x^t + b_{lstm}) \cdot s^{t-1} +$$
$$\text{sigmod}(w_i h^{t-1} + p_i x^t + b_i) \cdot l_{stm}(wh^{t-1} + px^t + b) \tag{4-56}$$

其中：w、p 和 b 分别为求解的参数权重；脚标 i 代表输入门，脚标 lstm 代表遗忘门，脚标 o 代表输出门。

4.4 基于雾计算的多源异构数据融合

4.4.1 基于雾计算的多源异构数据融合概述

随着物联网的迅速发展，终端硬件的计算和存储能力都有了显著提升，从而有效促进了分布式多源异构数据融合的发展。与集中式多源异构数据融合相比，在分布式系统环境下，由于数据隐私和数据安全等问题所导致的数据不共享会导致数据较少的节点的模型训练存在冷启动问题或者容易出现过拟合。与此同时，随着云计算的飞速发展，分布式系统的普及已成为必然趋势，如何解决分布式系统的模型协同训练及构建本地高效的数据融合系统是本节主要解决的问题。

本节提出一种分布式异构模型协同算法，包括集中式同构数据训练算法和本地多源异构数据融合算法。在每个分布式节点上，基于节点数据特征，构建多子分类器，并实现本地多源异构数据实时融合；同时，每一个子分类器的模型参数都可以被传至云端进行协同更新，并回传至本地，从而有效解决本地数据稀疏及过拟合问题。算法的关键在于讨论协同更新时，分布式算法与集中式算法的性能差异及分析不同数据环境下（独立同分布、非独立同分布）算法的有效性。

4.4.2　雾计算下的多源异构数据融合

雾计算是云计算的延伸概念，与云计算不同，雾计算将数据、数据处理和应用程序集中在网络的边缘设备中，而不是完全保存在云端。在以雾计算为基础的多源异构数据应用中，由于数据隐私、数据传输限制和数据安全等多方面因素的影响，该环境下的多源异构数据融合需要考虑存在数据孤岛时的模型协同问题。在雾计算系统环境下，模型的训练需要在数据不共享的节点上进行，并通过云端将节点上的模型进行协同，从而完成模型训练。分布式多源异构数据融合主要包括数据并行和模型并行两种方式。

1. 数据并行多源异构数据融合

数据并行指的是在不同的分布式节点上采用相同的模型对数据进行训练，之后云端收集分布式节点上的模型参数，整合模型后，将模型回传至分布式节点，完成协同训练。数据并行下的多源异构数据融合通常被定义为：

$$f^* = \mathrm{argmin} \sum \sum \mathrm{loss}[f(x_{ij}), y_{ij}] \tag{4-57}$$

其中：i 代表分布式节点，而 j 代表分布式节点上的数据实例。由于分布式环境下数据不共享，不能在整体数据集上求得损失函数的最优解，文献[10]采用参数平均的方式对模型进行协同，即

$$f^* = \sum_{i=1}^{n} \frac{q_i}{\sum_{i=1}^{n} q_i} \cdot f_i \qquad (4-58)$$

其中：n 是第 i 个节点上训练样本的数量，除了考虑数据数量，也可以考虑数据质量等其他参数作为模型协同的权重。

2. 模型并行多源异构数据融合

模型并行指的是在不同的分布式节点上训练整体模型的一部分，之后云端收集分布式节点上的部分参数，并整合成统一的模型，再回传至分布式节点中。用于训练的数据通常由云端配发至分布式节点，从而保证训练数据的统一。并行随机存取机是该方法的经典应用场景，模型并行的多源异构数据融合问题通常被定义为：

$$f^* = \operatorname{argmin} \sum_{i=1}^{n} \operatorname{loss}[f_i(x), y], \langle x, y \rangle \in S \qquad (4-59)$$

其中：S 是分布式节点上共享的数据集；f_i 是第 i 个节点上的训练得到的模型。模型并行的多源异构数据融合由于训练数据的统一，可以实现合并 loss 的计算，但是模型需要支持拆分，并且需要保证拆分后的模型在参数整合后与原模型保持一致。在深度学习网络中，由于深度学习网络通常支持线性可加，因此在深度学习网络中有大量的模型并行应用及拆分算法。

3. 雾计算场景下的环境监测

雾计算是目前经典的分布式系统环境之一。如图 4-7 所示，雾计算一般由边缘网络和核心网络组成。边缘网络包含了大量的网络设备及网关设备（Fog Gateway Device，FGD）。FGD 具有一定的运算及存储能力，用于收集与边缘网络相连接的物联网传感设备所感知的数据，同时依靠 FGD 的运算及存储能力可以对数据进行运算求解模型参数，并提供服务。具有感知能力的物联网传感设备（Internet Connected Object，ICO）通过网络设备与边缘网络相连接，并将数据输送到 FGD 中存储。

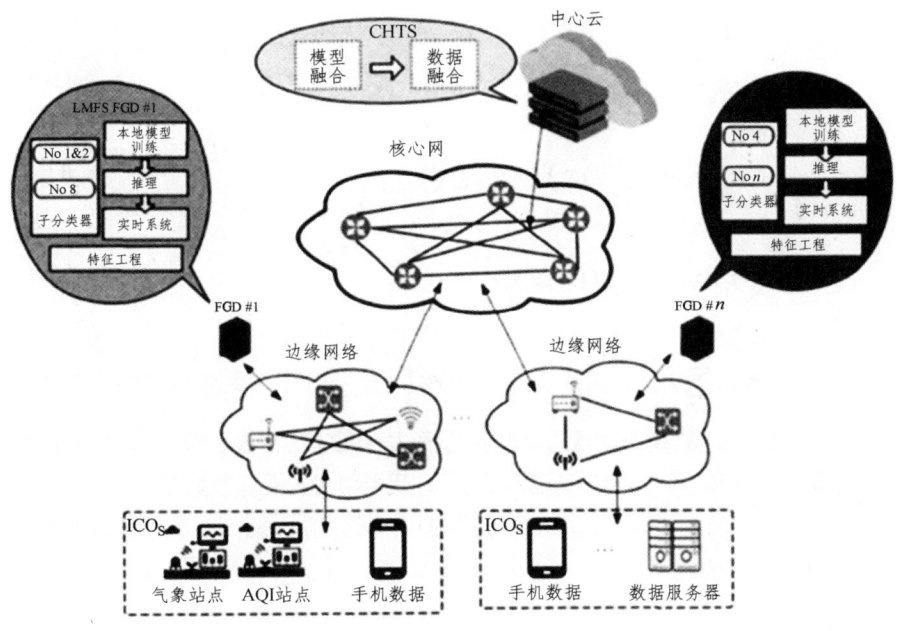

图 4-7 雾计算场景下的环境监测

雾计算场景下的环境监测问题是指在 FGD 内实现高效的监测,不同 FGD 内监测的目标可以存在差异,同时与其相连的 ICO 设备也具有较大差异。在高速公路中,不同工厂的污染物排放监测推断、不同区域内的环境指标监测等都是该场景下的典型应用。

4. 雾计算场景下环境监测问题建模

在给定源领域 D 内,包含多个子领域集合 $\{D_1, D_2, D_3, \cdots, D_n\}$,$D$ 中的不同元素之间数据不共享,对于每一个 $d \in D$,其包含不同的单源数据子集 S。基于数据分析和数据的结构化特征,构建数据子集:

$$S = \{s_1, s_2, s_3, \cdots, s_n\} \to \{T_1, T_2, T_3, \cdots, T_m\}, m \leqslant n \quad (4\text{-}60)$$

对于每一个数据子集,已知目标 G 生成实例特征集合,并依据实例数据构建推理模型,得到模型函数集合 F,例如,对于数据子集 T_1,针对两个目标 $g_1 \in G$、$g_2 \in G$ 构建实例集合及推理模型:

$$T_1 \to T_{1,1} = \{(x_1, g_1), (x_2, g_1), (x_3, g_1), \cdots, (x_u, g_2)\} \quad (4\text{-}61)$$

$$T_1 \to T_{1,2} = \{(x_1, g_2), (x_2, g_2), (x_3, g_2), \cdots, (x_u, g_2)\} \quad (4\text{-}62)$$

$$f_{11} = \min \sum_{i=1}^{u} f(x_i) \to g_1, x_i \in T_{1,1} \quad (4\text{-}63)$$

$$f_{12} = \min \sum_{i=1}^{u} f(x_i) \to g_2, x_i \in T_{1,2} \quad (4\text{-}64)$$

其中，$\min \sum_{i=1}^{u} f(x_i) \to g_1$ 其中，表示所有自变量 x 到的 g_1 的映射函数在损失值最小时的模型参数，常用的损失函数包含交叉熵、最小标准差等。同理可以得到其他数据子集在所有目标上的模型参数集合 F。针对同一目标，对所有节点模型参数进行融合及更新，例如，对于目标 g_1 的融合函数可以被定义为：

$$f_1 = f(f_{11}, f_{21}, f_{31}, \cdots, f_{n1}) \quad (4\text{-}65)$$

在参数融合中，需要考虑不同数据子集数据的有效性及数据数量，并选择合适的算法对参数进行融合。在完成一轮参数融合后，将融合后的参数下发到所有分布式节点中对参数进行二次更新，并完成二次融合。如此往复，从而得到最终的模型。在本问题中，如何对模型参数进行求解，如何实现分布式环境下模型融合算法的统一性并保证在多轮参数融合中算法的收敛性及可行性是主要难点。

4.4.3　基于雾计算的多源异构数据融合框架

图 4-8 展示了雾计算场景下的多源异构数据融合框架，由两个主要部分组成：① 雾网关设备是雾计算的边缘节点，用于收集 ICO 上传的数据，并具有一定的计算能力。② 根据 IETF 的定义，中心云是雾计算的约束节点。制约因素主要体现在存储开销、通信开销和计算开销中。

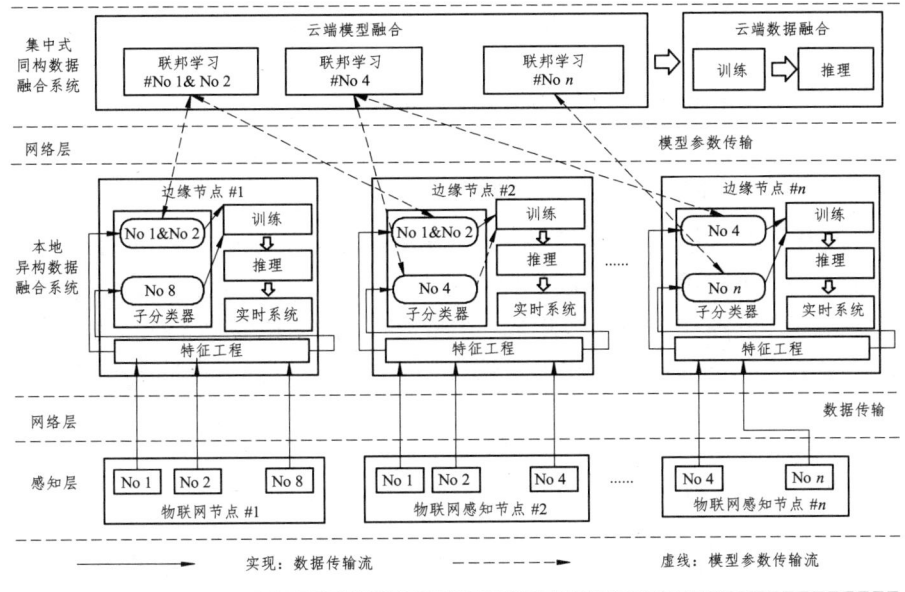

图 4-8　基于雾计算的多源异构数据融合框架

1. 本地多源异构数据融合系统

本地多源异构数据融合系统（Local Multi-source Heterogeneous Data Fusion System，LMFS）是一个本地集中式异构数据融合系统，通过对感知数据进行处理，从而构建本地子分类器，同时将子分类器上传至云端完成模型协同，最后基于本地多子分类器完成本地实时推理系统，提供本地服务。定义 S 为本地多源异构数据的数据集合，则对本地数据的特征工程表示为：

$$\begin{aligned} \text{data}_i &= \{\text{attributes},\text{timestamp},\text{location}\} \\ &\rightarrow \{\langle \text{key},\text{value}\rangle\}, i \in S \end{aligned} \quad (4\text{-}66)$$

其中，i 代表 S 中的 ICO 节点标号。经过相关性分析，对原始数据进行特征抽取，实现多种异构数据到 value 值的统一，构建子分类器：

$$\text{Classifier}_i : \sum_{k \in y=1}^{n} f_i(\text{value}) \rightarrow \text{target}_i \quad (4\text{-}67)$$

对于不同边缘节点上的同构子分类器 Classifier 参数可以上传至云端进

行模型协同，最终在本地实现多子分类器融合，实现本地实时推理系统：

$$\text{Inference:} \sum_{i=1}^{n} f(\text{Classifier}_i) \to \text{Final terget} \qquad (4\text{-}68)$$

2．集中式同构数据训练系统

集中式同构数据训练系统（Centralized Tomologous Data Training System，CHTS）是基于参数平均的分布式联邦学习系统，主要负责对边缘节点上传的模型进行参数集成。在参数集成中，既需要考虑数据数量，又需要考虑数据的质量。在第 t 轮次，基于参数加权的参数集成可以被定义为：

$$f_t(w) = \sum_{k=1}^{k} \frac{n_k q_k}{s} f_t(w_k), s = \sum_{k=1}^{k} n_k q_k \qquad (4\text{-}69)$$

其中：k 表示边缘节点的编号；n_k 表示第 k 个节点上训练数据的数量；q_k 用于评估第 k 个节点上的数据质量权重；w 是模型的集成参数；w_k 是第 k 个节点上的模型参数。仅对边缘节点上的参数进行加权，并不能保证整体模型的优化，需要讨论在此情况下的集成参数能否保证整体模型损失函数的收敛性，从而保证在多轮训练中模型的持续优化，即讨论集中式模型训练与分布式参数集成的等价条件。通常集中式数据训练的损失函数定义为：

$$f^* = \operatorname{argmin} \sum_{i=1}^{i} loss[f_i(w), y_i] + R(w) \qquad (4\text{-}70)$$

其中，$R(w)$ 是正则项，用于提升整体函数的泛化性。CHTS 中的数据训练损失函数为：

$$\tilde{f}^* = \operatorname{argmin} \sum_{i=1}^{i} \text{loss}\left[\sum_{k=1}^{k} \frac{n_k q_k}{s} f_i(w_k), y_i\right] + \sum_{k=1}^{k} \frac{n_k q_k}{s} R(w_k) \qquad (4\text{-}71)$$

在 CHTS 中，边缘节点和中心云只传输模型参数，而不传输任何数据。因此无法在云端对损失函数进行直接求解，需要讨论损失函数在分布式环境下求解的一致性。此外，可以通过对模型参数进行压缩来进一步提高传输效率。

4.4.4 本地多源异构数据融合系统

图 4-9 展示了 LMFS 的框架，包括三部分：特征工程、构造局部子分类器的过程以及基于多层感知机的模型集成。

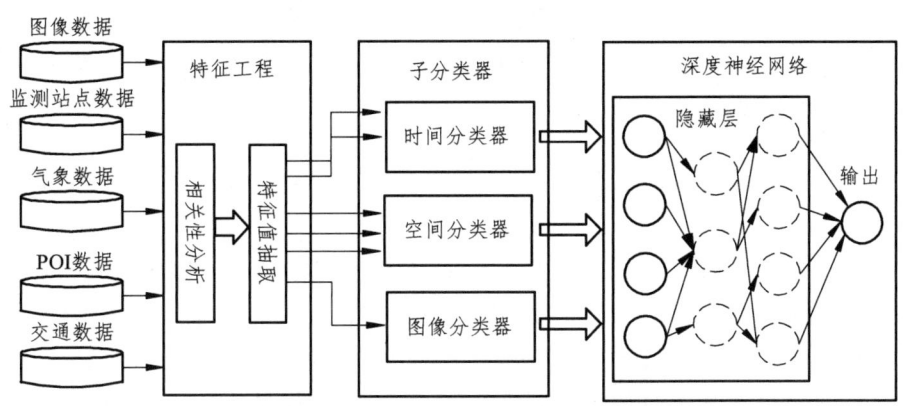

图 4-9 本地多源异构数据融合系统框架

1．特征工程

特征工程主要包含两个部分，即数据的相关性分析和特征值抽取。本节所使用的数据主要包含五类：图像数据、监测站点数据、气象数据、POI 数据及交通数据。所研究的目标为高速公路空气质量监测。

在数据的特征抽取上，本节对所有的数据进行了数值化处理。对图像数据的处理，主要包含图像的暗原色特征、空间对比度及 HSI 空间颜色分析。监测站点数据和气象数据均为数值数据，在本节中被直接使用；POI 数据及交通数据处理请参考第 4.2.4 节。

2．本地子分类器构建

本地子分类器主要由三部分组成：时间分类器仅使用本地数据评估 AQI，主要基于历史数据进行评估；空间分类器根据周围站点之间的空间相关性评估 AQI；图像分类器使用智能手机用户收集的实时数据评估 AQI。

（1）基于线性回归的时间分类器。

时间分类器根据过去 24 h 的 AQI 实现一个站点的 AQI 评估。根据 Akaike 准则，时间分类器选用的是线性回归模型。

（2）基于可扩展提升树的空间分类器。

由于小颗粒和气体可以从一个地方扩散到另一个地方，邻近位置的 AQI 具有空间相关性。空间分类器使用最近 3 h 的空间邻域数据进行 AQI 评估，例如，其他站点的 AQI、湿度和风速。

接下来将介绍梯度提升树算法。给定一个具有 n 个样本和 m 个特征的数据集，即 $\Re = \{(x_i, y_i)\}(|\Re| = n, x_i \in \mathbb{R}^m, y_i \in \mathbb{R})$，构造一个具有 K 个加和函数的树来预测输出：

$$\hat{y}_l = \phi(x_i) = \sum_{k=1}^{K} f_k(x_i), f_k \in F \tag{4-72}$$

其中，$F = \{f(x) = w_q(x)\}(q\mathbb{R}^m \to T, w \in \mathbb{R}^T$，$q$ 表示每棵树的结构，并将样本映射到相应的叶索引，T 是叶子的数目，f_k 用来描述一个独立的树形结构 q 和叶子权重 w，w_i 表示第 i 个叶子上的分数，通过对相应叶子上的分数求和来计算最终的预测结果。正则化目标可定义为 $L(\phi)$ 的最小值：

$$L(\phi) = \sum_i l(\hat{y}_b, y_i) + \sum_k \lambda T + \lambda \|w\|^2 / 2 \tag{4-73}$$

其中，l 被定义为可微凸损失函数。为了避免过拟合，使用附加的正则化项来平滑最终的学习权重。

在欧几里得空间使用传统方法优化上述公式中的树集成模型是很困难的，可使用二阶近似快速优化目标：

$$L^t = \sum_{i=1}^{n} [l(y_i, \hat{y}^{t-1}) + g_i f_t(x_i) + h_i f_t^2(x_i)/2] + \Omega(f_t) \tag{4-74}$$

为了得到简化的目标，可以去掉常数项，并将 Ω 扩展为 $\Omega(f_t) = \gamma T + \lambda/2 \sum_{\mu=1}^{T} w_\mu^2$，则目标可以被简化为：

$$L^t \simeq \sum_{\mu=1}^{T} [(\sum_{i \in I_\mu} g_i) w_\mu + 1/2 (\sum_{i \in I_\mu} h_i + \lambda) w_\mu^2] + \gamma \tag{4-75}$$

其中，$I_\mu = \{i \mid \xi(x_i) = \mu\}$ 是叶子 μ 的样本集合。

（3）基于 FTRL-Proximal 在线学习的图像分类器。

智能手机用户采集的图像数据是不规则的实时数据，都带有地理位置信息和时间戳。为了充分利用图像数据，采用了 FTRL-Proximal 在线学习算法。

给定向量 $g_t \in \mathbb{R}^d$，其中 t 是当前训练样本的索引，向量 g_t 中的第 i 个元素表示为 $g_{t,i}$。问题可以表示为，给定轮数 t，需要对使用特征向量 $x_t \in \mathbb{R}^d$ 描述的样本进行预测，即给定模型参数 w_t，预测 $p_t = (w_t \cdot x_t)$，其中 $\sigma(a) = 1/[1+\exp(-a)]$ 是 sigmoid 函数。标签为 $y_t \in \{1,2,3,4,5\}$，基于多类逻辑斯特回归的概率模型可以被定义为：

$$P(y=k|x) = \frac{\exp(w_K x + b)}{[1+\sum_{i=1}^{Y-1}\exp(w_k x + b)]}, k=1,\cdots,K-1$$

$$P(y=K|x) = 1/[1+\sum_{i=1}^{K-1}\exp(w_k x + b)]$$

（4-76）

其中，$k, K \in y_t$。可以使用 1-of-K 编码来表示似然函数，即属于 y_k 类的特征向量 X_n 的目标向量 t_n 是二值向量，除元素 k 为 1 之外，其他所有元素为 0。似然函数可以表示为：

$$p(\boldsymbol{T}|w_1,\cdots,w_k) = \prod_{n=1}^{N}\prod_{k=1}^{K} p(y_k|x_n)^{t_{nk}}$$

（4-77）

其中，$\boldsymbol{T}$ 是一个 $\boldsymbol{N} \times \boldsymbol{K}$ 的目标变量矩阵，元素为 t_{nk}，然后取负对数给出：

$$E(w_1,\cdots,w_k) = -\ln p(\boldsymbol{T}|w_1,\cdots,w_k)$$

$$= -\sum_{n=1}^{N}\sum_{k=1}^{K} t_{nk} \ln p(y_k|x_n)$$

（4-78）

这里使用 FTRL-Proximal 算法来进行理论分析，给定一个梯度序列 $G_t \in \mathbb{R}$，更新可以被定义为：

$$w_{t+1} = \operatorname{argmin}(G_{1:t} + 1/2\sum_{a=1}^{t}\sigma_s \|w-w_s\|_2^2 + \lambda_1 \|w\|_1)$$

（4-79）

其中，σ_s 是学习率，衰减公式为 $\sigma_{1:t} = 1/n$。

3. 基于多层感知器的本地评估模型

本节基于多层感知机的体系结构，以建立本地评估模型。基于极限学习机的多层神经网络的框架，具有 i 个隐藏节点的神经网络可以被表示为：

$$f_i(x) = \sum \Phi(X, W_{ji}, a_j) \cdot W_{kj}, W_{ij} \in \mathbb{R}^d, a_j, W_{kj} \in \mathbb{R} \quad (4\text{-}80)$$

其中：$\Phi_i(\cdot)$ 表示第 i 个隐藏节点的激活函数；W_{ij} 是输入权重向量；a_j 是偏置权重；W_{kj} 是输出权重。对于具有激活函数 ξ 的加和节点，Φ_i 可以定义为：

$$\Phi(X, a_i, b_i) = \xi(W_{ji} \cdot X + a_j) \quad (4\text{-}81)$$

极限学习机（ELM）理论旨在达到最小的训练误差及最小的输出权重范数，可以定义为：

$$\min : \|W_{kj}\|_\mu^{\theta_1} + \lambda \|HW_{kj} - T\|_\nu^{\theta_2} \quad (4\text{-}82)$$

其中：$\theta_1 > 0$；$\theta_2 > 0$；$\mu, \nu = 0, 0.5, 1, 2, \cdots, +\infty$；$H$ 是隐层输出矩阵；T 是训练数据目标矩阵。

ELM 自动编码器使用编码后的输出通过最小化重建误差来近似原始输入。ELM 自动编码器将输入数据 X 映射到更高级别的表示，然后通过确定性映射 $Y = h_\theta(X) = \Phi(A \cdot X + b)$ 使用潜在表示 Y，其中，A 是权重矩阵，b 是偏置向量。最后，将 Y 映射回输入空间 $Z = h_{\theta'}(Y) = \Phi(A' \cdot Y + b)$ 中的重构向量 Z。

4.4.5 集中式同构数据训练系统

本节提出了基于数据量和数据质量的参数平均方法，并给出了分布式参数平均算法和集中式训练算法的等价条件。除此之外，为了降低模型传输的消耗，本节采用了模型压缩算法。

1. 基于数据量和数据质量的参数平均方法

对于一个机器学习问题，通常使用 $f_i(w) = l(m; w)$ 表示使用参数 W

对样本 i 进行预测的损失。假设有 k 个边缘节点，第 t 轮的方法可以表示为：

$$f_t(w) = \sum \frac{n_k q_k}{s} f_t(w_k), s = \sum n_k q_k \qquad (4\text{-}83)$$

其中：n_k 是边缘节点 k 中的样本数；q_k 是边缘节点 k 的数据质量评价参数，取值范围为 $0 \to \infty$。对于每个联邦学习子分类器，广泛使用的交叉熵损失 $\ell(w)$ 可以定义为：

$$\ell(w) = \sum_{i=1}^{c} p(y=i) E_{x|y} = i[\log f_i(x,w)] \qquad (4\text{-}84)$$

其中，$x \in X, y \in Y, Y = [C], [C] = 1,2,3,\cdots,C$。数据 (x, y) 在 $X \times Y$ 上符合分布 p。基于 sigmod 的激活函数可以定义为：

$$S(x) = \frac{1}{1+e^{-x}} \qquad (4\text{-}85)$$

许多成功的深度学习应用都采用随机梯度下降（Stochastic Gradient Descent，SGD）优化参数。在每一轮训练中，本节将基于数据量和数据质量的参数平均方法应用于基于 SGD 的联邦优化，如算法 4-1 所示。

算法 4-1　基于数据量和数据质量的参数平均

Require: The K edge nodes are indexed by k
Require: The S set of sub-classifiers
Require: E is the number of local epochs
Require: L is the learning rate
 Center cloud executes:
 initialize w_0
 for s = 1 to Max s G S do
  for t = 1 to Endround do
   choose the $k \in K_s$ which includes the sub-classifier s
   for each $k \in K_s$ in parallel do
    Update the Edge Node: $w_{r+1}^k \leftarrow$ Edge NodeUpdate(k, w_t)
    Parameter Combination:

$$w_{t+1} \leftarrow \sum_{k=1}^{K_s}(n_k q_k / \text{sum})w_{t+1}^k, \text{sum} = \sum_{k=1}^{K_s} n_k q_k$$

    end for

   end for

  end for

EdgeNodeUpdate (k, w_t): Implemented on edge node k

for i = 1 to E do

$$w \leftarrow w - L\nabla \ell(w)$$

end for

Send w to the center cloud

2．数学证明

  本节给出了基于 SGD 优化的分布式参数平均算法和集中式训练算法的等效条件。为了简化分析，这里采用了泛化误差。如果直接优化损失，问题可以简化为：

$$\min \sum_{i=1}^{c} p(y=i) E_{x|y=i}[\log f_i(x, w)] \quad (4\text{-}86)$$

  将 SGD 应用于集中式训练算法，第 t 轮参数 w 的更新如下：

$$w_t \leftarrow w_{t-1} - L\nabla \ell(w_{t-1}) \quad (4\text{-}87)$$

  其中，L 是算法 4-1 中提到的学习率。将损失函数展开，w_t 可表示为：

$$w_t \leftarrow w_{t-1} - L\sum_{i=1}^{c} p(y=1)\nabla w E_{x|y=i}[\log f_i(x, w_{t-1})] \quad (4\text{-}88)$$

  对于分布式参数平均算法，边缘节点 k 上第 t 轮参数 w_t^k 的更新可表示为：

$$w_t^k \leftarrow w_{t-1}^k - L\sum_{i=1}^{c} p^k(y=i)\nabla w E_{x|y=i}[\log f_i(x, w_{t-1}^k)] \quad (4\text{-}89)$$

  将损失函数展开，分布式参数平均算法的参数 w_t 可表示为：

$$w_t = \sum_{k=1}^{K} \frac{n_k q_k}{s} w_{t-1}^k -$$

$$\sum_{k=1}^{K} \frac{n_k q_k}{s} L \sum_{i=1}^{c} p^k(y=i) \nabla w E_{x|y=i}[\log f_i(x, w_{t-1}^k)] \quad (4\text{-}90)$$

通过比较集中式训练算法和分布式参数平均算法的参数 W_t 表示，可以得到如下等效条件：

初始时刻的一致性：在每一轮 t 中，每个边缘节点 k 处的 wL 需要是相同的。为了保证初始时刻的一致性，每个边缘节点需要从中心云下载初始参数。这些参数在边缘节点中更新并返回到中心云以开始下一轮训练。

权重的一致性：每个边缘节点的权重基于数据的数量和质量设置。虽然可以灵活地修改每个边缘节点的权重，但需要确保所有权重的总和为 100%。本节将边缘节点 k 的权值定义为 $n_k q_k / \sum_{k=1}^{K} n_k q_k$，以保证权值的一致性。

概率分布的一致性：即每个边缘节点的概率分布应该是相同的，这在现实世界中是很难实现的。但这并不意味着这个方法的失败。随着训练轮数的增加，分布式参数平均算法的结果越来越接近于集中式训练，并将在实验部分分别对来自真实世界的近似独立同分布（Independently Identically Distribution，IID）数据集和非独立同分布（非 IID）数据集进行测试。

3．参数压缩

为了进一步提升在雾计算场景下的分布式多源异构数据融合的效率，本节在边缘节点与中心云进行参数传输时，对参数进行压缩，从而可以实现快速的模型协同更新。本节将模型的参数用矩阵 $\boldsymbol{H}_m^n$ 来描述，对参数矩阵的更新可以用一个更低阶的矩阵来描述。本节对矩阵进行分解，即：

$$\boldsymbol{H}_m^n = \boldsymbol{A}_m^n \boldsymbol{B}_m^n, \boldsymbol{A}_m^n \in \mathbb{R}^{d_1 * k}, \boldsymbol{B}_m^n \in \mathbb{R}^{k * d_2} \quad (4\text{-}91)$$

其中，A_m^n 可以由随机种子产生，从而通过在边缘节点计算 B_m^n 就可以实现参数矩阵的压缩。

4.5 基于 BIM+GIS 多元数据集成与融合方法研究

传统的公路建设信息化只限于对施工进度、安全、质量等因素的研究。但随着数字孪生、大数据、智慧城市等概念的提出，智慧公路也逐渐为人所熟悉。智慧公路建造的深入发展，对技术方案提出了越来越高的要求。要实现智慧公路的进一步发展，就必须厘清概念理论，从数据架构形式、数据融合算法的机制和方法路径上着手实现创新。

4.5.1 研究背景

数字技术的不断深入发展，社会各行业的数字化应用趋势日益加深加广，并影响着人们生活的方方面面。随着公路工程的不断成熟，其与信息化建设结合也日趋紧密。要实现公路建设信息化，合理、高效地利用 BIM、GIS 等数字化技术，就必须从数据处理的理论上着手，深入了解数据处理算法及平台架构技术。

4.5.2 多元数据融合算法

在大体量的目标识别领域中，多元数据融合新型的数据处理手段得到了较大的重视和发展。

应用多元数据融合需要针对不同场景选择不同算法。一般来说算法主要分为物理类型类、参数类、认识模型类三种。数据融合算法分类见图 4-10。

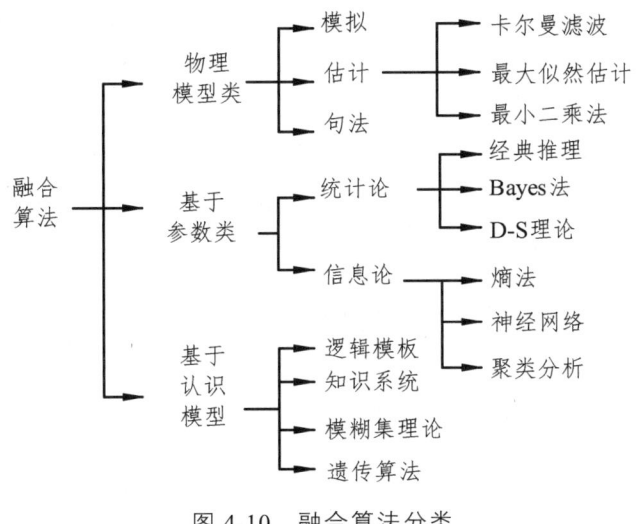

图 4-10 融合算法分类

1. 物理模型

物理模型类算法即依据现场实际物理模型直接计算三维实体各类特征。这类算法中典型的分析方法有句法分析、估计分析两种。句法分析通过对物理对象语法表达进行开发，将一个结构关系中的物理对象的各类特征进行数据汇集，实现物理模型向三维实体模型的转换。应用这种方法需要对每个对象开发处具体的语言和句法，较为烦琐。估计分析法则利用卡尔曼滤波、最大似然估计、最小二乘法实现对物理模型的大致构建。

应用物理模型类算法，需要基于已有物理特征进行数据汇集、模型构建。在较为精密的基础研究工作中较为重要，对于大体量的计算工作，由于实际中物理模型较为复杂，建立内在数据联系难度较大。

2. 基于参数类

参数类分析算法往往需要一个基础标识，随后所有数据将依赖这一基础标识建立映射关系。参数类算法又可分为基于信息论的算法和基于统计论的算法。

（1）基于信息论的算法。

基于信息论的数据算法中常见的即数据融合系统中的熵理论法、在现代神经学理论上提出的神经网络算法、将大体量数据合理分类的聚类分析算法等。

熵理论算法通过计算某一随机事物的发生概率、期望值来体现其中的信息量。该理论中发生概率小的事件熵极大，发生概率大的时间熵极小。在多源数据融合中，运用熵理论算法衡量某一系统整体效益，具有极大优势。

神经网络算法从逻辑思维角度出发，将多元数据信息符号化、概念化，再运用基础计算机符号算法语言进行逻辑推理，可以有效地实现对各类数据的整合。

聚类分析算法通过将各类数据对象按功能、需求等进行分组，从而实现数据建模前对数据的简化。

（2）基于统计论的算法。

基于统计论的数据算法中往往需要大量的观测数据，在已有的观测数据基础上提出先验条件，进行下一步算法操作。在统计论的算法中一般包括经典理论、Bayes 算法、D-S 理论等。

经典推理算法通过给存在的目标先验假设，确定标识目标与已观测数据在该假设条件下发生相关性的概率。运用经典推理算法在解决变量较多的数据时，算法较为复杂，具有一定局限性。同时运用经典推理算法需要具备大量先验密度函数的有效度以提供先验假设条件。

Bayes 推理算法在经典推理算法的基础上削弱了先验函数的不可动摇的地位，该算法通过给定的预先似然估计结合观测的附加条件作为最小风险代价的基本模型。Bayes 推理算法在极大程度上减少了先验需求。基于这一特征，Bayes 算法的难度体现在需要较为准确地定义极大似然估计；同经典推理算法一样，若有多个假设条件或者变量，定义极大似然估计函数会更加复杂；运用多个假设条件分别定义极大似然估计函数时需要每个条件互不相容以保证极大似然估计函数变量独立。

D-S 推理算法是在 Bayes 算法上更为广义的拓展，该算法从更为全局的角度考虑算法准合理性。D-S 推理算法利用概率区间及不确定区间定义多条件假设下的似然函数，有效地解决了当假设条件相容时的情况。运用该种算法解决假设条件较多的案例时具有一定的灵活性，但当推论链较长时由于函数情况复杂使用论据较为不便；同时可能会造成在前期基本假设条件值改变很小的情况下产生结果变化较大的情况。

3. 认识模型

认识模型算法中主要包括用于匹配识别的逻辑模板算法、用于群体优化的遗传算法、忽略不稳定性因素的模糊集理论算法以及基于客观属性的知识系统算法。

逻辑模板算法通过将先验函数与观测数据匹配识别，确定条件是否满足推论需求，若满足则进一步进行推理。从功能需求来看逻辑模板算法最重要的是用来定义关系不确定性的逻辑算法，可以说模板算法即用逻辑关系实现参数匹配的一种综合性算法。

模糊集理论算法通过将数据集合中不稳定、不确定、不精确性因素进行降噪处理，实现数据的主观模糊性，从而简化了数据模型。遗传算法通过对初始观测结果进行一系列优化，通过控制结果所给反馈信息实现优化过程中各类参数的特征化控制。知识系统算法基于一系列对象集合的特征，结合已有的对客观对象的认识，进行对对象集合的表达。

4.5.3 数据集成架构形式

1. C/S 架构

C/S 架构即客户端/服务器架构模式，是使用较早的一种软件架构形式，多用于局域网。C/S 数据架构基础结构见图 4-11。

C/S 数据架构主要有用户表示层、数据库层两个层面，可实现数据的直接传输，无须中间层。基于 C/S 架构的形式，主要有以下优点：在用户表示层可设置丰富的操作及界面，

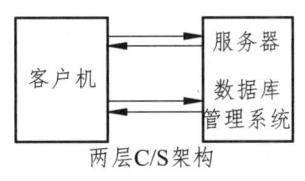

图 4-11 C/S 架构示意图

且均可由用户自定义；由于没有多余的中间层，故安全性可以得到保证；仅一层交互，信息传递速度很快。

同时，C/S 架构形式的双向化，导致其适用面较窄，一般仅适用于局域网中，适用于服务功能需求较单一化的用户，客户端的程序升级维护成本较高。

2．B/S 数据架构形式

B/S 架构是对 C/S 架构的一种改进，其中的 B 即代表 Browser，S 代表 Server，即浏览器/服务器架构形式。这种架构形式的事务逻辑大多在服务器中实现，只有极少数才会在前端实现。

不同于 C/S 架构，B/S 架构模式从功能上来说有三层。B/S 架构示意如图 4-12 所示。

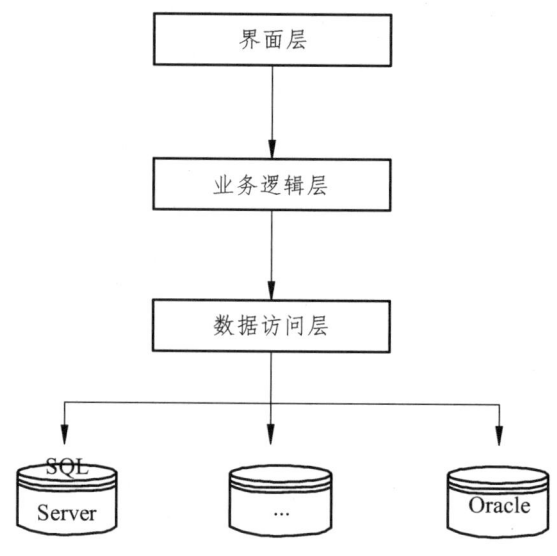

图 4-12　B/S 架构示意图

使用这种架构模式，用户在浏览器上即可实现数据访问，无须安装客户端，极大减少了用户端电脑压力；B/S 架构可在广域网上实现，通过设置一定权限即可以实现多客户访问，交互性较强；B/S 通过浏览器实现数据传输，只需要对服务器实现维护升级，无须像 C/S 一样要对客户端软件进行升级，产生较大维护成本。

B/S 架构模式以浏览器作为服务器实现数据逻辑处理，保证其安全性及传递速度需要较大的设计成本；同时 B/S 采用的是请求-响应交互模式，在浏览器界面需要时常刷新以获取最新的数据，而非实时动态的数据；最后，在跨越不同的浏览器时，B/S 架构模式会呈现不同的表现性能。

3. WEBGL 数据架构形式

WEBGL（Web Graphics Library）是一种以 HTML 为框架，直接调用个体电脑 GPU 进行硬件加速，用于前端的 3D 绘图协议，如图 4-13 所示。

图 4-13　WEBGL 架构示意图

4.5.4　基于 BIM + GIS 数据融合及集成

当采用 GIS 技术作为数据来源条件时，为确保数据真实性需要对采集到的大量地理地形数据直接处理、保管，数据处理算法力求简单精确，数据储存功能需要适应计算机硬件条件，数据结果需要适应空间矢量复杂程度及真实的动态需求。

基于以上算法及数据架构形式的研究，可以确定采用聚类分析算法及 WEBGL 数据架构形式，以有效地实现地空模型的构建。

1. WBS 结构方法

WBS（Work Breakdown Structure）工作分解结构按功能不同将项目进行细化、分解。从数据融合算法来看，它隶属于聚类分析，即按照功能性对数据进行分析。在实际工程需求中，通过 WBS 结构方法可以有效地处理各项目团队，高效地实现团队管理及协同工作。

BIM 数据融合将建管系统进度、设计变更、工序检查、计量支付、试验检测、质检评定等功能与 BIM 模型构件挂钩，通过 WBS 及 EBS 结构树实现多源异构数据深度融合，实现模型构件层级与建设过程中各环节所涉及的资料及与报表相关联的数据可视化，确保工程建设全过程信息存储和数据深度融合。基于 WBS 结构建立的 BIM 计量支付及融合工序检查见图 4-14、图 4-15。

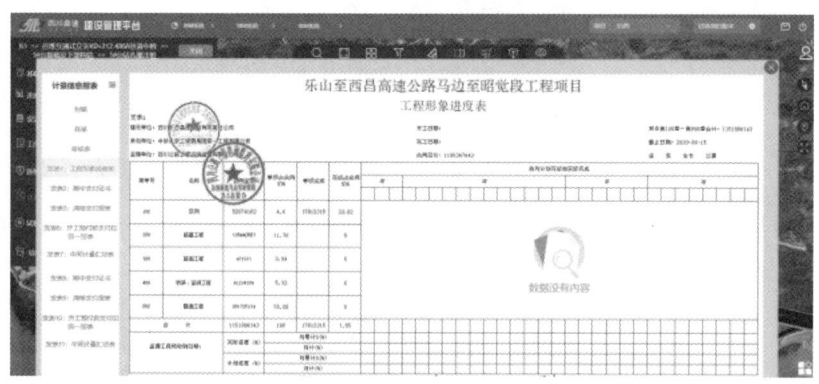

图 4-15　BIM 融合计量支付

图 4-16　BIM 融合工序检查

2．电子沙盘

电子沙盘模块，基于 BIM + GIS 引擎，采用 WEBGL 技术，实现了长线路、多专业的 BIM 模型及三维地形和影像数据的轻量化动态加载与展示。

模块基于工程结构树（EBS）对 BIM 模型对象及属性信息进行管理，提供 BIM 对象的快速检索定位（桩号检索定位、标段检索定位、工点检索定位、地名检索定位）、视图定位、构造物快速筛选、地形透视、快速显隐，以及模型动态剖切、几何量测、行车漫游、关联信息及图纸查看等功能，帮助系统使用人员全面、直观、准确地了解乐西工程相关数据信息。基于 WEBGL 数字架构建立的电子沙盘模型见图 4-16、图 4-17。

图 4-16　电子沙盘

图 4-17　电子沙盘 EBS 结构

笔者从数据融合算法及数据架构形式两方面进行了系统的研究。采用物理模型融合算法可以有效准确地实现 GIS 技术对地空数据的有效识别，同时结合聚类分析算法可以有效地实现数据的整合管理及存储需求。基于 BIM + GIS 技术，结合 WEBGL 数据架构形式，可轻量化地实现数据的在线动态管理及对工程全阶段资料的有效整合。

4.6 高速公路 BIM + GIS 多源数据集成与融合

4.6.1 高速公路 BIM + GIS 多源数据集成与融合概述

高速公路属国家经济与社会发展的重要产物，其在陆地交通运输中占据很大比例，同时，作为衡量国家公路交通运输及汽车工业现代化水平的重要标志，它对各国国民经济的发展有着举足轻重的地位和作用。截止到 2020 年底，我国已建成并通车的高速公路总里程已经达到 15 万千米之多，还有数十条正在计划修建中，连续多年位列世界第一。而随着我国社会和经济的不断发展，城市建设开始向信息化、智能化方向发展，高速公路智能建造便提上了日程，其建设信息集成与融合程度面临极大的挑战。本节则基于川高建设管理平台，对 BIM 和 GIS 技术各自的优势进行交互集成，实现多源数据的有机融合，以实现高速公路智能建设的平台基础以及全生命周期、各参与方的协同管理。

4.6.2 BIM + GIS 技术集成的目的与难点

1．技术集成目的

（1）宏观与微观结合。

BIM 与 GIS 所涉及的范围不同。前者主要用来对城市建筑物的整体信息进行存储、分析、管理，但宏观建模的能力稍显不足，无法满足大范围地形数据的整合与处理；后者则主要用于地理空间信息的宏观表达，可存储和处理海量地形数据，但却缺乏对建筑模型内部精细化创建与处理的能力。BIM 与 GIS 各有优劣，不存在一方替代另一方的可能，在高速公路智能化乃至智慧城市的发展中，需要二者的互补与融合。所以，利用BIM技术整合、处理建筑物本身全阶段信息，同时利用GIS对建筑外部环境信息进行补充、管理，通过研究两者格式、资料等方面的差异，建立可以将微观领域的BIM信息与宏观领域的GIS信息相互交换、集成与融合的概念和方法，有助于实现从选线设计到养护的高速公路全生命周期智能建造。

（2）实现集成应用。

高速公路是一个庞大复杂的综合系统，信息量巨大，在建设过程中如何实现各方协同管理，是关键所在，两种技术的融合可以有效解决这类问题。高速公路在设计、施工及在运营养护阶段，交通量大、关注度高、技术手段丰富、资金保障充足，在公路工程体系中，最具有优势、具备条件建立完整的数字模型。在既有的设计及施工建设管理阶段，已经通过BIM+GIS技术获取、整理、筛分出设计、施工两阶段的结构化工程数据。在运营养护阶段，通过物联网平台监控多种数据变化，结合BIM+GIS技术快速联动数据。基于上述技术和基础数据支持，再结合卫星技术，可通过卫星技术对地形、影像的及时获取能力，通过对地形、影像的三维分析，结合各种构筑物监控数据，形成对某一个工点结构的所有数据汇总及分析，并实时呈现在直观的BIM三维模型中，形成地面监测+卫星跟踪+数据综合分析、展示的完整数字模型评价体系，并通过大数据+AI技术预测风险发生，提高管养部门事前处理的能力。

2．技术集成难点

（1）标准体系不完善，数据融合存在壁垒。目前只有建筑行业的国家标准，但仍不完善，其他专业尚未出台BIM或GIS标准，而且两者所使用的数据模型和标准完全不同，对模型信息的表达形式、适用范围等存在一定的差异。同时，不同的软件所生成的文件在空间参考、网格划分、信息处理与转换中也会存在冲突，严重时会导致数据源损坏或丢失。因此必须解决数据沟通的技术问题，建立完善的融合标准体系，才能从根本上实现多源数据的集成应用。

（2）政策法规不完善，关键技术亟待突破。目前国内外还未建立关于BIM+GIS集成应用的政策法规，导致此类项目应用良莠不齐，缺少体系指导；同时，国内BIM和GIS的应用以翻模为主，如何将工程信息从设计传递到施工、运维阶段,仍然缺少相应的标准,现阶段还没有合适的平台与工具添加和集成施工、运维信息;且应用软件不配套,国内缺乏成熟的 BIM + GIS 集成设计软件,国外软件专业不配套以及存在设计规范的限制。

4.6.3 BIM + GIS 融合关键技术

BIM 与 GIS 的融合主要关键技术包括,数据对接、坐标系统一、模型的轻量化。

1. 数据对接

构建 BIM 模型的主流设计软件包括 Civil3D、Revit、Bentley、CATIA,GIS 软件包括 ArcGIS、SuperMap 等。这些软件各自可识别的数据格式都有特殊定义,数据之间虽然可以通过一些工具进行转换,但往往转换效果和效率不甚理想。数据转换过程中,往往会出现模型和信息分离,材质、颜色信息丢失,转换效率低下,无法适应工程应用等问题。通过二次开发,既可以最大程度保留 BIM 数据实例化的特点、拓扑完整性及闭合性,还能提升数据在三维 GIS 平台中展示的性能,达到多细节层次水平。其中,拓扑闭合的三维对象,必须满足空间运算、空间关系查询、空间分析、与地形数据进行布尔运算等。

2. 多坐标系统数据融合

在实际的路线、路基设计,结构物设计过程中,往往无法保证坐标系的统一,为了能够在 GIS 中达到在同一坐标系下展示的效果,需要进行坐标系的转换。解决该问题首先要对坐标系信息进行统一管理。工程中的所包含的全部路线、路基、结构物都应该包含相应的坐标系信息,以及各自在该坐标系下的对应坐标。在模型进入 GIS 之前,必须将模型的坐标统一转换到统一的标准坐标系之下。

3. BIM 模型的轻量化

BIM 模型的最终表现形式多为可视化的多维度、多层次、多功能、多应用的计算机图形模型，是一个集大数据的巨型平台模型。这些模型少则百兆，多则数吉字节数量级。一个包含 100 km 路线范围的 BIM 模型和数据的数据量更是大于 200 GB。同时，BIM 应用需要协同，将模型集成到 GIS 平台让工程各方都在线进行模型查看和进行业务处理，就需要对模型进行轻量化处理。针对公路工程的实际需求，精简模型中没有必要的信息，让传递到 GIS 软件的信息技能最大限度满足工程各方的需求，又能够让信息尽量精简。通过编写设计软件插件的方法，将数据进行定制采集，传递到 GIS 中去。

4.6.4　BIM 与 GIS 技术集成的方法

BIM + GIS 技术的集成与融合，主要包含以下几个层面的融合：数据、模型、应用、系统等。本节结合川高建设管理平台，从工可阶段的路线走廊带选择，到施工图阶段外业调查系统的使用，通过统一的高速公路构件库及构件编码，实现全专业快速建模，包括施工阶段的建设管理系统，形成以 GIS 系统为平台、BIM 系统为内容的工程解决方案，最终实现交通工程建设项目的全生命周期智能协同与联系。

1. BIM + GIS 建设管理应用方案

根据项目实际建设需求及项目施工的关键控制因素，BIM + GIS 建设管理平台的实际应用内容分为普通段落和重要工点段落两部分，其侧重点有所不同，具体如下：

（1）全项目 BIM 技术应用（普通段落工点）。

搭建全项目 BIM 模型，该模型要能够真实反映本项目的自然环境，体现本项目的工程概况，路线、路基、桥涵、隧道、交叉工程要素等基本信息要全面涵盖。用户可快速浏览模型，三维直观的 BIM 模型能够提高管理、决策效率。

（2）重要工点 BIM 技术应用。

项目重要工点包括全线桥梁、隧道及互通。对于重要工点 BIM 模型，在全项目 BIM 模型的基础上，重要工点模型精度满足本项目施工建设工程信息化分部分项划分标准，具有工程图纸数据、工程量数据、工程清单数据及分部分项划分数据信息，能够实现任意构件相关设计图纸、施工信息的挂接。

重要工点结合 BIM 模型，可让质保资料、进度计划、计量支付、实验检测等所有数据引用同一数据底层，实现数据的相互关联及高效转换。

2．信息化技术应用方案

（1）搭建全项目信息化管理平台。

搭建包含工程建设、质量管理、安全管理、竣工资料等传统详细、信息化平台的既有功能，可满足全项目段所有施工资料的信息化建设，具体搭建内容根据业主对项目实际管理的需求单独制定。其功能框架见图 4-18。

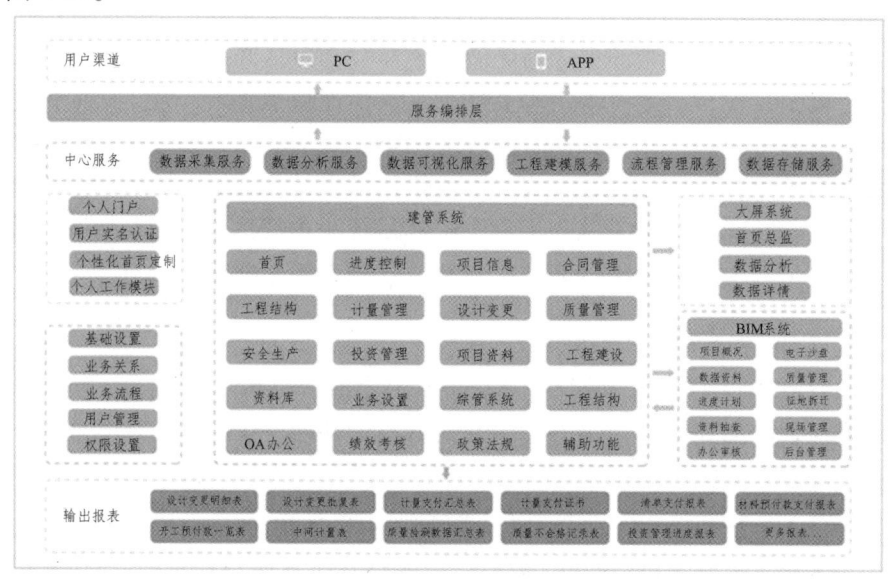

图 4-18 监管平台功能框架

（2）重要工点段落信息化管理平台特点。

重要工点段落具有 BIM + GIS 的额外工程信息属性，其信息化管理平台可无缝融合 BIM + GIS 建设管理系统，绑定设计数据、施工数据及 BIM 模型，脱离传统信息化平台的单一表单管理模式。

相关工程数据通过清洗、筛分、结构化设计工程量，并结合工程量清单编号自动绑定对应工程数据，实现对项目路基、桥梁、隧道及其他工程的工程量数据及清单数据的结构化管理。通过施工过程各工种分部分项（WBS）的划分，结合 BIM 模型，可让质保资料、进度计划、计量支付、实验检测等所有数据引用同一数据底层，实现四种数据的相互关联及高效转换。

通过建设管理系统的数据接口，可通过网页端，直接根据模型填报、上传、录入相关工程建设资料，并在具体表单中，根据底层数据，自动填充相应的工程数据（例如计量支付，该系统可自动根据分部分项、工程量清单进行查找分析，填充对应既有数据）。

4.6.5 BIM+GIS 技术集成应用案例

研发基于 BIM+GIS 的建设管理系统，实现 BIM 模型及信息化技术整体式交付，可为建设管理阶段提供基于 BIM 技术的整体解决方案，全面提升工程项目建设和管理信息化水平。目前该系统已在四川省内 4 个重点高速公路项目成功应用，实现了施工管理动态化、精细化，运营维护安全化，工作模式标准化，成果交付规范化。

1. 全项目建管系统应用展示

建设管理系统服务于项目施工中对现场施工情况的信息查询、施工管理、现场资料上传整理等功能。本系统基于互联网方式联动，通过账号密码访问网页端（网页浏览器访问）及移动端（手机 APP 访问），实现对项目施工建设阶段的服务功能。

网页端建管系统可支持如下功能：

（1）工程定位：可通过多种方式（如桩号、桥梁名称、具体结构物信息等）快速定位、三维查看。

（2）三维测量：可对任意工程结构及地形三维测量（如桥梁结构尺寸、桥梁净空、路基填高、坐标查询、面积测量等）。

在移动端（安卓/苹果系统）除可实现网页端所有功能外，还具备现场定位等功能：可根据 GPS 直接定位人员所在位置，进行模型查看等操作。

2. 重要工点建管系统应用展示

除了在全项目建管系统概况性功能外，对于重要工点还支持如下功能：

（1）信息查询：可对工程模型任意工程结构信息进行查看（如某一桥墩设计图纸、现场上传信息等）。

（2）形象进度：可对全工程项目形象进度进行实时查看（如计划工程、已完成工程、正在进行中的工程等）。

（3）地质及隐蔽工程：可对地质模型及隐蔽工程信息进行查看（如桩孔位置、钻孔信息、地质信息、软基信息、桥墩基础信息等）。

在移动端，也可开发若干重要功能，如下：

（1）资料上传：通过多种上传方式（现场定位、结构定位、离线上传、在线上传）将工地现场实时信息（工地巡检、工地核查等）上传并绑定在对应结构物中，同时记录上传时间、位置、人员信息等。上传资料永久保存。

（2）进度计划填报：通过手机填报项目工程进度，进度计划与项目核查情况逻辑关联。

建设管理平台是施工全过程标准化管理平台，依照"全方位、多维度、多层级"的总体建设思路，结合物联网、互联网、人工智能等技术，实现了 BIM + GIS 多源数据收集、分析和数据可视化，做到项目数据从设计、施工、竣工到养护的全面存储打通。建设管理平台为项目公司对施工现场的标准化管理提供了手段，确保了现场数据的实时采集及施工过程可溯源，有效提升了施工现场流程标准化水平。该平台的建成，既促进了高速公路 BIM + GIS 多源数据集成与融合的发展，又可为类似工程项目提供平台基础，具有重大的社会和经济效益。

第 5 章

工程项目管理信息系统与 BIM 结合应用方案

5.1 工程项目管理信息系统概述

工程项目信息管理指以项目管理为目标，以工程项目信息为管理对象，所进行的有计划地收集、处理、储存、传递、应用各类各专业信息等一系列工作的总和，其重点是围绕工程项目在施工过程中的进度、成本、质量、安全、资金、资源等方面进行管理与控制，最终实现项目利润最大化。施工企业综合管理系统项目级解决方案是针对项目经理部的业务提出的，又称为工程项目管理信息系统，包括项目管理策划、合同管理、进度管理、成本管理、物资管理、设备管理、人工管理、分包管理、资金管理、质量管理、安全管理、现场管理、变更控制、风险管理、竣工管理等，共21个子模块，覆盖工程项目管理主要业务。通过不同模块的组合能够满足建筑施工行业工程项目主要管理模式的管理要求，如自营、分包、自营+分包（劳务、工程和机施）等，实现公司对项目的进度控制、成本控制、质量控制、安全控制等"四控"，实现公司对项目的合同管理、信息管理及项目档案资料的管理等"三管"，实现公司与项目经理部、各项目间的部门高效协调。工程项目管理信息系统平台基本构架见图5-1。

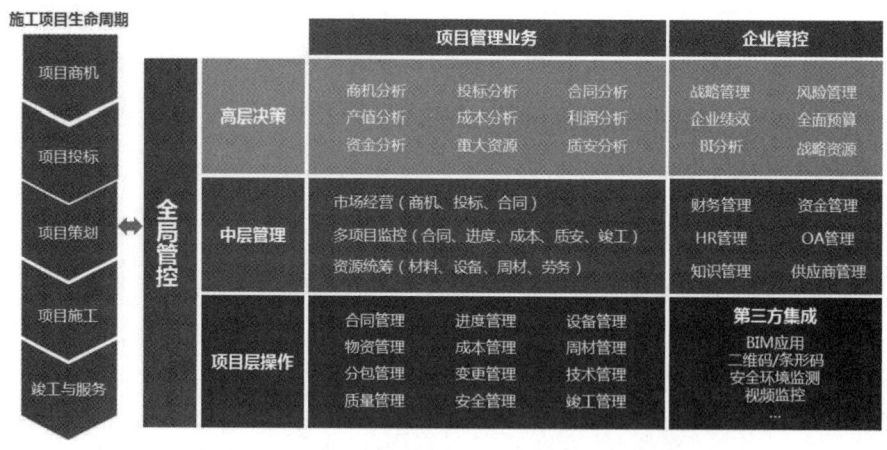

图 5-1　工程项目管理信息系统平台基本构架

研究团队以企业的精细化管理为基础，配合企业体制、机制、管理和技术的持续创新，充分利用现代信息技术，经过系统的应用，建立和形成了满足公司及下属项目经理部、分公司协同运转、高效管理和科学决策需要的企业集成管理信息系统，为深度开发信息资源、加速信息流通、实现信息资源共享和提高信息利用能力提供了有效手段，促进了公司及下属公司生产、经营、管理和决策方式的改进和优化，提高了企业整体创新能力、经济效益和市场竞争力。

图 5-2 所示是系统的逻辑框图：

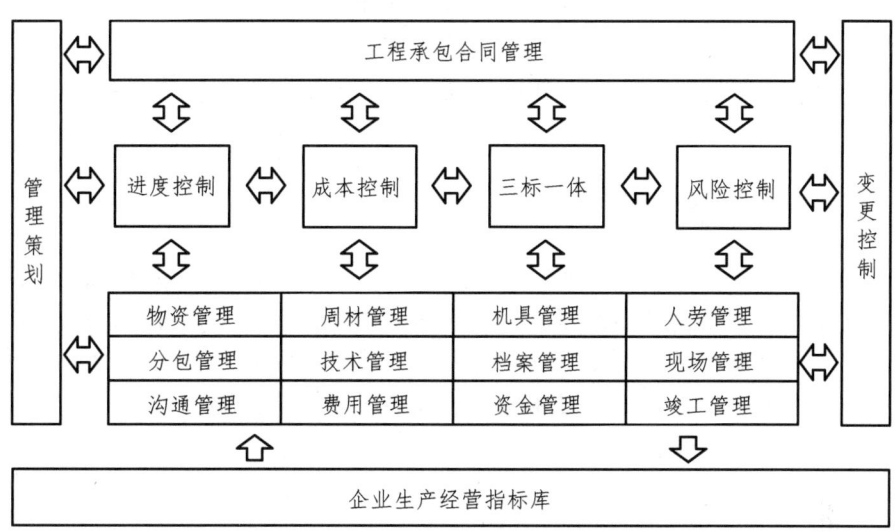

图 5-2　工程项目管理信息系统逻辑框图

工程项目管理信息系统通过建立一个全方位的企业级信息平台，实现从项目→分子公司→总公司多层的审批流程、数据汇总、信息传递，数据精确到项目级，体现企业（法人）对企业内各个项目的管理、控制、监督以及决策，而不是简单的项目级管理。

5.2　工程项目管理信息系统的应用价值

工程项目管理信息系统是建筑企业管理信息平台的核心，是要求站在管理层的角度，建立一个针对全体项目实施有效管理的信息化平台和环境，从而实现项目管理模式的统一和规范、日常工作的协同管理与运作。

5.2.1 多项目统筹管理

通过工程项目管理信息系统，可以实现如下几个方面的内容：
（1）统一基础数据，规范企业项目管理。
（2）多项目资源协调。
（3）多项目数据汇总，穿透查询查证，掌控项目执行情况。

5.2.2 集成化的项目职能管理

集成化的项目职能管理包括合同管理、成本管理、分包管理、进度管理、质量管理、安全管理、竣工管理、物资管理、设备机械管理、工程资料管理等，而不是各个职能管理分别采用不同的、彼此隔离的工具软件。集成化才能避免数据孤岛，体现集成工程项目管理思想，而不是简单的职能管理思想。

5.2.3 实现公司"四控"

对项目的进度控制、成本控制、质量控制、安全控制等称为"四控"。该系统可实现公司对项目的合同管理、信息管理及项目档案资料的管理等"三管"，从而对施工项目进行决策、计划、组织、控制、协调等全过程的全面管理。

5.2.4 建立工程项目管理协同平台

通过与协同办公系统功能的集成，实现集团、分公司、项目经理部的多组织架构，公文流转、在线审批、在线申请流程管理等协同办公，从而实现公司与项目经理部、各项目间的部门高效协调和一体化管理。

5.2.5 建立施工项目管理信息门户

该项目可对项目的施工组织设计、进度、成本、合同、质量、安全、机材等所有信息进行实时动态的查询和展示。

5.3 工程项目管理信息系统总体功能架构

工程项目管理信息系统向企业提供系统设置服务、工作流服务、消息服务、预警服务、搜索服务、规则服务、授权服务等基础服务功能，实现流程优化及风险管理。在业务上，该系统与企业级的业务系统，如项目统筹管理、人力资源管理、固定资产管理、集中采购管理、财务管理等，实现流程对接和数据共享，支持集团、分子公司、项目经理部协同管理；在资料管理上，与档案管理系统进行集成，实现项目档案资料的集成管理；在财务处理上，将与集团财务管理模块无缝集成，保证数据的畅通交互，实现业务财务一体化。

工程项目管理信息系统提供基础数据统一设置、基础数据共享、权限统一分配功能，所有的子系统都采用统一的组织结构和权限管理引擎，通过门户实现单点登录认证，用户一次登录，即可访问有权限的各功能模块。工程项目管理信息系统各功能高度集成，能够实现业务与财务的一体化管理，通过业务数据可自动产生财务数据，实现财务与业务单据的双向联查。

PM（工程项目管理系统）涉及的业务如图 5-3 所示。

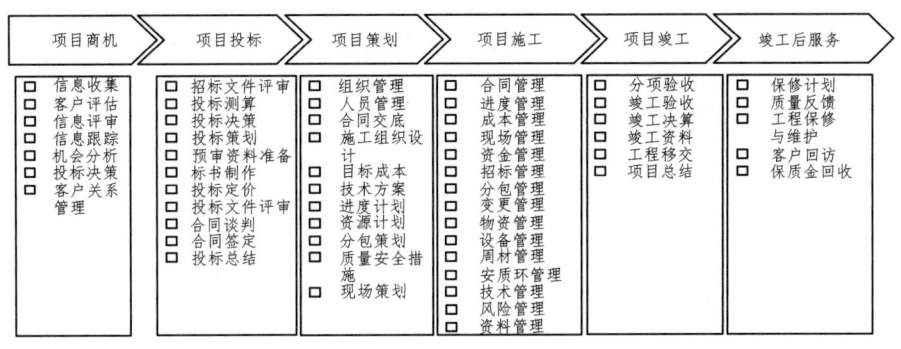

图 5-3 工程项目管理信息系统主要业务范围

5.4 工程项目管理信息系统功能设计

工程项目管理以每一施工项目为单位建立项目信息集成和工作交流平台，包括从项目投标开始，到项目中标后的策划，施工过程中的合同、进度、成本、质量安全管控，以及竣工后的维护，等。所有用户均能参与工程项目管理协同平台，且能反映协同办公的各组织机构，实现企业与项目间的协同办公。

系统的总体功能框图设计如图 5-4 所示。

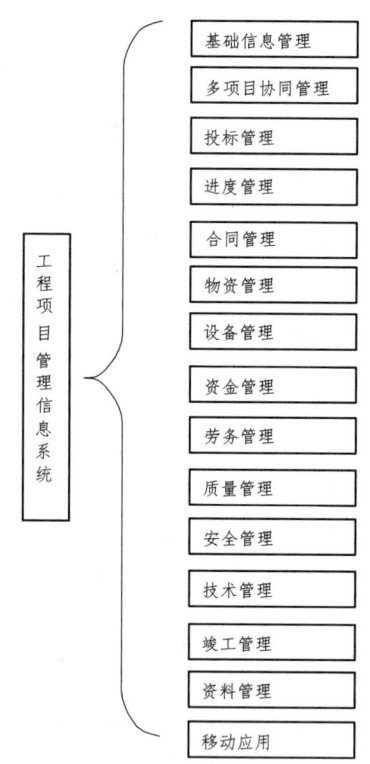

图 5-4　工程项目管理信息系统总体功能框图

5.4.1　基础信息管理

工程项目施工是一个复杂的系统工程，需要在有限的时间、空间和预算范围内将大量物资、设备、人力、资金、信息和众多参建单位组织在一起,按计划组织作业,达成项目目标。管理工作千头万绪,需要从项目实施的目标出发,对项目范围、组织、时间、成本、合同等各种项目管理要素进行综合规划,全面构思、规划设计、慎重选择合理可行的项目管理方式,形成正确决策和高效工作的模式。

管理规划首先要建立起各条业务线协同的机制和基础,在此基础上设置管理目标。工程项目管理信息系统项目管理策划从项目组织规划、项目工作分解、成本科目、项目资源、统计期间等几个方面,帮助企业建立一套科学合理的项目管理协同的基础与控制体系。该体系可以结合现有的企业管理和业务管理模式,贯穿项目施工全过程的管理控制。

该系统通过管理规划为工程项目管理系统提供基础性、规范化的业务数据标准,以供公司范围内各个项目中引用,从而保证各项目基于同一标准,实现各项目的横向比较、纵向汇总与分析等。

基础管理是工程项目管理系统最为基础也最为关键的一环。工程项目管理系统(简称 PM)在基础系统上遵循"小前端大后台"的设计理念(图 5-5)。

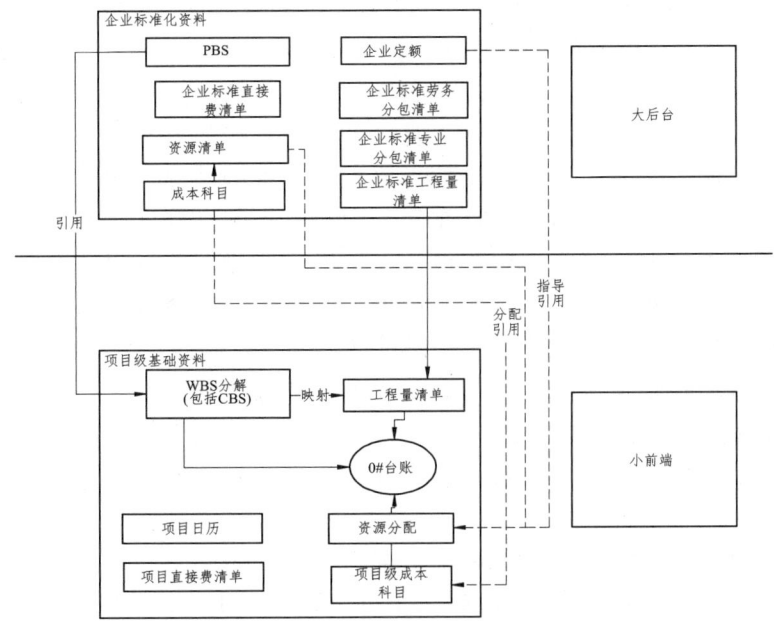

图 5-5 工程项目管理信息系统管理规划图

总部是各种标准建立的集中地，是为大后台；项目经理部则引用总部已经建立的标准，根据实际情况作相应的调整，是为小前端。

1. 资源清单（RBS）

系统实现资源的分类管理，建立企业级的资源编码体系，包括人工、材料、设备等，供各分子公司、项目经理部引用。资源编码可根据企业管理和项目管理的需要进行调整。

2. 企业标准工作分解结构（WBS）

根据实际工作的需要对工程项目进行分解，细化管理精度，进一步明确管理责任，明确成本的核算对象，便于对实际工作进行实施和控制。例如我们可以将项目分解为单项工程、单位工程、分部工程、分项工程等，这样就能够针对分项工程、分部工程、单位工程等单独进行成本核算和分析。

3. 企业级成本科目（CA）

与会计科目类似，成本科目是项目成本核算的重要维度。项目成本科目是在企业分配给项目经理部的成本科目基础上，项目经理部根据自身管理要求扩充细化而成，作为项目成本核算的基础。

施工项目成本是指建筑业企业以施工项目作为成本核算对象的施工过程中所耗费的生产资料转移价值和劳动者的必要劳动所创造的价值的货币形式，即某施工项目在施工中所发生的全部生产费用总和，包括所消耗的主辅材料、构配件、周转材料的摊销费或租赁费，施工机械台班费或租赁费，支付给生产工人的工资、奖金以及项目经理部（或分公司、工程处）一级为组织和管理工程所发生的全部费用支出。施工项目成本是建筑业企业的产品成本，亦称工程成本，一般以项目的单位工程作为成本核算对象，通过各单位工程成本核算的综合来反映施工项目成本。按生产费用计入成本的方法来划分，施工项目成本可以分为：

（1）直接成本，是指直接耗用工程对象并能直接计入工程对象的费用。

（2）间接成本，是指非直接用于也无法直接计入工程对象，但为进行工程施工所必须发生的费用。

4．企业定额

企业定额或称为企业指标，是施工企业在正常条件下，根据自身的技术专长、施工设施配备情况、材料来源渠道及管理水平等所规定的为完成单位工程实体所消耗的各种人工、机械、材料和其他费用的标准。它反映企业的综合实力、技术水准和经营水准，是企业确定工程成本和投标报价的依据。

企业定额是可以重复使用的成本结构预测。建立企业指标库有利于提高施工企业的工程项目经营管理水平。

工程项目管理企业定额管理将定额分为直接工程费定额、措施费定额以及间接费定额。直接工程费定额又分为四类消耗量指标、经营指标、费用指标和综合指标，可以适应自营、分包等不同模式编制成本和资源预算的要求，企业可以参考住房和城乡建设部颁布的现行《建设工程工程量清单计价规范》（GB 50500）或所属主管部委的相关指引，结合企业自身的要求，建立企业指标体系。

在工程项目管理企业指标中，指标的管理分量和价两个部分：在量的方面，系统可以根据已完工项目统计，建立和优化企业各类企业指标水平；在价的方面，系统可以根据采购、租赁、分包、招标等业务历史数据，提取资源历史成交数据和供应商的历史报价，根据企业价格管理的要求定期或不定期调整企业内部指导价。其基本业务逻辑如图5-6所示：

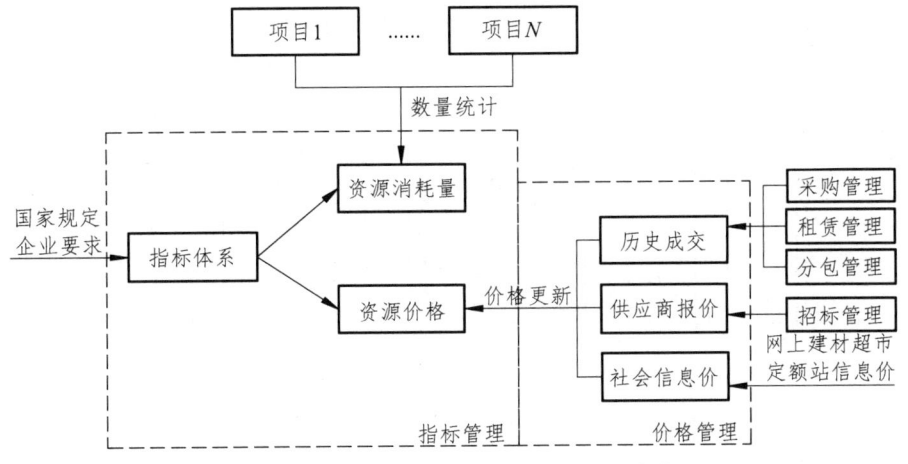

图5-6 工程项目管理信息系统业务逻辑框图

工程项目管理指标管理，能够管理同一指标不同管理模式和技术方案下的消耗量和价格水平数据，更加灵活、准确。

5.4.2 多项目协同管理

通过多项目管理中心，可协助施工企业建立多项目资源协调机制，提供各类资源分配分析数据（如多项目的采购，多项目人力资源协调，多项目资金、人工、材料、机械等资源的协调）；实现企业管理层与项目管理层在同一平台上协同工作，为其提供方便、快捷、准确的数据归集和分析平台，切实地辅助企业决策层和各业务部门提高科学决策能力。

系统基于实时详尽的数据来源，按照项目、人员、时间、地域等多维度对项目进度和实施情况进行综合统计分析，掌握人员工作情况，全面支持公司对项目资金、收入、支付、进度、合同、成本、采购等多业务数据的真实、动态、准确监控，从而实现企业经营部、财务部、人力资源部、合约部、物资部等多业务部门围绕工程项目为中心的成本控制体系的建立。多项目统筹管理主要有如下几个方面的内容：统一基础数据，规范企业项目管理；多项目资源协调；多项目数据汇总，穿透查询查证，掌控项目执行情况。其功能模块设计如图5-7所示。

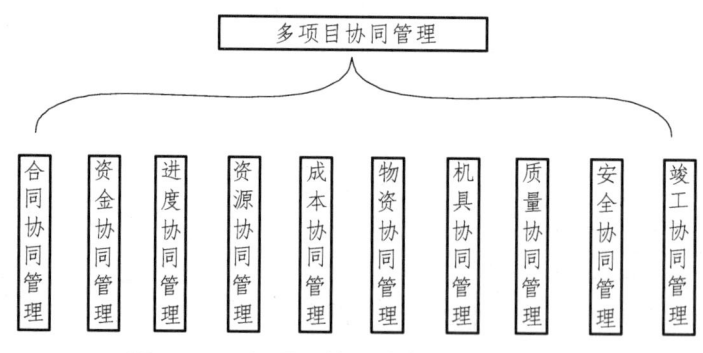

图 5-7　工程项目管理信息系统业务模块

1. 合同协同管理

合同管理侧重对所有项目级合同（总包、分包、采购合同、外委、内部合同等等）、企业级合同的综合管理与控制，重点是合同付款的审批、支付。施工企业的项目经营生产都是围绕着合同履约进行的，其功能包括录入登记合同基本信息，维护合同内容管理，保存合同电子文件，在项目执行过程中对合同变更索赔进行记录，对承包合同的计量支付进行记录，对分包合同的验工计价和结算支付进行记录和流程审批，建立完整的合同台账，能够按条件对这些信息进行检索。需要监控合同的执行过程，通过设置不同的临界值自动预警；同时通过监控企业所有合同的执行过程，灵活使用企业的资金。

2．项目资金协同管理

（1）项目资金使用统筹。

各个项目经理部根据合同履约需要，提出支付/用款计划，企业汇总各项目的用款申请，并根据企业资金预算和管理要求，审核批复各项目经理部的用款计划，下发执行。其基本流程如图 5-8 所示。

（2）合同支付统筹。

以合同为主线，根据合同金额、变更金额、结算金额、已支付金额和保证金预留金额等合同履约数据，审查和批复付款申请，防范合同履约风险。

（3）供应商支付统筹。

以供应商为主线，根据该供应商与企业的全部合同金额、变更金额、结算金额、已支付金额和保证金预留金额等合同履约数据，审查和批复与该供应商相关合同的付款申请，平衡与供应商的关系。

3．进度协同管理

企业级的计划进度管理主要是对多个项目的计划进度进行审批、汇总多个项目的计划进度、依据多个项目的计划进度在企业范围内合理调配资源。

按照企业级项目管理的理念，企业所有的活动都可以按照项目来进行管理。在统一项目体系下，可以对企业所有活动的计划、进度、需要的资源、实际使用的资源、产生的费用都有一个直观的了解。

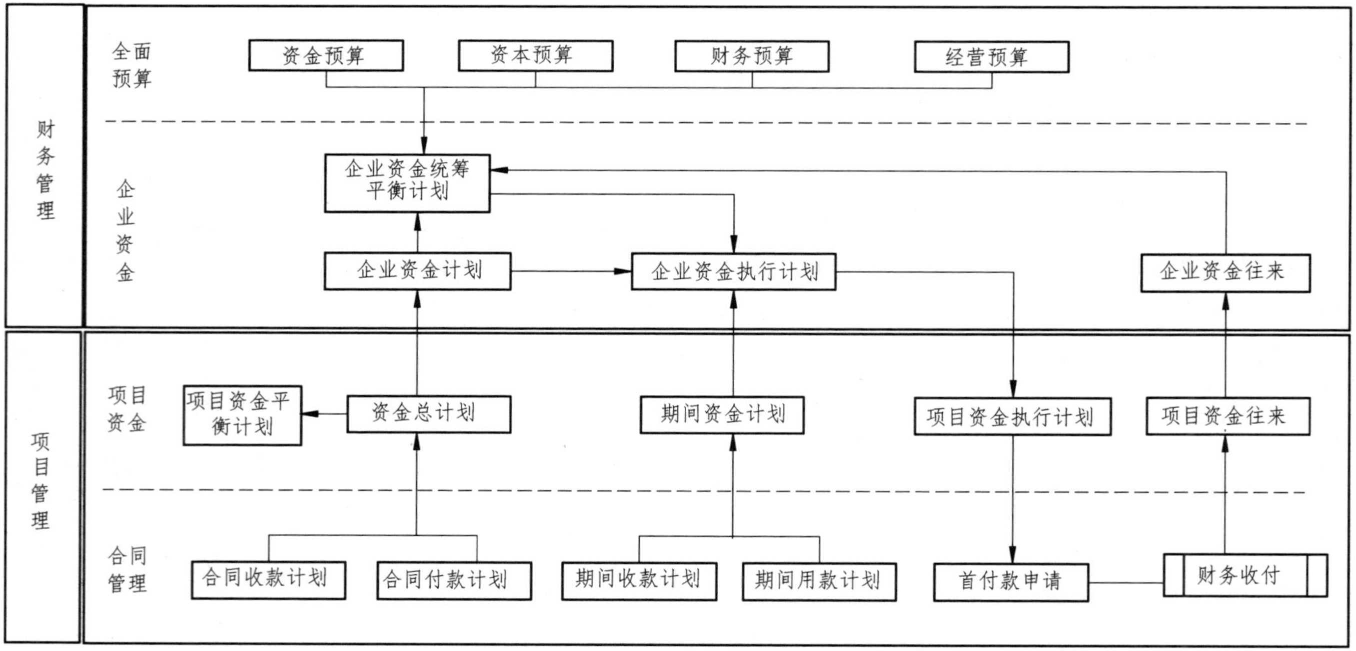

图 5-8 工程项目管理信息系统资金管理业务流程

4．资源协同管理

（1）资源需用计划：项目经理部各自独立编制自己的资源需用计划，提交公司进行综合统筹，确定资源的供应方式（内部调拨、外租或采购）；对大型关键设备，建立企业级的设备配置计划。

（2）集中采购管理：支持物资、周材和设备的集中采购管理，包括询价、比价、定标等；也支持周材和设备的集中租赁业务。

（3）资源调拨管理：支持对企业中物资、周材、设备的调拨管理业务及结算。

（4）周材资产管理：周材与物资的不同在于具有资产属性，因此单独针对周材提供资产管理。

5．成本协同管理

项目成本科目：企业建立统一的成本科目结构，分级分配给项目经理部使用，形成项目成本一套账。

工程项目管理信息系统资源管理业务流程如图 5-9 所示。

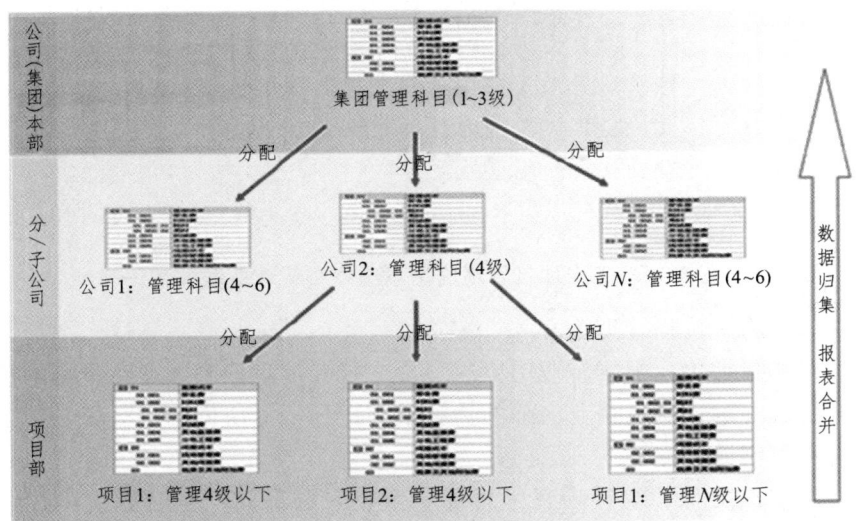

图 5-9　工程项目管理信息系统资源管理业务流程

6．物资协同管理

（1）物资编码体系管理。

统一管理企业的物资编码体系,包括编码规则和编码。编码建立后,分级分配下发给分公司、项目经理部使用。

(2)业务统筹管理。

需求汇总与大宗采购:将项目物资主要材料,根据管理范围内的物资需求汇总,有利于建立大宗采购订单,降低成本。

物资供应与利库平衡:根据企业物资需求,在企业范围内进行利库平衡处理,制订供应计划,这样可以盘活存量资产,减少资金占用,根据供应计划制订调拨计划和采购计划。

工程项目管理信息系统物资管理业务流程如图 5-10 所示。

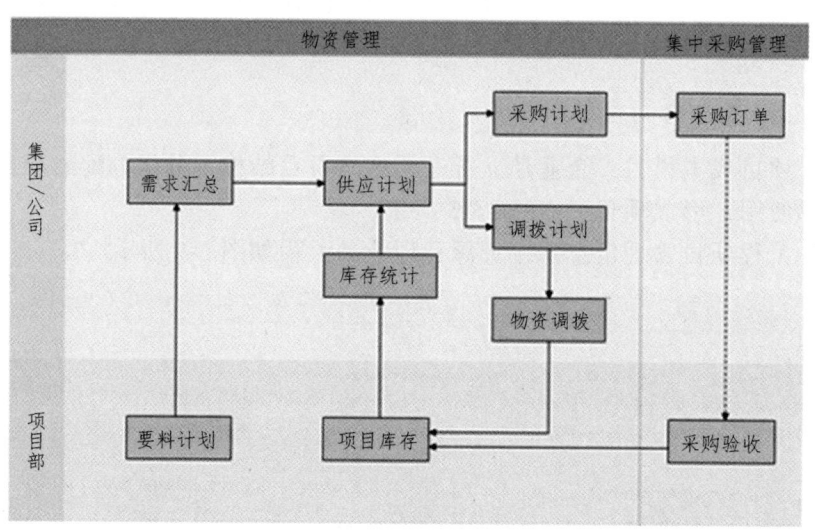

图 5-10 工程项目管理信息系统物资管理业务流程

(3)物资价格管理。

采购指导价:根据企业历史成交价、社会信息价和企业对价格的预测和管理要求,制定企业内部的物资采购指导价,协助分子公司、项目经理部控制成本。

历史成交价:统计项目经理部和企业采购部门一定时期内实际签约的物资单价,包括最高成交价、最低成交价、平均成交价、最近成交价。

供应商报价:收集整理供应商投标报价数据,为物资价格和供应商管理提供信息。

社会信息价：收集整理当地定额管理机构、网上建材超市的物资价格信息。

价格分析：根据收集的各种物资价格信息，对物资价格走势进行分析预测，指导企业物资采购和管理。

7．机具协同管理

机具动员计划统筹：项目经理部各自独立编制自己的机具动员计划，提交公司进行综合统筹，确定机具的供应方式（内部调拨、外租或采购），或是调整项目机具动员计划；对大型关键设备，建立企业级的机具总调配计划。

机具分布与调配管理：对企业的机具分布和使用情况进行统一跟踪，根据机具调配计划，进行机具调配业务处理。

机具单机单车核算与效益分析。

8．质量协同管理

质量管理在企业层面的应用主要是为各个项目的质量管理提供统一的规范、标准和体系文件，保证公司的质量管理体系在各个职能部门和项目经理部的执行。同时汇总各个项目的质量管理数据，进行查询统计分析，包括质量管理规范体系管理、质量数据统计分析、质量隐患管理、质量事故管理等。

9．安全协同管理

与质量管理类似，安全管理在企业层面的应用主要是为各个项目的安全管理提供统一的规范、标准和体系文件，保证公司的安全管理体系在各个职能部门和项目经理部的执行。同时汇总各个项目的安全管理数据，进行查询统计分析，包括安全管理规范体系管理、安全数据统计分析、危险源管理、安全事故管理等。

10．项目竣工后服务

工程竣工、项目经理部解散后，还有一些与项目相关的业务需要处理，称为竣工后服务管理，由企业工程部或其他部门负责。其主要内容包括：

遗留事务处理：项目竣工时无法处理或来不及处理的事务，在项目经理部解散以后有企业接管。

工程质量反馈与维修维护管理：工程竣工后，质量保证期内出现的工程质量问题反馈和维修维护情况。

客户回访：主要包括客户回访计划、客户回访记录。

保证金回收：预留的质量保证金管理，工程质量保证期结束后，对预留保证金进行回收管理。

项目关闭：完全关闭项目，进入历史资料库，不能对该项目的数据进行任何修改。

5.4.3　工程项目投标管理子系统

工程项目投标管理与项目施工综合管理实现业务一体化，项目施工的历史数据，通过整理归纳，形成企业的生产经营指标库，为项目投标报价提供依据，是控制投标风险的有效手段；同时，与以往的投标资料库结合，整合财务、固定资产管理等各种资源，有效降低投标的工作量，实现快速、准确进行项目投标，实现投标管理的闭环管理。投标管理与工程项目管理集成的总体业务逻辑流程如图 5-11 所示：

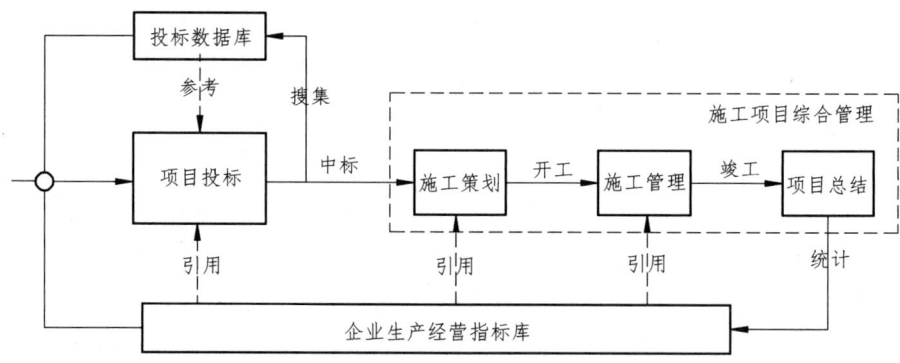

图 5-11　工程项目管理信息系统招投标业务逻辑管理业务流程

工程项目投标方案以业主或发包单位的建设规划与工程发包工作流程为线索，勾串起施工企业项目投标的主要业务过程，根据管理的需要，设计商机管理、竞标管理、签约管理、投标费用管理以及投标数据库管理等模块，全面支持施工企业在这些业务过程中的主要业务处理。其基本的业务流程如图 5-12 所示。

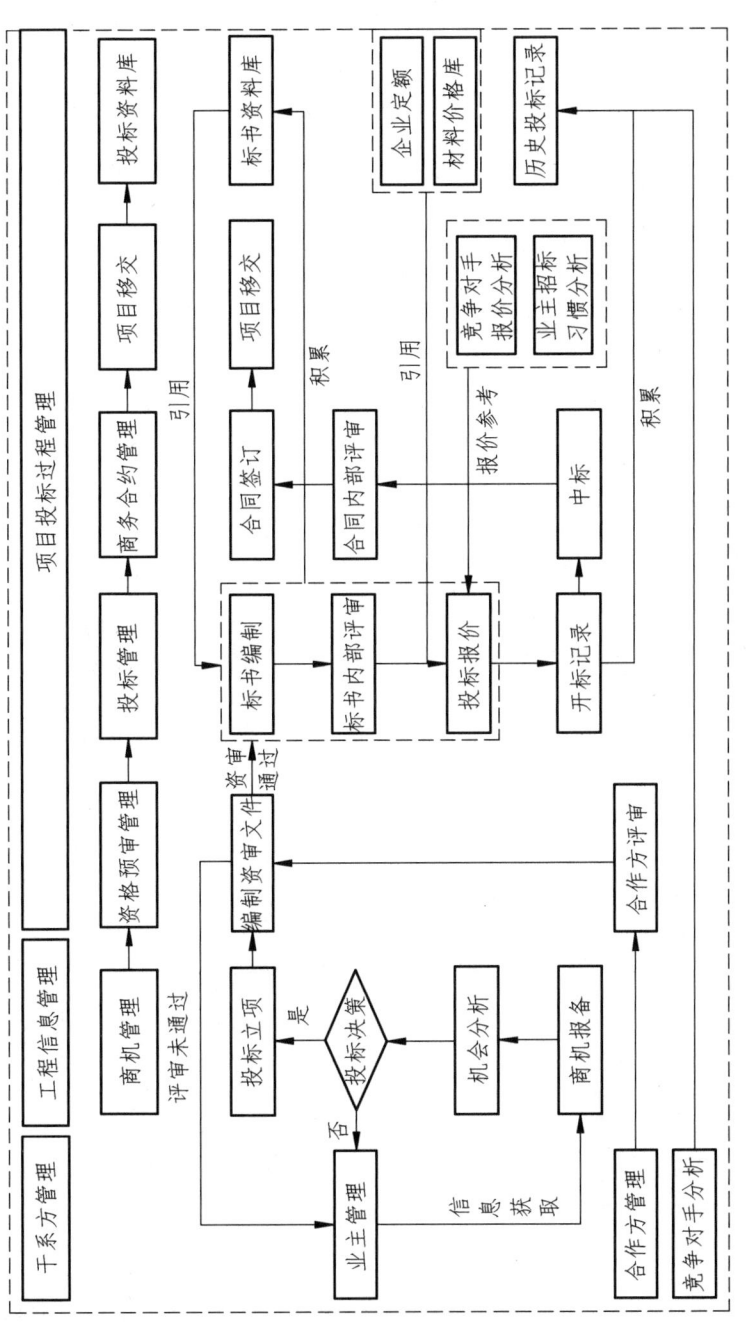

图 5-12 工程项目管理信息系统招投标管理业务流程

5.4 工程项目管理信息系统功能设计

197

5.4.4 企业供应商管理子系统

现代企业的竞争,其实就是供应链的竞争。而供应商质量的好坏,直接影响企业的成败。

供应商管理,主要管理供应商花名册,以及确定供应商引入、评价的机制,并构建集团统一的评价指标体系。

5.4.5 工程项目进度管理子系统

进度管理是项目现场管理工作的主要内容之一,其工作载体是工作分解结构(WBS)和工程量清单(PLS)。WBS 建立工程管理部、合同管理部、项目组采购口、项目组工程口等各个部门参与项目管理的工作任务,制定各工作项的负责人和参与人员以及执行计划,并通过进度报告和工作指示实现信息及时高效共享,便于领导掌控全局,对于超期工作及时提醒,避免和降低项目风险。

工程项目管理进度管理以 PDCA 思想为指导,开展工作,主要内容如图 5-13 所示。

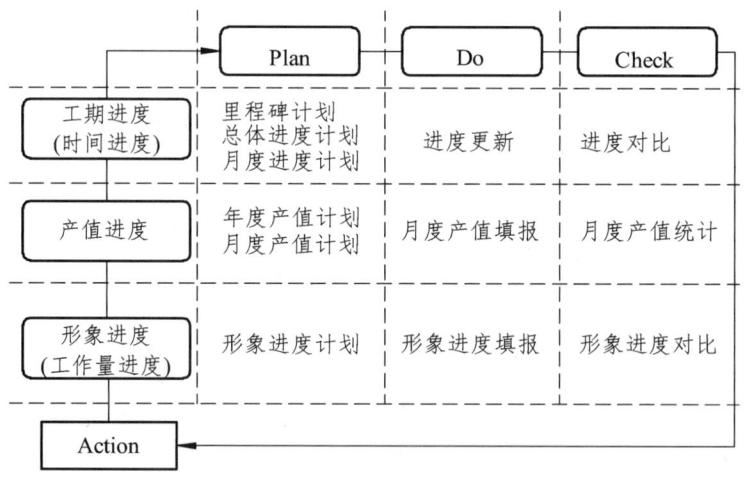

图 5-13 工程项目管理信息系统计划管理业务流程

以计划驱动业务的集成应用,包括进度、产值、物资需求等多种计划，实现了进度与成本、资源、质量安全的集成应用。

提供三种维度的进度管理，包含工期维度、产值维度、形象进度，可自由组合进行管理，有效指导工程施工。

通过进度计划，可转换成产值计划，根据产值计划，自动生成物资、周材、设备需用计划，同时也支持手工新增的功能，同时满足精细化与简约化的不同管理需求。

5.4.6 工程项目合同管理子系统

大概有 80% 的工程成本和合同有关，因此在工程项目的管理中，合同管理是整个业务流程的中心。合同管理是一个非常烦琐的工作，每个工程项目涉及的合同不仅数量非常大，而且种类繁多；作为成本控制核心的合同成本，从合同订立，到合同变更，再到合同结算和最后的合同付款，整个合同管理的跟踪需要花费大量的时间和精力。如何有效跟踪管理合同、降低成本，成为成本控制的关键点。

在工程项目管理中，项目成本分为经营成本、生产成本和财务成本三种类型。经营成本以合同为载体、结算为依据，价格管控是核心；生产成本以资源为载体、资源耗费为依据，数量管控是核心；财务成本以凭证为载体、以发票等凭据为依据，资金管控是核心。在管理层面，对所有合同进行集中综合管控，合同所有收入、支出、利润和资金一目了然；在操作层面，合同履约按类别分类管理，保障各类合同管理的特性要求。

建筑施工工程项目的合同包括收入合同和成本合同；收入合同对应项目的收入，成本合同对应项目成本。工程项目合同管理将所有收入合同和成本合同统一管理，可以让管理人员一目了然地了解所有收入合同组成的项目总收入、所有成本合同组成的项目总支出（即项目中的经营性成本）以及项目的经营毛利润等等项目经营数据。

工程项目合同管理模块设计团队对合同管理业务进行了深入研究、总结和抽象。合同管理的业务可以归纳为以下几个方面：合同签订过程、合同内容、合同主体（缔约方）、合同标的、合同变更与索赔、合同结算与支付、履约风险、履约联系、合同终结与总结等。这样，所有合同采用一致的处理模式，包含合同全生命周期和合同管理全要素管理。当然，合同的类型不同，具体的内容有所区别，如：对工程合同，合同标的为工程量清单；对采购合同，标的为采购清单；等等，诸如此类。工程项目管理采用的是在同一架构下，不同对象调用不同的标准化业务处理组件，处理这些局部差异。

合同管理的总体设计如图 5-14 所示。

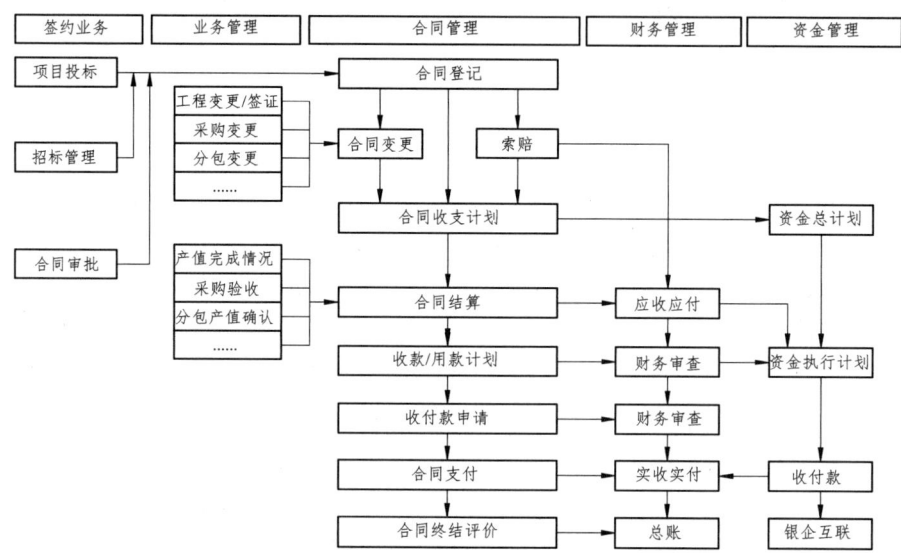

图 5-14　工程项目管理信息系统合同管理业务流程

合同管理模块功能设计如图 5-15 所示。

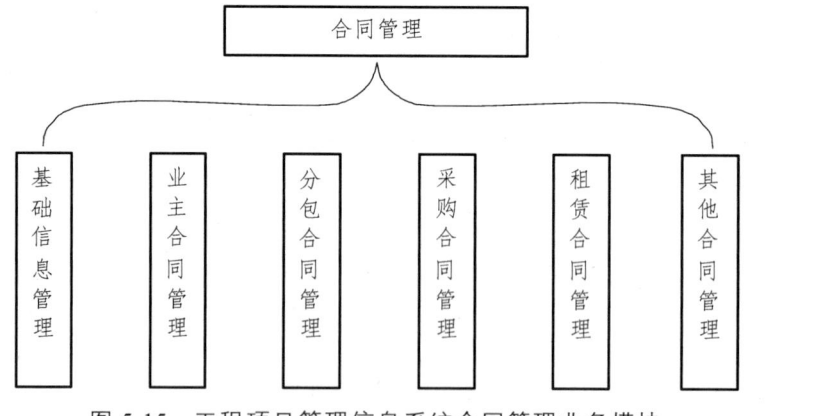

图 5-15　工程项目管理信息系统合同管理业务模块

5.4.7　工程项目施工过程物资管理子系统

整个工程项目成本中,材料一般占到很大一部分,因此,物资管理是项目管理一个非常重要的工作。施工行业具有材料种类多、使用范围分布广、计划性强等特点,管理难度较大。材料按管理特性的不同,通常分为耗材管理、周转材料。工程项目管理将耗材管理叫作物资管理,周转材料的管理叫作周材管理。

物资模块涉及的基础数据主要包括物料、仓库、事务类型、施工队伍、供应商、客户,后续出入库业务中需要选择某个物料、某个仓库,并且要明确出入库单据的事务类型是什么。

处理物资业务时,最基本的条件为建立物料基础资料。

在物资出入库过程中,需先建立好仓库,并建立好仓库与项目的关联关系。

物资出入库时,会出现冲减库存或增加库存的情况,此时需在此之前建立影响库存的事务类型。

1. 业务综合集成

工程项目物资管理不仅要完整实现材料管理的所有主要业务,而且要与进度、成本、合同、招投标、质量等业务模块实现综合集成,并能够在公司层面对各项目的物资申请、供应、结算与支付等业务进行综合统筹,有效提高物资管理的效率。图 5-16 所示是工程项目物资管理的基本业务流程。

2. 管理要素完备

工程项目的物资管理不仅管理物资的品种,还对数量、单价、时间、质量、批次等方面进行管理,如图 5-17 所示。

数量控制方面有预算数量、要料数量、采购数量、库存数量、锁定数量和耗用数量等,实现数量全方位管理,杜绝浪费。

单价控制方面有目标成本单价、计划成本单价、近期采购最高、最低、平均单价、企业内部指导单价,以及实际采购价,等,实现价格全方位管理,控制成本。

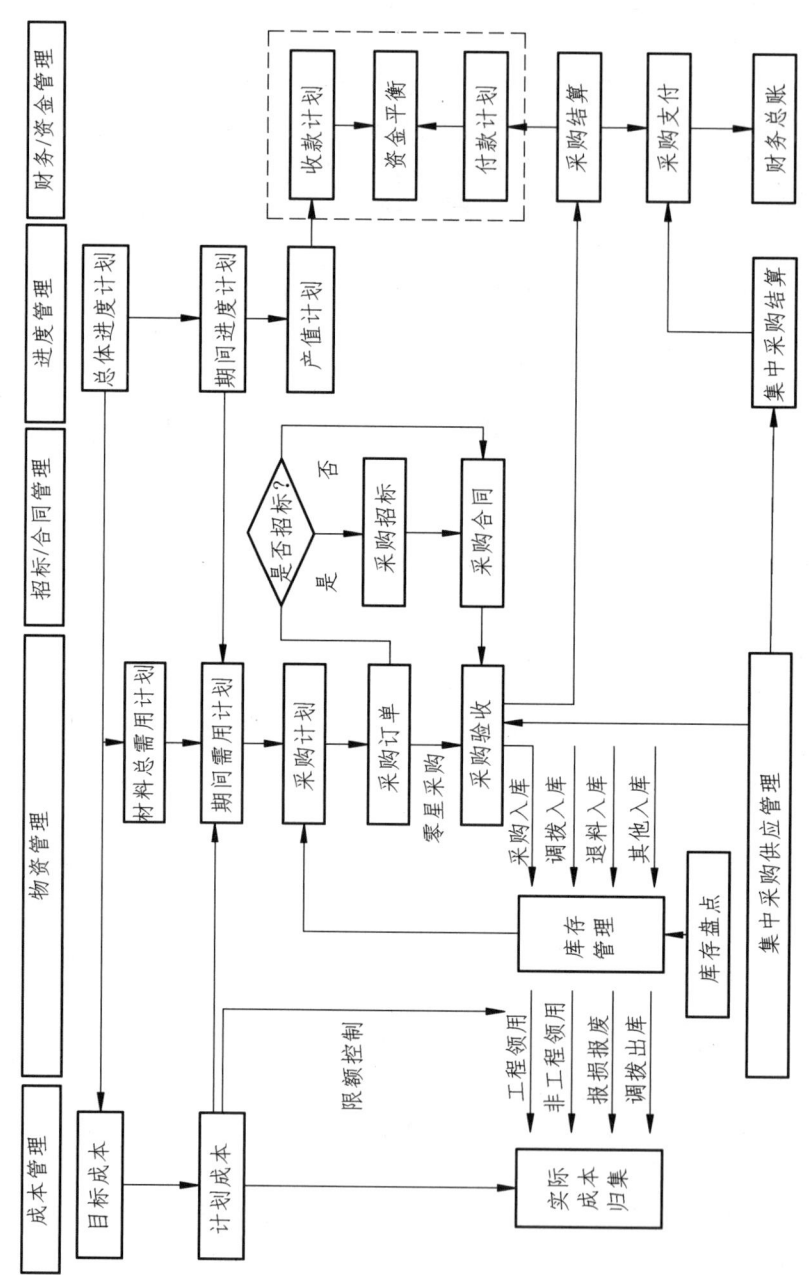

图 5-16 工程项目管理信息系统物资管理业务流程

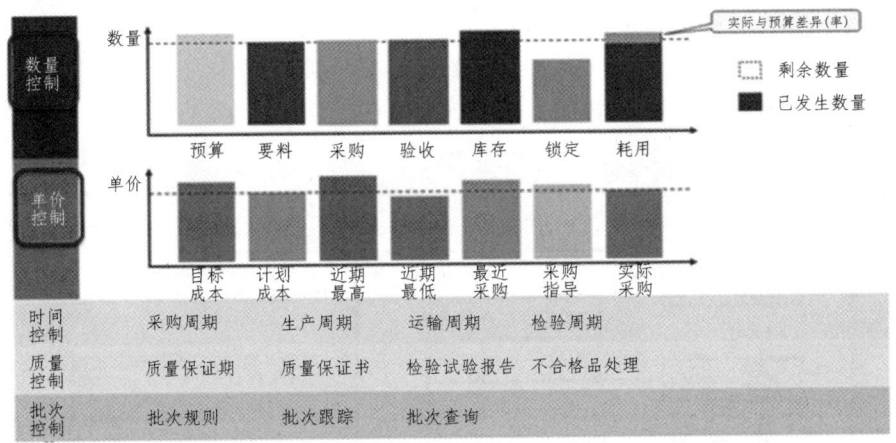

图 5-17 工程项目管理信息系统物资管理业务要素

时间控制方面有采购周期、生产周期、运输周期和检验周期等，可以更科学合理地安排采购、控制库存、保障供应。

3. 材料计划

根据材料预算和进度计划，编制各种详细的材料计划，包括供应的材料名称、数量、单价、金额及需用时间等。

项目确定施工时间后，物资计划部门根据进度资源计划排定情况，制定每月份物资需用申请单，保证采购物资及时供应。

4. 材料采购

根据材料采购计划以及和供应商签订的合同，编制材料采购订单，对订单中的材料种类和数量，系统提供材料合同数量和累计入库数量等参考值，限制本次下达订单的数量。如果需要增加采购数量及种类，则通过合同变更调整。

（1）根据物资需用计划编制物资的采购计划，初步确定采购数量、采购日期、收货时间等信息。

（2）签订采购合同后，给供应商下达订单，按月份使用情况分批收货、分别下达订单。

5. 材料出入库管理

设置多种材料入库形式［采购入库（对于退库的处理，则通过材料采购入库的事务类型进行）、调拨入库、其他入库]通过入库单来记录材料入库的时间、种类、批次、实收数量、供应商、采购人、收货人、仓库以及存放库位等数据信息，如图5-18所示。

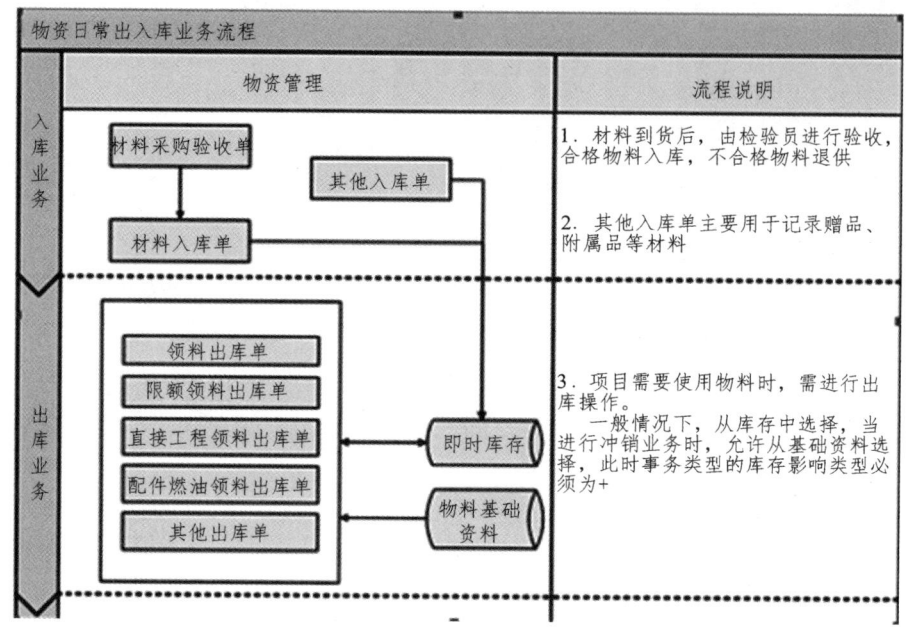

图5-18 工程项目管理信息系统物资出入库管理业务流程

6. 材料调拨管理

项目经理部在使用材料过程中，若发现某些材料仓库中没有，但该公司下其他项目经理部或分公司本部有剩余材料，可通过调拨的方式使用。公司内部两个组织之间的调拨则称为两方调拨。调拨之后，调拨双方进行材料内部结算。

（1）需要使用物料时，由项目经理部编制申请单据。

（2）集团采购中心收到申请后，编制调拨通知单，初步给出调拨意见。

（3）需要调拨时，下达正式的调拨单。

（4）集采中心调拨材料出库。

（5）项目经理部收到材料后，进行调拨入库。

（6）调拨业务完成后，需进行材料内部结算。

7. 材料库存盘点

记录盘点人、盘点时间等详细信息，盘点完成后，自动生成库存盘点单，调整库存量。

（1）盘点任务单为周材仓管员对周材进行盘点前的准备确认工作，确定对哪些周材盘点，是否冻结库存等。

（2）库存盘点单是周材仓管员进行现场盘点后的记录，库存盘点单只能由盘点任务单审核后自动生成，生成后，不允许反审核对应的盘点任务单。

（3）盘点得到的数据需要更新 EAS 系统即时库存，库存人员编制库存盘点调整单记录。

8. 材料成本归集

工程项目管理系统，对材料成本的归集根据不同企业的管理模式分为两种方式：

（1）材料出库业务能够明确到 WBS + PLS 的，或是月末分摊时可明确到的，这类客户则通过出库单及核销分摊单进成本，如图 5-19 所示。

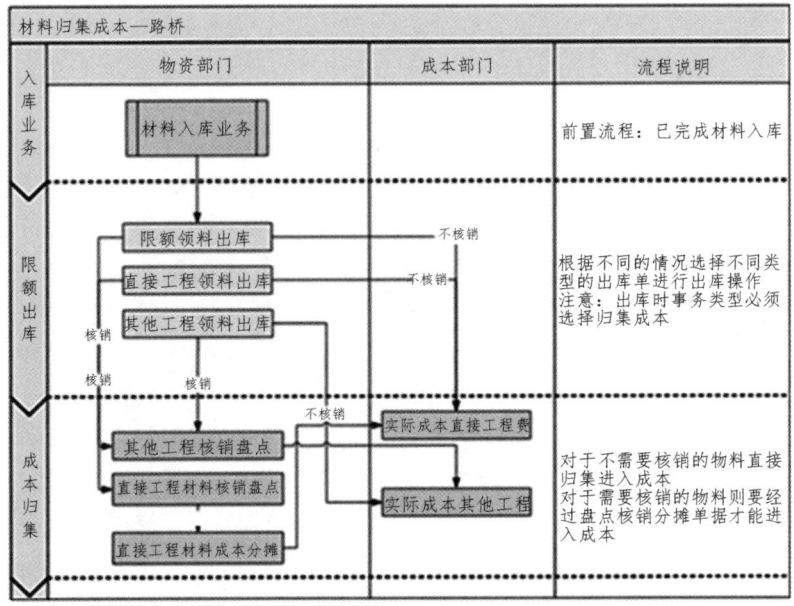

图 5-19　工程项目管理信息系统材料成本管理业务流程（1）

（2）物资出库时只能到成本分解结构或工作分解结构的，这类客户归集成本时直接获取出库单的数据即可，如图 5-20 所示。

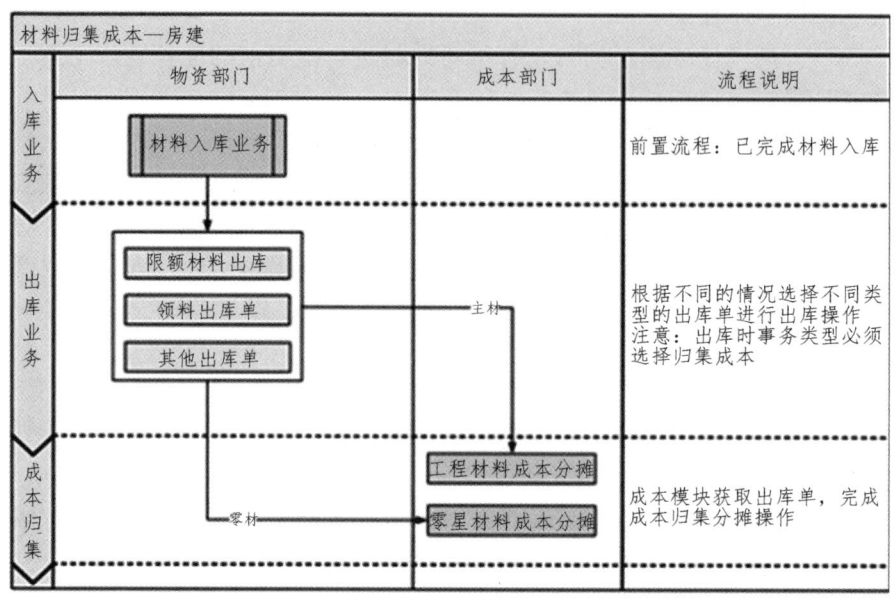

图 5-20　工程项目管理信息系统材料成本管理业务流程（2）

5.4.8　工程项目施工过程设备管理子系统

大型机具设备具有生产资料、资产设备多重属性。作为生产资料，需要对其使用成本和调配、使用过程进行管理；作为资产设备，需要对其维修维护保养、建立档案、计提折旧和核算投资收益等。工程项目管理将施工机具作为资产设备属性的功能主要有企业级固定资产管理，项目经理部的机具管理主要处理大型施工机具作为生产资料的功能，两者分工协作又有机集成，有利于项目经理部灵活处理更为复杂机具的管理业务。如机具来源不同，可以是企业自己的，也可是外部租赁来的，不同来源的机具管理模式可能不一样，包括成本核算、维修维护等；对于内部设备，项目经理部的维修维护、使用数据自动进入企业设备档案。其基本业务流程如图 5-21 所示。

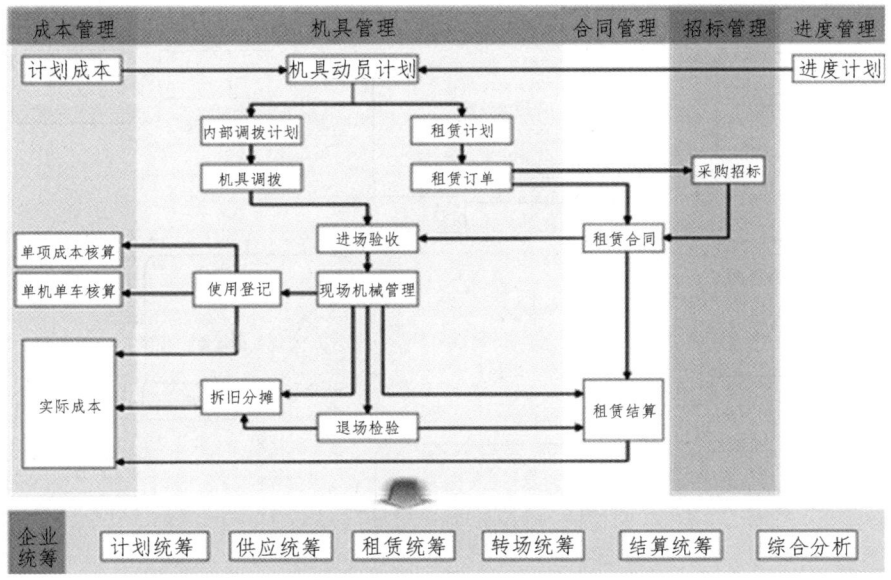

图 5-21 工程项目管理信息系统设备管理业务流程

现代社会，随着科学技术的强大和工业的发展，需要更好的工业管理制度和技术管理制度。设备管理的地位越来越高，作用越来越重要，这是因为企业生产规模急剧扩大，管理现代化程度不断提高。在现代管理阶段，由于科学技术的快速发展，在企业很多生产过程中，人的作用逐渐被机器设备所取代，因此设备开始影响生产，设备管理的作用在企业管理中越来越重要。

而任何管理，都是一个逐步细化的过程，所以 PDCA 循环在管理中非常重要（图 5-22）。信息化管理中，也充分引入此理念。物资管理、设备管理，都遵循这个理念。

1. 设备计划管理

（1）配置计划。

项目之初需要对整个项目所需要的机械设备，根据目前库存情况，作一个配置安排，这就是设备总体配置计划。安排包括自有、内租、外租、采购等。

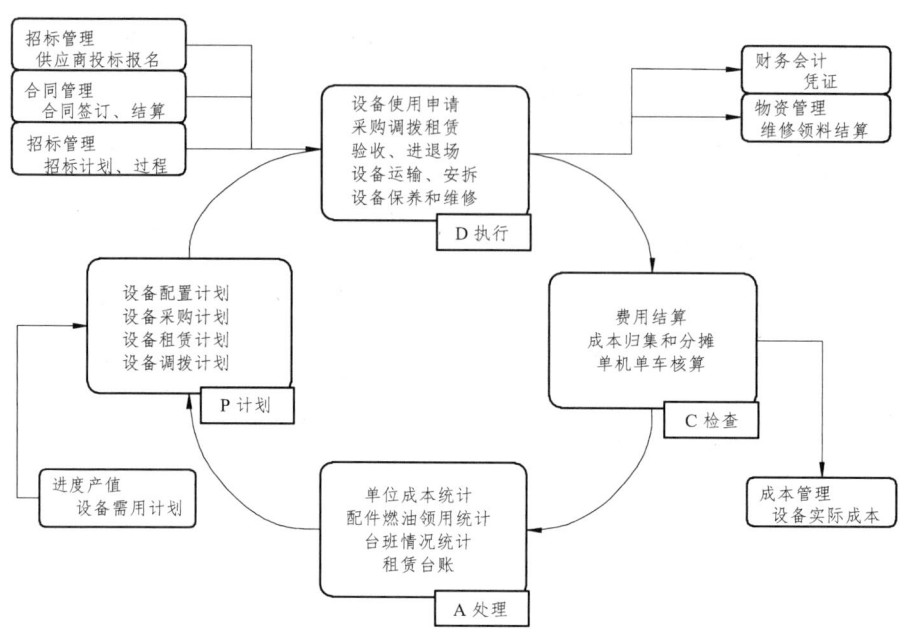

图 5-22 工程项目管理信息系统设备管理 PDCA 循环

（2）设备使用申请。

编制设备总体配置计划后，对于需要安排的设备要填写设备使用申请。申请的设备安排包括自有、内租、外租、采购等。

2．设备采购

设备采购管理的目的是保证采购产品符合技术标准和设计要求，满足工程质量要求，并严格控制成本。

（1）设备采购计划：对于配置为拟购新设备的情况，公司拟定的采购计划，用来统筹规划。对于需要集团采购的，可以集团采购；对于需要招标的，可以进行招标，以降低成本。从分公司角度，需要对整个分公司的配置情况作一个统计。而从总公司层面，则需要对整个公司的设备配置规划有一个统一的汇总查询。

（2）设备采购订单：采购订单应正确填写机械设备的商品品名、价格、厂商名称和地址等，按照要求，达到一定金额的采购要进行招标。

（3）设备验收：设备验收一般由设备管理分公司来完成，有时也会直接由项目经理部完成验收，并形成设备卡片。

（4）采购结算：设备采购的结算在合同管理模块完成，设备管理模块不做采购结算。

3．租入外部设备

随着建筑产品结构与功能多样性，要求有与之相适应的多种类型的专用设备。因此在施工中需要租用满足声场需要的设备。租用设备，不但解决了企业施工的一时之需，而且省去了企业不少负担，例如设备操作人员、维修人员的配备，设备购置费、配件费、备件费和修理费资金占用等。

（1）设备租赁计划：在申请设备租赁之前，分公司对整个租赁作一个统筹的租赁计划。后续根据此计划，项目经理部可以申请进行设备租赁。

（2）外租设备申请单：当项目经理部真正需要使用设备，而公司又没有可调配的设备时，根据分公司之前的租赁计划，可以申请向外租赁设备。

（3）设备租赁合同：租赁清单及其他合同信息。

（4）租赁结算：设备采购的结算在合同管理模块完成，设备管理模块不做租赁结算。

4．调拨设备

设备通常属于分公司或者集团。集团的很多设备，在一些单位闲置，另外一些单位却要筹集资金去外部采购，不能有效地对集团内的设备进行动态管理，整个集团的设备利用率很低，影响了集团的整体效益，给企业造成不必要的损失。这时，会产生内部租赁的需求。

（1）设备调拨计划：在设备调拨之前，分公司对整个调拨作一个统筹的调拨计划。后续根据此计划，系统可以作一个预警，而调拨业务也可以调拨计划为起点来进行。

（2）设备调拨：当设备发生内部单位租赁时，从分公司调拨到分公司，或者从分公司调拨到项目经理部，需要使用设备调拨单完成。

5．设备运输和验收

（1）使用申请：编制设备总体配置计划后，对于需要安排的设备要填写设备使用申请。申请的设备安排包括自有、内租、外租、采购等。

（2）设备运输计划表：设备运输计划是在分公司对设备运输的一个统筹规划，可能用的情况并不多。但在调拨计划、租赁计划比较明确的情况下，事先做个运输计划，对后续成本花费的节约有一定作用。

（3）设备运送单：当设备进场或退场时，通常都发生运输费用。这时，通过设备运送单来进行记录。

（4）设备验收：当设备采购合同签订之后，需要通过采购订单来要货。货到之后，需要进行验收检查。另外，当设备调拨时、外租设备回收时、劳务队伍设备进场时，设备进入项目经理部，项目经理部也需要对设备进行验收检查。

（5）运费结算：当设备进场或退场时，通常都发生运输费用。这时，通过设备运费结算单来进行记录。

6．设备的使用

机械设备的使用，是设备管理的主要内容。无论是采购，还是租赁、调拨，都是为了将机械设备放到现场去施工，由此将产生设备的机手工资，燃油、配件的领用，维修保养的发生，产值的产生。后续将进行成本核算。

（1）设备进场：当设备在项目进场时，可以在设备进场单中记录相关进场信息。

（2）设备退场：当设备使用完成之后，设备需要从项目中退场，在设备退场单中可以对此信息进行记录。

（3）设备使用记录：当机械设备投入使用时，在设备使用记录单中可以录入设备使用的具体信息，由此将产生设备的机手工资，燃油、配件的领用，维修保养的发生，产值的产生。后续将进行成本核算。

（4）使用结算：根据所使用设备的不同，需要使用不同的结算单；外租设备，指与外部单位签有租赁合同的设备。这种租金结算，最终是通过合同结算来完成的。在租赁合同之外，有时需要临时使用劳务队伍的设备，而又不走租赁合同结算时，需要按付款方式，给劳务队伍款项。在实际施工过程中，劳务队伍有时会临时使用项目经理部的机械设备，这时，在月末结算时，需要将这笔钱扣除。通过劳务队伍使用设备扣款单来做结算汇总。

7．设备维修保养

先进的机械设备需要先进的维修保养技术，工程机械设备在施工项目成本中的直接费用占了很大比重，加强机械设备管理，对节约工程费用、提高施工企业效益有着重大意义。

（1）设备保养计划：为了保证设备的使用寿命，要求项目经理部在指定的时间，对设备进行保养。因此需要对设备的保养制订一个计划，后续系统可根据此计划完成和监督保养工作。

（2）委托维修：当项目经理部需要修理或者保养设备，但自己又无法完成时，就需要向租赁公司、维修公司提出委托维修申请。

（3）配件使用申请：维修人员在维修项目时，会对配件的使用产生需求。在平时使用过程中，也可能要产生对设备配件的使用需求。由于配件的管理在物资部门，所以，这里需要提出配件的使用申请。后续物资部门可以根据配件的库存情况，决定是否采购。

（4）维修保养记录：在设备的使用过程中，当设备出现状况后，需要进行维修。对于小的维修，项目可以自行维修，填写维修记录单即可。对于大的维修，将向租赁维修公司提出委托维修申请，由租赁维修公司来维修，也需要进行维修记录。同样，按照分公司的要求进行保养，也需要进行维修记录登记。

（5）维修保养结算单：当维修完成之后，需要进行最终结算，以此结算单，最终完成账务处理过程。

8．设备费用核算

每个期末，机械设备都需要根据机械设备运行记录、进退场记录、维修单等单据核算设备费用。

（1）运费结算：当设备进场或退场时，通常都发生运输费用。这时，通过设备运费结算单来进行记录。

（2）机手工资结算：每个期末，机械设备都需要根据机械设备运行记录，计算机手的工资。

（3）自有设备使用结算单：属于分公司的设备，管理权归分公司，租给项目经理部使用。每个月，将向项目经理部收取租金。这种类型的租金结算，通过"自有设备使用结算单"来记录，也可叫作自有设备租金结算单。

（4）租入设备费用结算：外租设备，指与外部单位签有租赁合同的设备。这种租金结算，最终是通过合同结算来完成的。但设备部门，可以先与劳务合同的收方单一样，做一个外租设备的租金结算单，然后生成合同的结算单。

（5）使用劳务队伍设备的结算：在租赁合同之外，有时需要临时使用劳务队伍的设备，而又不走租赁合同结算时，需要按付款方式，给劳务队伍款项。

（6）劳务队伍使用公司设备的结算：在实际施工的过程中，劳务队伍有时会临时使用项目经理部的机械设备，这时，在月末结算时，需要将这笔钱扣除。通过劳务队伍使用设备扣款单来做结算汇总。

（7）设备出租费用结算：对外租赁的设备，每个月也是要收租金的，这将作为分公司的一部分收入。"设备出租结算单"，是根据租赁时间及合同中的租金价格自动计算的。计算之后，用户可以手动修改。

（8）电费结算：对于一个大项目而言，电费也是比较大的一个支出，所以需要按月对电费进行结算。电费将分为三个部分：一部分劳务扣款，另一部分分摊到设备上，剩下的作为其他费用处理。

（9）设备折旧结算单：有时设备的折旧费用需要租用的项目经理部承担租用期间的折旧。

（10）设备其他费用结算：除了可以明确归属的费用之外，有些费用是临时发生，且无法明确归属，但确实又经常会发生，这些费用的支出，归到其他费用付款单中来。

9. 费用的归集和分摊

（1）设备成本归集：项目经理部的"设备成本归集表"，是将设备的租金、燃油费、配件费、机手工资、项目经理部承担的维修费和运输费、其他支出费等归集在一起。设备成本归集表，只需要项目经理部级编制即可，分公司不需要。

（2）直接工程费分摊：对于设备的实际成本，特别是直接工程费成本，最终要作单项成本核算，这需要具体到 WBS 与清单上去。

（3）其他工程费成本分摊：对于设备的实际成本，如拌和楼、栈桥的实际成本，也是成本的一个组成部分。这就是其他工程费成本，是需要分摊的。最终公司根据需要，还要进一步分摊到 WBS 与清单上，以便与报价相对比。

（4）直接工程费成本分摊调整：在直接工程费成本分摊的时候，存在未分摊的成本。但在设备退场时，这部分成本最终是需要全部分摊才行的。这时候，以成本调整表的形式来完成。

5.4.9 工程项目施工全过程成本管理子系统

成本管理一直是建筑施工企业管理中比较薄弱的环节，主要问题是"有预算没执行"，核算过程复杂、工作量大、差错甚至造假，极端情况是一个建筑施工项目做下来，成本管理根本就是一笔糊涂账。如何建立一套科学适用、易于操作的成本管理体系，保障项目经营成果，防范企业经营风险，是成本管理要解决的根本问题。工程项目管理的成本管理解决方案，在全面清理业务流程和管理需求的基础上，通过创新成本管控与核算模型，植入并贯彻先进的管理思想，合理设置系统功能，帮助建筑施工企业不断提升成本管控水平。

通过对行业成本管理业务的深入研究，工程项目成本管理，根据 PDCA 管理思想，在预算的执行、简化核算程序、降低核算劳动强度方面，通过理论创新，建立了一整套成本管理思想、方法，实现了"双循环"的成本管理业务模型。即：在项目层面，通过合同预算、目标成本、计划成本建立项目成本控制标杆，按时间、资源分类、工程构成等维度进行目标分解；在项目实施过程中进行成本控制，同时根据实际执行情况进行成本预测，并根据成本执行效果和预测情况，进行控制标杆的修正，实现 PDCA 业务循环。其目标是帮助成本管理人员"算得清、管得住，并力争做到管得好"；在企业层面，通过将以往项目的生产经营数据提炼成企业生产经营指标，为下一个项目的投标和生产提供指导，实现在企业层面的一个大循环，其目标是项目成本水平持续提高和效率的不断改善。如图 5-23 所示。

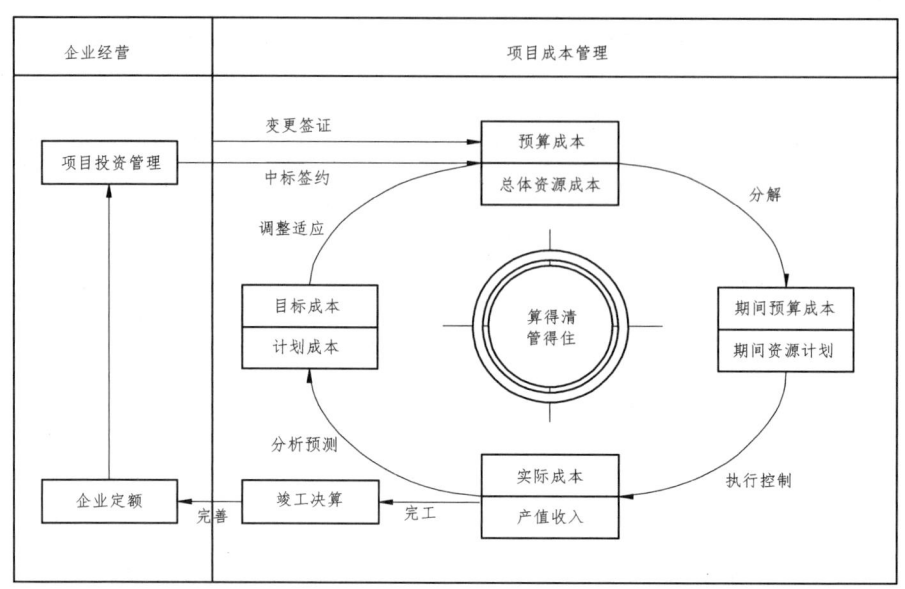

图 5-23 工程项目管理信息系统精准而易用、创新的成本核算模型

在梳理业务流程的基础上，工程项目成本管理，根据行业管理要求，建立了一个科学合理、简单易行的成本核算模型。施工项目成本分成三大块，即与工程实体相关的工程成本，与施工组织措施与技术相关的施工成本、完成项目任务所需的管理成本，并可以从工程构成（WBS）、资源和成本科目等维度进行统计和核算。

在资源维度上，项目成本分为具体工、料、机资源费用；在成本科目上，项目成本分为直接费、间接费，直接费又分为耗材、周材、机具、人工、其他直接费等。如果需要，所有项目成本都应该和能够核算到 WBS 上。

工程成本在 WBS、资源和科目三个维度上具有直接的对应关系；施工成本在资源和科目维度上具有直接对应关系，在 WBS 维度上需要进行分配分摊核算；管理成本在科目维度上具有直接对应关系，在 WBS 和资源维度需要进行分配分摊核算。如图 5-24 所示。

根据工程（实体）成本、施工成本和管理成本的上述特点，工程项目成本管理提出了以下管控要点：所有成本都要进行事前预算，对工程成本以 CBS 为管控对象，在事中采用限额控制，事后进行统计汇总，直接进入项目成本，考核成本管理水平的指标是各 WBS 节点的资源损耗率；对施工成本和管理成本，事中采取费用预分配，事后进行差异统计，并对预分配额进行差异调整核算，这样可以大大简化核算，提高核算精度，对施工成本和管理成本管理水平的考核指标是差异率。如图 5-25 所示。

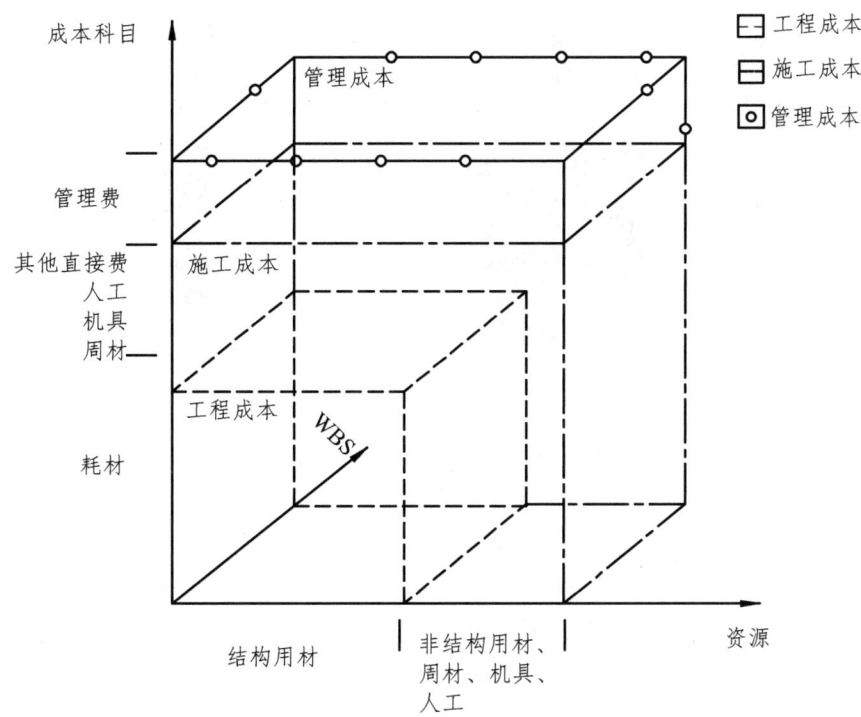

图 5-24 工程项目管理信息系统三大成本核算模型

成本管控要点

管控对象		管控要点			考核指标
		事前	事中	事后	
工程成本	WBS	总量预算	限额控制	统计汇总	损耗率
施工成本	资源		预分配匹配处理	差异统计调差核算	差异率
管理成本	费用				差异率

图 5-25 工程项目管理信息系统成本管控要点

工程项目的成本核算就是将事前、事中、事后各种费用，按照一定的规则进行归集，反映项目成本的各种状况，便于管理。成本核算归集目标包括工程项目、核算对象和核算项目集中类型，组合构成项目的成本分解结构。一般地，行业习惯将单位工程作为成本核算对象，工料机、分包等资源与费用及其预算与实际耗费，根据成本核算准则，通过分摊、分配和直接进入三种方式进入项目成本，如图 5-26 所示。

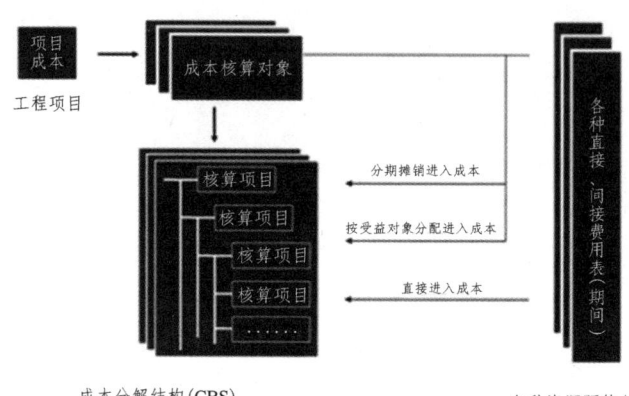

图 5-26　工程项目管理信息系统成本结构与费用归集业务模型

在一个业务核算期，产值计量和目标成本收入根据完成工程量的清单价格直接计算，实际成本包括自营和分包两大部分。自营成本根据费用不同，进入项目成本的方式不同，物资、施工人工以及部分机械费用直接进入当期成本，当期企业管理费、共用费用，需要进行分配，明确承担费用的核算对象，进入项目成本；其他费用，包括预提、待摊等费用，需要经过摊销、分配进入项目成本。如图 5-27 所示。

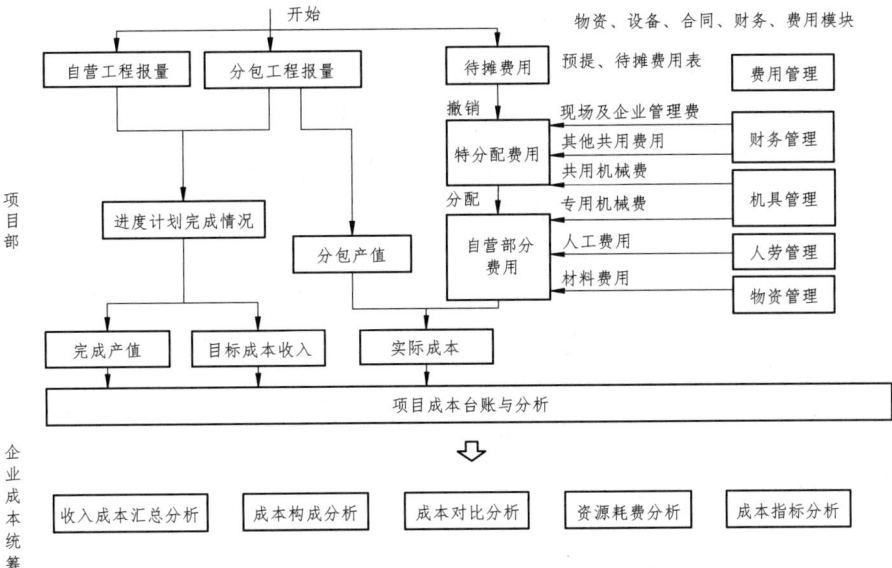

图 5-27 工程项目管理信息系统成本结构与费用归集业务组成

全面而清晰的业务流程梳理,可实现施工项目成本管理分事前成本计划、事中成本控制、事后成本核算等,如图 5-28 所示。

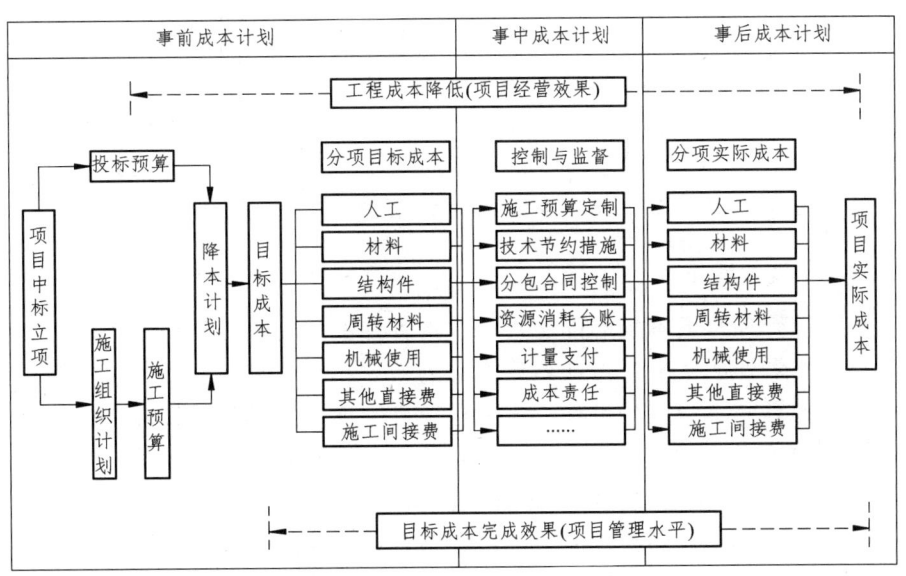

图 5-28 工程项目管理信息系统成本结构与费用归集业务流程

工程项目成本管理在上述成本管理思想和管控模型的理论指导下，建立了完整的业务模块，支持成本管理中"三条主线、四个阶段"的全部业务处理。三条业务主线是项目收入、目标成本、计划成本。项目收入以工程承包合同为依据，反映的是发包单位与施工企业之间的契约责任；目标成本反映的是施工企业与项目经理部之间的项目经营责任；计划成本是项目经理部根据目标成本制定的成本执行标杆，是对项目经理部各业务岗位提出的成本控制要求。这样就明确了业主、施工企业、项目经理部、作业层各个层面成本管控要求与职责。四个阶段是制定标杆、分解执行、费用统计、核算与分析。

成本管理模块功能设计如图5-29所示。

1．投标成本

投标成本测算在投标管理章节中描述，本小节不做详细说明。

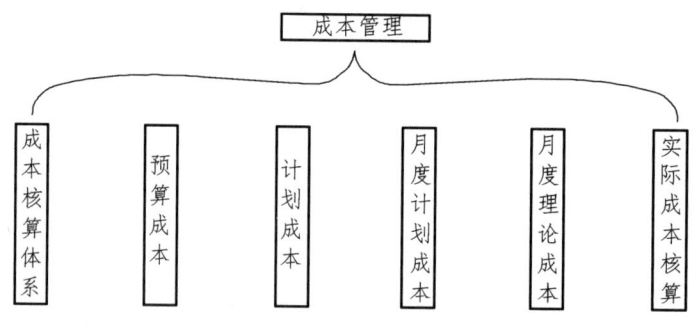

图5-29　工程项目管理信息系统成本管理模块

2．预算成本

预算管理是成本控制的源头，成本管理部门编制预算成本管理作为项目成本考评的基准，考评项目成本的超支和节省情况。

在预算成本编制的过程中，工程项目管理系统必须支持几种成本管控模式的编制，如WBS工作分解结构+RS资源+工程量清单、CBS成本分解结构+RS资源、PLS工程量清单+RS资源。企业可根据项目的工期情况进行多次调整，但按照管理的规定，经过流程审批才可调整。

预算成本即工程项目中标后，施工企业（总公司或分公司）需根据中标工程范围、施工组织设计、企业的经营管理水平和经营指标，制定并下达项目的预算成本，作为项目成本管理的标杆，也是对项目经理项目成本管理工作的重要考核。以下以 PLS 工程量清单＋RS 资源的管控模式进行阐述。

3．计划成本

项目经理部接到集团或分公司下达的预算成本，根据图纸及结合项目现场的实际情况，综合预算成本，进行成本的重新编制，从而明确完成成本目标需努力的方向，制定更加详细的降本措施，作为指导项目成本管理的依据。这就是计划成本。

计划成本结合工程所在地区的经济、物资等及施工图纸、施工组织设计方案进行编制。较之预算成本而言，项目计划成本更具有指导意义。

除以上之外，计划成本的编制与预算成本的编制完全一样。

这个计划成本，是针对整个项目而言的。

4．月度预算成本

项目施工过程中生产任务与资源配置会随着项目施工的不断推进而有所变化，针对每一个期间，需结合项目实际生产进度及具体资源配置编制期间计划成本，供项目日常管理执行。

工程项目管理提供的编制方式快捷、精准，大大减少了过程编辑工作量，根据月度产值计划和总预算成本分解的单位资源消耗量，自动计算期间预算成本和工料机等资源消耗量，指导项目采购计划，控制项目资源消耗，如图 5-30 所示。

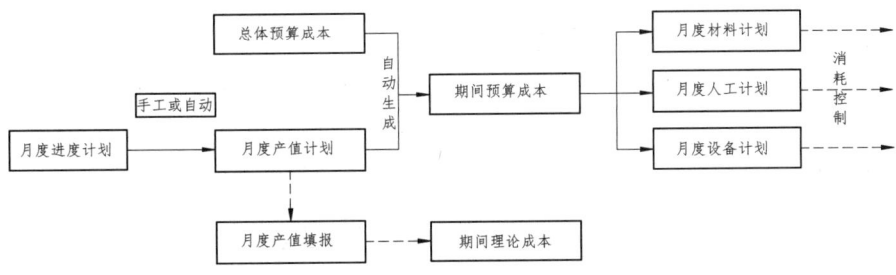

图 5-30　工程项目管理信息系统月度预算管理流程

5．实际成本核算

实际成本数据来源于物资、设备、周材、合同等业务模块，在系统中，成本模块只是对发生的成本数据按核算的要求进行了归集，如图5-31所示。实际成本包含实际发生成本与实际确认成本，其区别为：实际发生成本代表的业务发生，费用出现即计算成本；而实际确认成本是对发生的成本与进度匹配后分摊到各对应期间的成本。

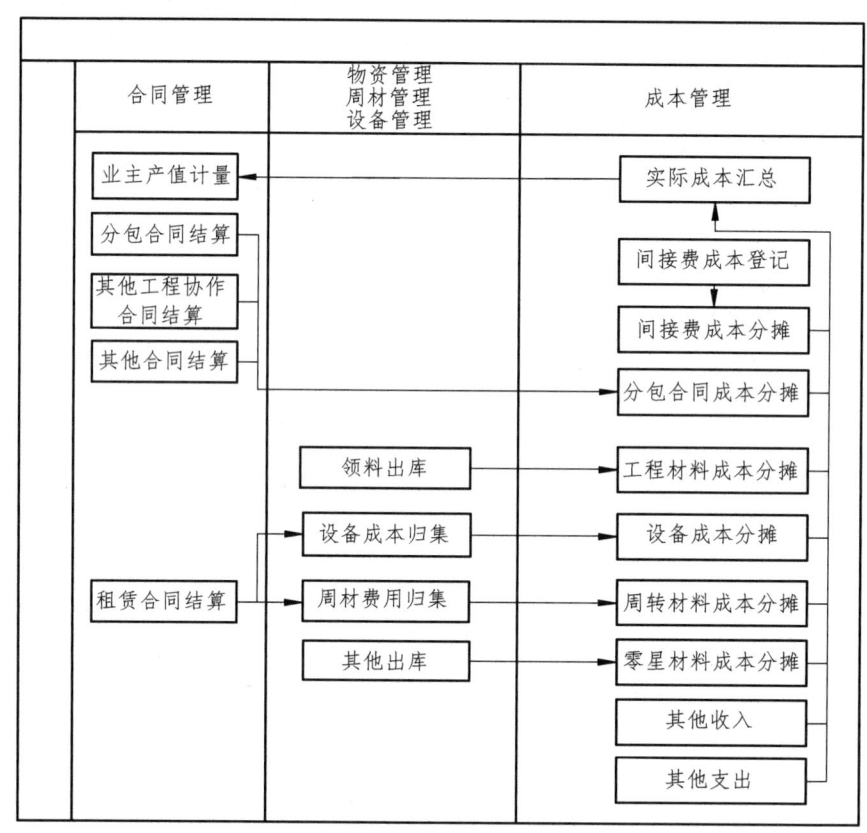

图 5-31 工程项目管理信息系统实际成本核算归集

5.4.10 工程项目全过程资金管理子系统

建筑施工企业是资金密集型企业，在很多建筑施工企业经常会出现如下情况：有时要付款时却缺乏资金，而有时又会在大笔资金准备完毕却暂时不需要支付，占用资金成本。所以对施工企业来说，资金计划的正确制作是非常重要的。应对管理系统构架出决策层、管理层、操作层三级资金控制方式，如图5-32所示。

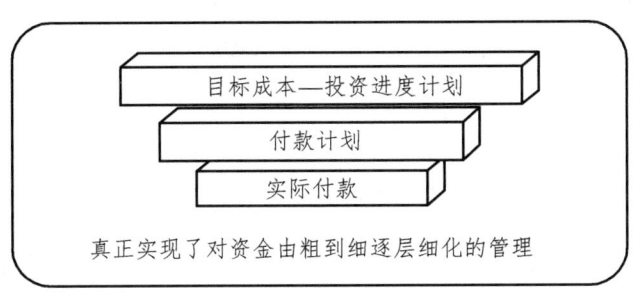

图5-32　工程项目管理信息系统资金管理层级控制

首先，根据企业确定的目标成本，编制工程项目开发预计的资金投资进度，对项目资金进行宏观控制。

在开发初期，根据签订的施工合同，确定工程项目的付款计划，通过对付款计划的跟踪管理，实现对年度（或季度）的资金控制。在项目开发过程中，通过对付款审批单的流程审批管理，管理层可以实时监控项目进展，并严格控制工程款的支付。

项目资金管控的业务流程如图5-33所示。

项目资金总计划：满足项目对资金控制的更高要求，从金额和时间两个维度来控制项目投资的资金链管理。在项目前期，首先确定责任成本（预算成本）；根据工程项目的计划进度，进行合同策划，制订合同付款计划，所有合同计划汇总得出项目资金计划，包括期间、收款总额、付款总额、资金盈余等内容。

项目总体资金计划与财务的资金管理系统对接，可以进一步汇总到公司的资金计划，以至集团的资金计划，从而打通项目到集团的资金管控。（注：前提是购买财务方面的资金管理）。而资金又是与预算打通的，从而可实现从项目的资金管控，到集团的资金管控，以及企业的全面预算管控。如图5-34所示。

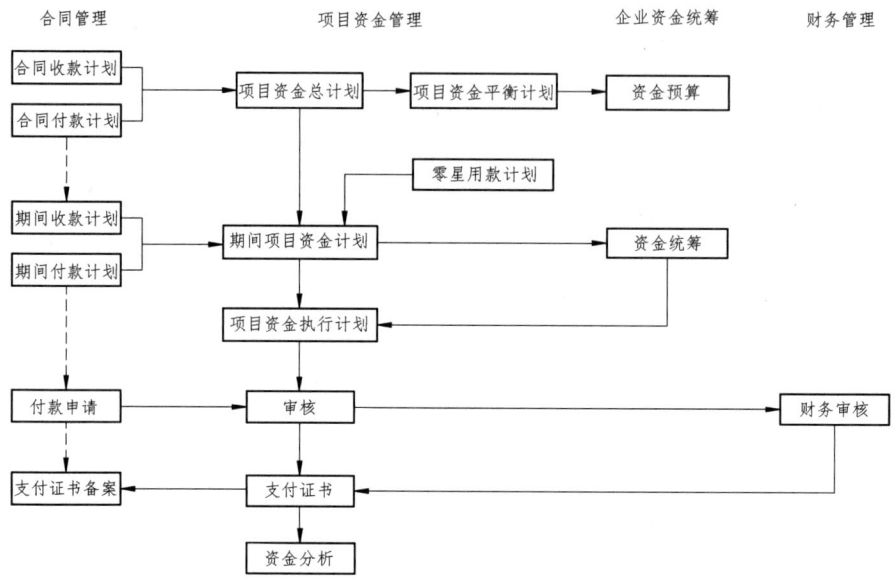

图 5-33 工程项目管理信息系统资金管理计划流程

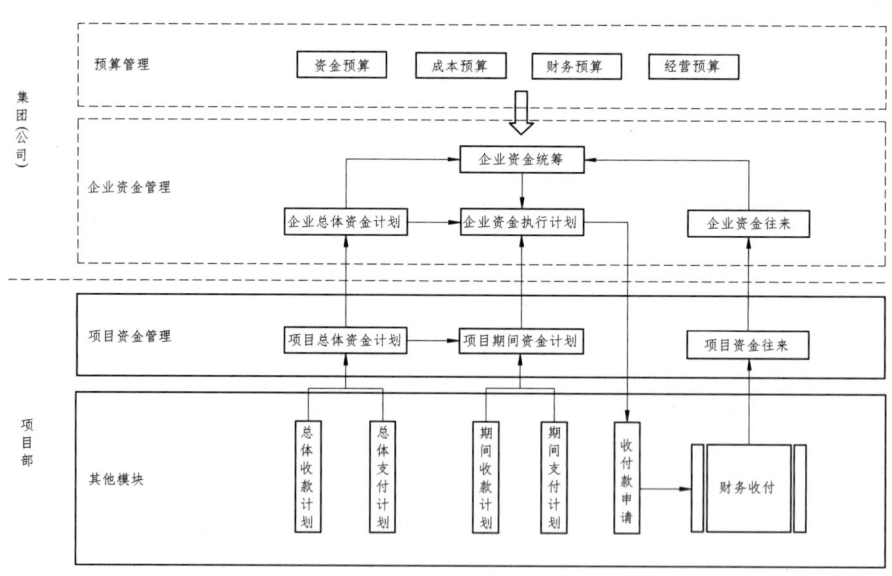

图 5-34 工程项目管理信息系统总体资金计划流程

5.4.11 工程项目施工现场劳务管理子系统

劳务管理是项目管理中的辅助环节，但是有重要意义。总承包企业对劳务分包企业的日常管理、劳务作业和用工情况负有监督管理责任，对监管不到位及因转包、违法分包造成拖欠劳务人员工资的，依法承担相应责任。劳务企业应当每月对劳务作业人员应得工资进行核算，按照劳动合同约定的日期支付工资，并在工地现场公示栏进行公布，接受劳务作业人员的监督，不能以工程款拖欠、结算纠纷、垫资施工等任何理由随意克扣或无故拖欠。

（1）项目劳务人员花名册。

劳务班组进场后，由项目经理部劳资员与劳务人员签订劳动用工合同，并登记造册，根据班组人员实际进场情况，填写《项目劳务人员花名册》。

（2）项目劳务人员考勤登记。

劳务队伍进场后，由班组长对劳务人员进行考勤，填写月度考勤记录，编制《项目劳务人员考勤登记表》，由项目经理（项目承包人）审核。

（3）项目劳务人员工资发放登记。

项目经理部劳资员根据《项目劳务人员考勤登记表》编制《项目劳务人员工资发放登记表》，由项目经理（项目承包人）审核，确定项目劳务班组人员当月工资发放数额，根据《项目劳务人员花名册》及考勤登记确定实际发放工资。

（4）纠纷处理和班组评价（劳务纠纷管理、劳务班组评价）。

任务完成后对劳务班组的完成情况进行评价，并反馈到劳务班组的基础资料中，方便后续跟踪和利用班组信息。

5.4.12 工程项目施工全程质量管理子系统

质量管理主要针对施工的现场管理，涵盖施工生产的组织和实施，技术质量管理的实施、检查、复核和监督，物料进场、检验、试验和使用管理等方面。项目级应用工程项目管理进行质量管理包含如下几个方面：

(1) 质量保证：主要是对项目经理部质量体系运行情况进行管理。
(2) 质量控制：包括对设计质量、采购质量、施工质量的控制，控制的方式通过过程管理实现。
(3) 质量策划：主要指质量验评的划分，以及质量检查项的建立。
(4) 质量过程管理：签证、验收评定管理和不合格项的纠正措施。
(5) 统计分析。

质量管理主要是过程的文档记录管理，其根本是国家法律法规的要求，以及企业的社会责任心。其手段是检查与整改，其目标是预防，最终要形成企业的质量知识库。

工程项目管理信息系统质量管理计划流程见图5-35。

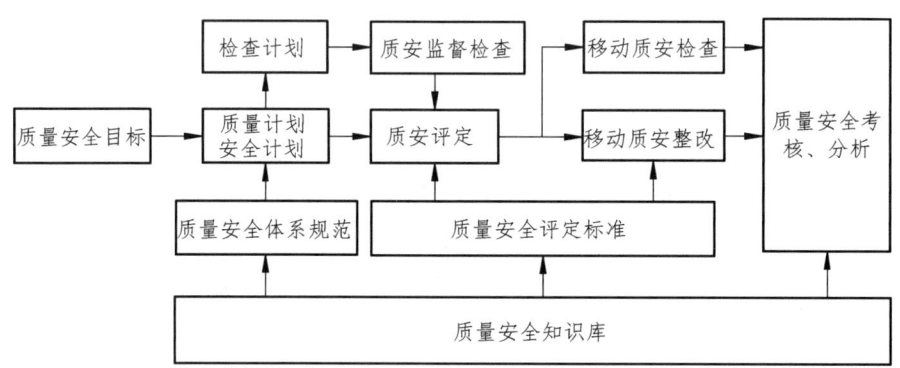

图5-35 工程项目管理信息系统质量管理计划流程

总体策划：由分公司经理主持进行。对大型、特殊工程，可邀请公司质量经理、总工程师和相关职能负责人等参与策划。

细节策划：被任命的项目经理、项目工程师应立即进入角色，熟悉施工现场和图纸，沟通各种联系渠道，同时组织临建施工。待项目经理部人员到位后，项目经理组织项目工程师、技术质量、成本核算、材料设备等方面的负责人根据总体策划的意图进行细部策划。

工程项目管理信息系统质量目标策划见图5-36。

为了促进我国建筑工程施工质量的全面提高、争创国际先进水平、创造一流的工程质量，国家设立了很多工程质量方面的奖项，如鲁班奖、各省级优质工程奖等。

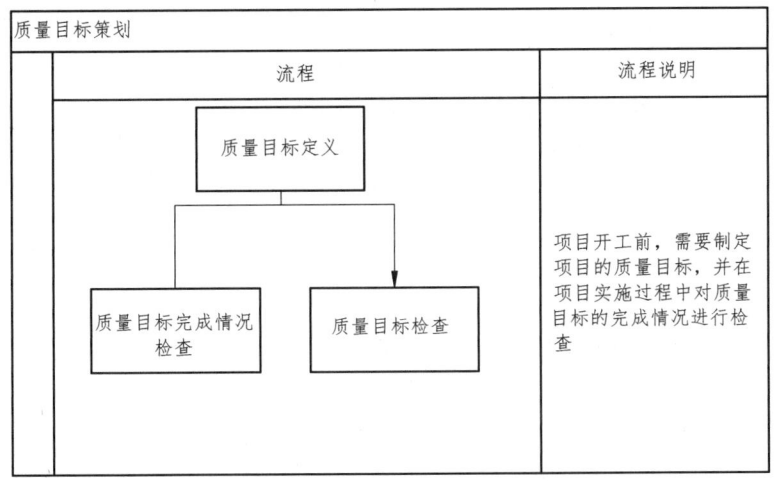

图 5-36　工程项目管理信息系统质量目标策划

为了更好地达到创优的目标,需要在项目开工前、施工过程中进行大量的准备和检查、沟通工作。

在施工的过程中,为了使施工过程质量得到控制,保证其能依据所策划的安排实施完成,达到预期效果,在施工过程中需要进行周期性的检查。检查项目工程实体质量及项目经理部质量管理状况,包括分包单位分包项目的质量检查。

移动质安检查如图 5-37 所示。

图 5-37　工程项目管理信息系统质量管理移动终端

传统的质量安全检查费时费力，总是要花费较多的时间对资料进行整理。移动质安则将此过程简化。通过"拍照、画圈、录音"系统几个基本简单的动作，选择相应的资料，然后点上传，即可同步到服务器中，不需要再额外花费时间整理。而现场整改完成之后，总部也可以通过手机端进行验证处理。省去了去现场的进一步动作，节省了公司成本。

5.4.13 工程项目施工过程安全管理子系统

安全管理的目的在于对施工项目的安全文明施工情况进行有效的控制和标准化管理，主要实现安全管理的系统策划、工程项目的安全宣传教育活动台账管理、新员工安全教育台账管理、作业危险源的控制、安全检查及安全整改、违章处罚的管理、安全事故管理、分包单位安全管理台账、危险施工安全作业票、安健环状态评价、安全设施管理、特种作业人员登记、特种设备统计、施工基础风险统计、安全报表管理等功能。

企业层面，保证企业的安全管理体系在系统平台上的执行，企业级安全管理相关规范和体系的建立、下发，以及对各个项目经理部的安全管理执行状况的检查与监督控制。所有项目的安全管理业务数据要汇总到企业层面。

应用工程项目管理进行安全管理包含如下步骤与方法：

(1) 确定项目的安全分解结构：策划产生控制计划（安全防护计划）、进行 LECD 量化、进行安全作业票管理、进行培训教育管理。

(2) 日常控制：开工检查、专项检查、安全大检查、安全罚款、安全作业票、安全整改单、安全设施管理等，量化考核。

(3) 统计分析：统计分析可以得出哪些地方、哪些单位容易出现安全隐患，进而采取进一步的预防控制措施。

(4) 重大风险源管理。

危险源识别：运用系统的方法对危险源进行辨识和评价，建立重大危险源指标体系对工程中的重大危险源进行定义，建立危险源清单和风险源管理责任人。

危险源监控：根据重大危险源监控实施程序建立危险源的巡查和重

点监控制度，可以调用远程视频监控对危险源进行巡查，发现情况及时记录、上报和预警，以提前发现问题，消除安全隐患。

危险源处理：处理重大危险源和审核上报。

公司重大危险源管理识别：每年年初由公司的安全管理部门，识别和制定公司的重大危险源清单；编制重大危险源应急预案方案（每年修订一次）；组织应急实施工作。

项目重大危险源识别与交底：在项目开工前，相关人员需要对项目进行危险源识别，确定项目重大危险源，列出重大危险源清单，开展项目重大危险源交底。

项目危险源过程管理：项目重大危险源过程管理实际上就是重大危险源专项大检查，因此，项目重大危险源过程管理记录就是"检查性质"="重大危险源检查"的安全检查记录。项目重大危险源过程管理在项目重大危险源开始发生后进行。

危险源结束总结：危险源结束后，需要记录结束的时间并进行过程总结。

事故报告及处置：对安全事故及时进行登记，并逐级上报，包括安全管理人员、项目经理、公司负责人和上级行政主管部门；记录安全事故的处置情况；对实际存在的或潜在的不符合采取纠正或预防措施，消除发现的或潜在的不符合原因，以减少损失，确保体系有效运行。

事故报告：出现安全事故后，必须填写报告单。

事故处理：安全事故处理的情况需要在系统中做记录。

安全培训：包括安全教育制度、安全培训组织、安全培训考核和安全资质管理等功能。

5.4.14　工程施工技术管理子系统

项目经理部技术管理主要包括本项目执行的技术标准和规程管理、施工组织设计、技术方案管理、施工图纸会审、施工图纸管理、施工技术交底等内容，可以集成查阅企业层维护的技法工法和专利成果等技术资料。工程施工技术管理子系统对各类施工技术统一进行管理，特别是针对四新技术应用提供了专门的支持。同时结合附件管理、档案系统及质量管理模块中的相关内容，可灵活地支撑不同的业务需要。

施工组织设计管理主要管理施工组织设计文档，记录施工组织设计编制、审批、变更等信息；技术方案管理的内容包括技术方案的编制、审批和变更，可以上传和查阅相关附件；施工图纸管理包括图纸分类目录、图纸摘要信息、上传和查阅图纸文件、图纸保管、借阅归还等内容。

（1）国家技术法规、规范、标准。

按照国家技术法规、规范、标准，公司分别建立一览表。能够索引一览表中任意文件的内容与5年内的变动情况。

（2）企业技术管理制度、企业施工标准。

按照企业技术质量管理制度、企业工法、工艺标准、科技成果资料、施工组织设计、施工方案、作业指导书等，业主公司分别建立一览表。能够索引一览表中任意文件的内容与5年内的变动情况。

（3）设计交底与图纸会审。

设计交底与图纸会审流程管理。按照项目建立设计图纸、变更图纸的设计交底、图纸会审的相关信息一览表。应能够索引文件内容。

（4）常规技术管理。

可将国家技术法规、规范、标准及企业技术质量管理制度、企业施工工法、工艺标准、科技成果资料、施工组织设计、施工方案、作业指导书等内容设置为系统标准，后续进行技术交底。

工程项目管理信息系统安全技术方案管理见图5-38。

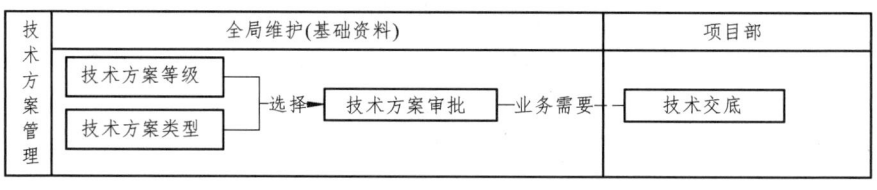

图5-38 工程项目管理信息系统安全技术方案管理

5.4.15 工程施工竣工管理子系统

管理与跟踪项目验收执行情况，全面考核项目建设成果，主要包括工程验收、工程移交、项目终结和项目总结几个方面的内容，如图5-39所示。

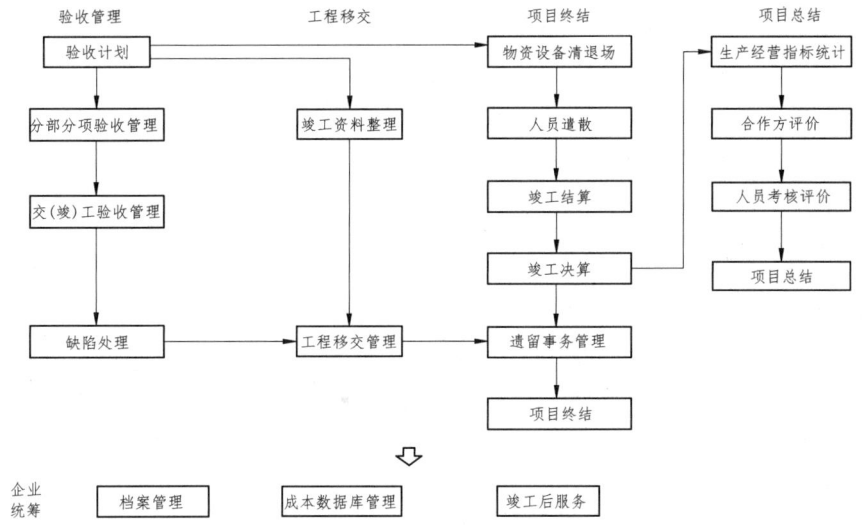

图 5-39 工程项目管理信息系统竣工资料管理

对整个项目进行综合验收,通过系统定义与验收相关的基本信息,管理和跟踪项目竣工验收执行情况,并记录执行过程中的所有文档资料。竣工验收是项目建设过程的最后一环,是全面考核项目建设成果、检验设计和工程质量的重要步骤。

5.4.16 工程项目资料管理子系统

项目投标到工程交付过程会产生大量的资料,包括前期资料、招投标资料、合同资料、变更资料、施工资料、结算资料、维修工程资料等等,也包括一些非项目类资料。

资料是企业的宝贵知识财富,通过资料的积累,实现企业经验、知识和文化的沉淀,使实施新项目的项目经理可以有经验可循。

5.4.17 工程项目施工过程变更控制子系统

当项目发生某些变化时,项目的进度、成本、资源预算、质量也要发生变化,项目发生变化并不意味着项目就会发生变更,只有项目变化,影响到某些控制基准发生变化,并且需要采取必要措施,才能达成项目目标时,才需要进行项目变更。项目变更不能是随意的,需要进行有效控制。变更控制是指建立一套正规的程序对项目的变更进行有效的控制,从而更好地实现项目的目标。

建筑施工项目变化是多种多样的,工程项目管理归纳为工程变更、施工方案变化、工期延误、资源价格变化、施工管理模式(承包模式)变化、质量标准变化几大类。根据工程项目管理管控模型,项目变更必然引起后续一系列业务调整,不同类型的变更,影响的后续业务也不尽相同,为此,系统设立如下功能模块:

工程变更控制、范围变更控制、工期变更控制、进度变更控制,费用变更控制,资源价格变更控制,其他费用变更控制;施工方案变更控制、技术变更控制;施工管理模式变更控制、管理模式变更控制;质量变更控制,等。工程项目管理将这些变更业务,分散到不同的模块,但解决方案其实是一体的。具体的变更流程如图5-40所示。

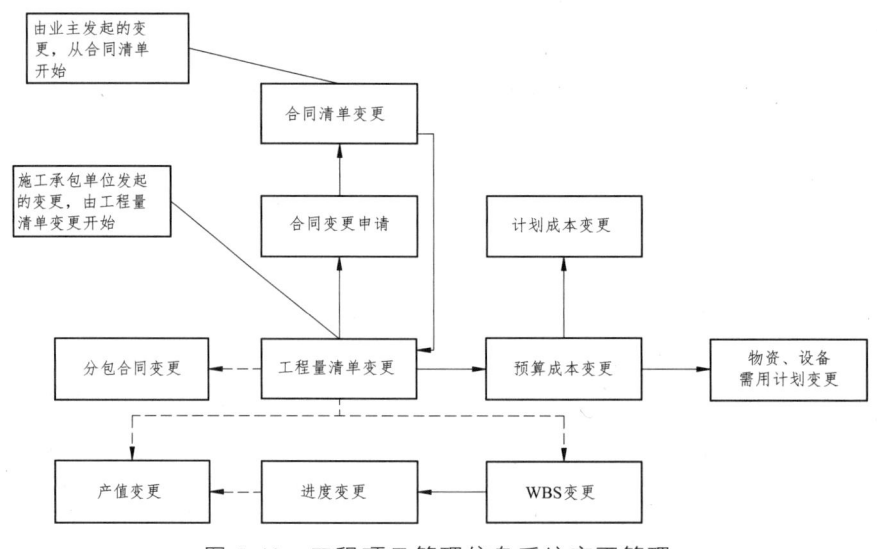

图 5-40　工程项目管理信息系统变更管理

5.4.18　工程项目管理智能设备移动应用

现在社会,是高速发展的时代,是互联网时代,使用先进的手段是必然趋势。

(1)领导看板。

用户聚焦：企业董事长、总经理、各业务高管等。

业务聚焦：聚焦企业的关键业务数据，如合同签约、产值收款、资金监控、企业税负、经营利润等。

(2)项目看板。

用户聚焦：项目经理、企业各职能部门管理人员。

业务聚焦：聚焦项目的关键业务数据，如合同收入、成本执行、项目税负、支付合同、资源采购、项目质安、项目信息等。

(3)业务应用。

用户聚焦：项目经理部业务人员、企业各职能部门管理人员。

业务聚焦：业主合同、分包管理、采购管理、库存管理、增值税管理、成本管理、质量安全管理等。

5.5 基于BIM的工程项目管理信息系统设计构想

随着全球化、知识化和信息化时代的来临，信息日益成为主导全球经济的基础。在现代信息技术的影响下，现代建设项目管理已经转变为对项目信息的管理。传统的信息沟通方式已远远不能满足现代大型工程项目建设的需要，实践中许许多多的索赔与争议事件归根结底都是由于信息错误传达或不完备造成的。如何为工程项目的建设营造一个集成化的沟通和相互协调的环境，提高工程项目的建设效益，已成为国内外工程管理领域的一个非常重要而迫切的研究课题。

目前在信息系统理论研究方面，国内绝大多数研究将焦点集中在整个系统构架的理论研究上。我国建筑业的信息化，充其量是为建设项目管理的过程提供了一些工具，而没有为我国建设项目管理带来根本性的变革。国外项目管理信息系统集成化程度较高，但也只是几个建设过程信息的集成、功能的集成，并不是完全意义上集成化的项目管理信息系统。近年来，作为建筑信息技术新的发展方向，BIM从一个理想概念成长为如今的应用工具，给整个建筑行业带来了多方面的机遇与挑战。

5.5.1 建筑信息模型

建筑信息模型（Building Information Modeling，BIM），是指在开放的工业标准下设施的物理和功能特征，及其相关的项目生命周期信息的可计算或可运算的表现形式。BIM 以三维数字技术为基础，通过一个共同的标准，目前主要是 IFC（Industry Foundation Class），集成了建设工程项目各种相关信息的工程数据模型。作为一项新的计算机软件技术，BIM 从 CAD 扩展到了更多的软件程序领域，如工程造价、进度安排，还蕴藏着服务于设备管理等方面的潜能。BIM 给建筑行业的软件应用增添了更多的智能工具，实现了更多的职能工序。设计师通过运用新式工具，改变了以往方案设计的思维方式；承建方由于得到新型的图纸信息，改变了传统的操作流程；管理者则因使用统筹信息的新技术，改变其前前后后工作日程、人事安排等一系列任务的分配方法。

在实际应用上，BIM 的信息技术可以帮助所有工程参与者提高决策效率和正确性。比如：建筑设计可以从三维的角度来考虑推敲建筑内外的方案；施工单位可取其墙上参数化的混凝土类型、配筋等信息，进行水泥等材料的备料及下料；物业单位则可以用之进行可视化物业管理等。基于 BIM 的项目系统能够在网络环境中，保持信息即时刷新，并能够提供访问、增加、变更、删除等操作，使建筑师、工程师、施工人员、业主、最终用户等所有项目系统相关用户可以清楚全面地了解项目此时的状态。这些信息在建筑设计、施工过程和后期运行管理过程中，可加快决策进度、提高决策质量、降低项目成本。

5.5.2 基于 BIM 构建的工程项目管理信息系统的优势分析

传统的建设工程项目管理信息系统，由于工程管理涉及的单位和部门众多，信息输入只能停留在本部门或者单体工程的界面，常常出现滞后现象，难以进行及时整体工程的相互传输，阻碍了整个工程的信息汇总，必然形成信息孤岛现象。基于 BIM 构建的工程项目管理信息系统除了具有传统管理信息系统的特征优势外，还能满足以下要求：

（1）集成管理要求。随着工程总承包模式的不断推广和运用，人们越来越强调项目的集成化管理,同时对管理信息系统的要求也越来越高。如:将项目的目标设计、可行性研究、决策、设计和计划、供应、实施控制、运行管理等综合起来,形成一体化的管理过程;将项目管理的各种职能,如成本管理、进度管理、质量管理、合同管理、信息管理等综合起来,形成一个有机的整体。

(2)全寿命周期管理要求。全寿命管理理念就是要求工程项目的建设和管理要在考虑工程项目全寿命过程的平台上进行,在工程项目全寿命期内综合考虑工程项目建设的各种问题,使得工程项目的总体目标达到最优。反映在管理信息系统建设上,就是管理信息系统的建设不仅仅是为了工程项目实施过程,同时应考虑管理信息系统在工程竣工后纳入企业运行阶段的应用,这样既可以满足业主实际工作的需要,又为业主、最终用户、承包商、分包商、监理机构、施工方等提供了一些后期总结数据。

5.5.3 基于BIM的工程项目管理信息系统的架构及功能

1. 工程项目管理信息系统架构

系统采用B/S(Browser/Server)结构,用户通过Web浏览器,访问广域网即可实现信息的共享。大多数事务通过服务器端来实现,终端和服务器以及终端之间通过网络连接,数据可以得到即时的传输和集成加工。这样的系统架构分为3层,即操作层、应用层和数据服务层,如图5-41所示。

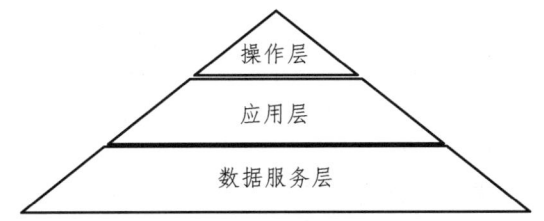

图 5-41 基于BIM的工程项目管理信息系统架构

第1层是操作层,也叫用户界面,供终端用户群(包括业主、设计单位、总承包方、分包方、施工方、最终用户等)通过网络提供的浏览器使用,用户群在网络许可范围内(专线、VPN甚至整个广域网),通过 HTTP 网络协议，经过身份识别，并进行相应操作权限赋权后进入系统，进行相关操作。

第 2 层是应用层，将管理信息系统应用程序加载于应用服务器上，通过中间件接收用户访问指令，再将处理结果反馈给用户。

第 3 层是数据服务层，通过中间件的连接，负责将涉及数据处理的指令进行翻译和处理，如读取、查询、删除、新增等操作。

其中，数据流同步触发器是一个实现 BIM 的重要组件。在系统数据库进行实现的时候，该触发器是加载在数据库所有数据表空间上的一个应用程序。利用该组件，当前端应用程序发出任何操作指令（如检索、增加、删除等），同步触发器就可以将各数据库进行集成后，反馈给相应操作用户。在普通信息管理系统中，因为没有利用该组件对所有数据库的数据进行集成，所以系统无法提供各数据。

2. 工程项目管理信息系统模块及其功能

基于项目集成化和全生命周期管理的理念，工程项目管理信息系统共分为 9 大模块。

（1）项目前期管理模块。该模块主要是对前期策划所形成的文件进行保存和维护，并提供查询的功能。

（2）项目策划管理模块。在这个模块当中，最重要的是编码体系和 WBS。编码体系一旦定下来，是不可以更改的。每一项工作的编码都是唯一的，一个编码就代表了一项工作。在项目管理过程中，网络分析，成本管理，数据的储存、分析、统计都依靠编码来识别，编码设计对项目的整个计划及管理系统的运行效率都有很大的影响。

（3）招标投标管理模块。对工程招投标而言，只要模拟相关招投标法规定的程序即可。另外，对招标投标的管理应该根据工期计划和采购计划，合理安排招标的工作。

（4）进度管理模块。该模块的主要组成部分有工期目标和施工总进度计划，单位工程施工进度计划，分部（项）工程施工进度计划，季度、月（旬）作业计划等。此外，该模块还应能提供进度控制的分析方法，如网络计划法、S 曲线法、香蕉曲线法等。

（5）投资控制管理模块。项目总投资确定以后就需按各子项目、按项目实施的各个分阶段进行投资分配，编制建设概算和预算，确定计划投资，进而在工程进展的过程中，控制每个子项目、每一阶段的实际投资支出，确保项目投资目标实现。投资控制模块就是为实现这一目标而设立的。投资控制模块可用于制订投资计划，提供实际投资支出的信息，将实际投资与计划投资的动态跟踪比较，进行项目投资趋势分析，为项目管理人员采取决策措施提供依据，同时还应具备提供S曲线法、香蕉曲线法等投资控制的分析方法。

（6）质量管理模块。质量管理是一个质量保证体系，包括设计质量、施工质量和设备质量，是通过以验收为核心流程的规范管理，它主要通过各种质量文档的分类管理来实现。质量控制模块是用于对设计质量、施工质量和设备安装质量等的控制和管理，它的功能是提供有关工程质量的信息。另外，还提供质量控制的分析方法，如排列图法、因果分析图法等。

（7）合同管理模块。工程合同管理是对工程项目中相关合同的策划、签订、履行、变更、索赔和争议解决的管理。合同的控制信息包括合同当事人、标的、数量和质量、工期、价款或酬金、履行的地点、期限和方式、违约责任、风险分担、争议解决等，可通过不同归口进行相应的操作。其中，变更管理分模块是合同管理模块中的重要部分。

（8）物资设备管理模块。该模块针对工程项目不同阶段和状态，对具体的物资和设备进行输入输出调用的管理，并采用相关的分析方法，如ABC法等。

（9）后期运行评价管理模块。该模块主要是反映项目运行以后的状况，也对反映工程项目整体管理工作的数据进行汇总，为业主、最终用户、承包商、分包商、监理机构、施工方等提供了一些后期总结数据。

3．基于BIM的工程项目管理信息系统的运行

基于BIM模型的工程项目管理信息系统的运作，就是用户通过局域网（乃至整个互联网范围内），向系统服务器发送查询、信息变更等操作请求，由系统根据该用户所有权限的定义，按操作方式、用户权限等的差异，从系统数据库服务器中集成其所需，提供从项目前期至检索的时点的所有相关工程项目信息。这些信息以文字和2D或3D图纸的形式，由系统应用服务器进行界面组织，集成反馈给用户，供用户进行相关操作。基于BIM模型的信息管理系统在项目全寿命期内的具体运作如下：

（1）项目前期、策划阶段。此阶段主要利用项目前期管理模块和项目策划管理模块，可以在系统中形成一个 3D 模型，前期参与各方可以对该三维模型进行各方面的模拟试验，进而做出可行性判断，并修正设计方案。由于数据的集成共用，最终可以得出理想、设计精准的项目 3D 模型、前期文档、平面设计图纸等一系列的成果。

（2）项目招投标阶段。此阶段主要利用招标投标管理模块，可以进行一些基于网络的开放性操作。将项目前期形成的若干成果进行适度公布，并组织公开招投标。招标单位可以在一定程度上，规避投标单位由于对项目理解误差造成的费用和时间的损失，还可以避免一些串谋、权力寻租等行为的发生；投标单位也可以从这些开放性的集成文件里，做出合理、准确的标案，而且各方都可以基于一个公正合理的平台进行竞标。当最终标案经过系统公示产生后，将招投标文件输入系统，形成产生项目合同依据的有效电子文档，并以此产生项目的总承包等一系列合同文件。招投标过程中信息流动状态改变。

（3）项目施工阶段。此阶段利用质量、进度、投资控制模块，对所有系统模块（此时系统所有模块才全部参与运作）进行有效控制。在该过程中，随着项目的进展，将产生各种合同文件、物资采购及调用记录、合同及项目设计等的变更记录以及施工进度、投资分析图等一系列系统文件。在有效的系统使用范围内，项目参与各方可以随时调用权限范围内的项目集成信息，可以有效避免因为项目文件过多而造成的信息不对称的发生。

（4）项目运营阶段。在运营管理阶段主要利用后期运行及评估模块，可以及时提供有关建筑物使用情况、入住维修记录、财务状况等集成信息。利用系统提供的这些实时数据，物业管理承包方、最终用户等还可对项目做出准确的运营决策。

BIM 是建筑工程信息化历史上的一个革新。通过建立基于 BIM 的工程项目管理信息系统，使计算机可以表达项目的所有信息，信息化的建筑设计才能得以真正实现。系统可以实现项目基本信息管理、进度管理、质量管理、资金管理的整合，通过管理和利用项目统计数据，挖掘数据的潜力，发挥其决策支持功能；系统可以为行业规划与决策提供多维的信息支持，突破项目信息管理的传统方式。BIM 的发展，不仅可使现有技术进步和更新换代，也将促进生产组织模式和管理方式的转型，并长远地影响人们对于项目的思维模式。

第 6 章

高速公路全要素协同数字孪生智能建管一体化平台工程应用

开发建设"高速公路全要素智能建造管理平台系统"是为了达到提高高速公路工程建设项目信息化管理水平，全面推行高速公路建设阳光工程管理，提高效率、规范管理的长远目标。利用互联网络实现对高速公路工程建设项目信息的高效、快捷交流，实时掌握项目建设的进度、质量、投资、合同管理、变更等情况，并及时对工程进度、质量、投资进行宏观控制。开发过程中严格按照交通运输部、住房和城乡建设部、工业和信息化部各类行业标准和技术规范，根据公路建设的行业特点，项目建设单位对该项目的建设要求，从建设项目养护管理的实际需求出发，实现项目建设网络化管理。采用结构合理、数据共享程度高、严谨高效的综合管理平台，结合现代项目养护管理理念，以项目建设管理为核心，以数据为基础，充分利用计算机和通信技术，实施对项目建设的现代化、科学化、智能化和规范化管理，达到提高工作效率、管理水平，以及提高投资效益的目的。

通过开发"高速公路全要素智能建造管理平台系统"，实现各级管理单位、业主单位、设计单位、监理工程师、施工单位等各方内部业务及相关业务之间的交互，使之达到加速工程项目相关信息的流转速度、提高工作效率、强化工程项目管理的信息化水平、降低工程项目建设成本的目的。

6.1 项目管理模块

6.1.1 产品 UI 界面

1. 首　页

本首页以"我"为中心，将传统菜单栏升级为我的菜单，可随心定义个人常用菜单；围绕"我的任务"统计跟踪、提醒待办，提高个人工作效率；通知公告及工地快轮播显示，实时了解项目动态及工地信息。

2. 大屏系统

通过大屏系统实现在建项目数据可视化；将平台大体量数据及信息

进行统计分析,实现项目路网、信息概况、形象进度、投资完成进度、变更批复情况、质量监控等综合数据的实时汇总,详见图6-1。

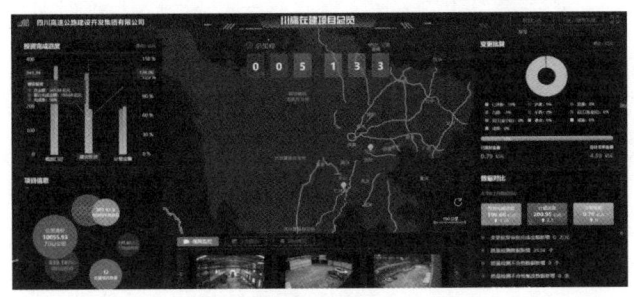

(a)大屏系统-项目总览

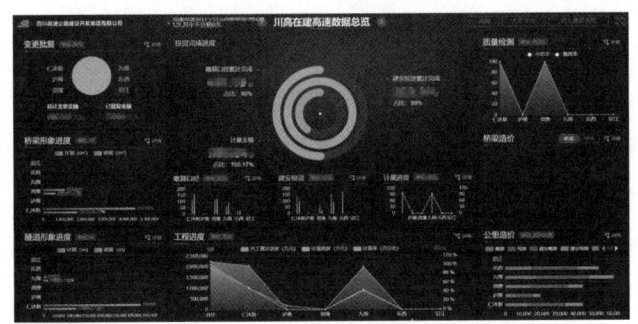

(b)大屏系统-数据总览

图6-1 平台大屏系统

6.1.2 管理功能介绍

1. 进度控制

基于WBS工程结构树(图6-2)上报每月计划,通过APP工序检查模块,获取显示构件及工序的最新状态;根据计划及进度详情系统自动统计生成形象进度台账及形象进度统计报表。同时对接BIM系统,每个时间点的重点工序与桥梁、隧道、路面计划及实际进度均一目了然,使上报工作标准化,形象进度可视化,从而提高工作效率。

图 6-2 WBS 工程结构

2．项目信息

对项目基本信息、组织架构、参建单位、项目文件等信息进行发布与维护，各项目相关资料可在线查看、下载；管理人员通过项目信息可从宏观到微观把控项目整体情况，全局了解项目总体信息，实现项目信息的集中化管理和针对性信息发布。

3．合同管理

统一维护招投标、施工、采购等各类合同的合同信息、执行进度与履行情况。通过合同管理对数据进行分析，自动统计出桥梁、隧道、路面的经济造价指标，为业主在工程造价上提供数据支持（图 6-3）。

系统按照概算、预算编制办法的规则结合项目计量、变更的情况，自动生成实际数据。并对比概、预算，令业主实时了解项目实际投资和概、预算批复金额的关系（图 6-4）。

4．设计变更

以结构树架构体系为基础，紧密结合传统建设中各设计变更模块，实现构件级变更。通过平台 Web 端发起线上变更，上报变更资料，提醒并跟踪相关各方在规定时间内完成本岗位 CA 签字审批，做到整个变更流程可追溯。变更完成后根据预立卷及竣工变更图纸的绘制修改 WBS 结构树、BIM 模型及构件关联的图纸，同时完成设计变更与 BIM 模型的互联互通，做到变更前后对比追踪（图 6-5）。

图 6-3 合同管理-合同登记

图 6-4 桥梁信息维护

图 6-5 工程结构设计变更

6.1 项目管理模块

241

5．计量管理

将计量工作碎片化、模块化、标准化，减少计量的重复性工作。对已完成质检评定的构件进行计量，实现项目计量全过程线上标准化，基于 WBS 结构树的计量支付管理实现项目实施阶段清单管理、标准构件管理、现场收方、中间计量、中期支付报表的汇总、申报批复管理；系统基于结构树计量可自动生成计量支付报表，防止超计、漏计、重复计量等情况。如图 6-6 所示。

（a）工程结构计量

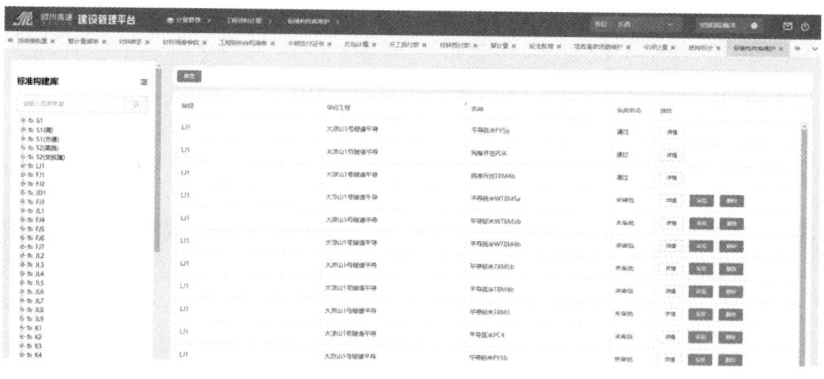

（b）标准构件库维护

图 6-6　计量管理系统

6．质量管控

平台通过物联网设备，对实验室、拌和站、钢筋加工场各方面试验数据进行分析统计，建立质量不合格台账及质量整改督办任务，帮助施工单位进行质量管控，提高工程建设质量。

该模块包括施工现场数据监控、实体工程现场资料、隧道检测数据监控、路基施工数据监控、路面施工数据监控、质量检测数据总汇、不合格台账、质量整改督办等功能。

现场资料：通过手机 APP 快捷方便地采集现场施工原始影像资料，并自动进入系统数据库，从而还原当时的施工场景（图 6-7）。APP 分为工地巡查、工序检验、隐蔽工程和设计变更四种模式。

图 6-7　现场资料

施工数据监控：对施工单位与监理单位的力学试验机包括水泥抗压抗折试验机、万能机、压力机进行试验管控。通过对各试验室仪器设备的升级改造，可实现试验设备联网监控，对关键试验的检测过程、检测结果实时监督，实现水泥抗压强度和抗折强度、水泥混凝土的抗压强度、钢筋的抗拉强度等试验数据的实时采集、上传、自动分析处理，可有效杜绝试验检测数据造假行为。系统会实时展示水泥胶砂强度试验、钢筋力学性能试验、混凝土抗压强度试验、水泥净浆试件抗压强度试验，分类展示试验数据、试验曲线和试验结果，确保施工工艺和质量得到保证，如图 6-8 所示。

图 6-8　试验机联网与动态监控

7．政策法规

对现行法律法规以及交通厅、交投集团公司、川高公司下发的各类制度性文件按照建设管理、投融资和征地拆迁分类录入系统，供用户查阅参考。

8．绩效考核

该模块包括绩效考核打分、绩效考核汇总、被通报台账、绩效考核信息等功能。业主单位对各个标段项目公司及相关人员进行考核打分，根据用户使用手机 APP 进行签到的时间、定位、照片信息对人员出勤情况进行核查。

9．安全生产

安全生产以工程安全管理为主线，涵盖工程安全管理重要环节，通过安全教育、培训、安全检查、安全文件、视频实时监控（图 6-9）等模块，实现安全生产管理职能机构及安全组织机构设置；建立项目各标段的安全管理目标，制订安全计划，执行国家安全生产管理法规的规定，对工程项目部安全管理制度建设进行有效管理。

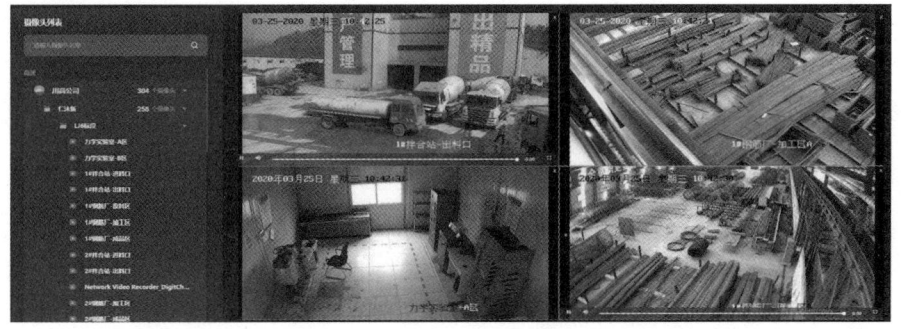

图 6-9　安全生产-视频监控

10．投资管理

该模块包括概预算管理、工程变更管理、变更计量管理、造价控制、主要工程造价经济指标等其他合同条款计量（图 6-10）。平台支持各功能模块数据分权限录入，按工单流程进行申报、审核和审批，最终形成投资管理报表。

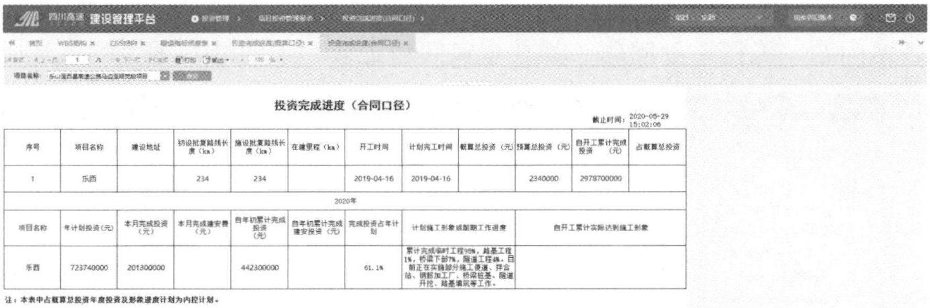

投资完成进度（合同口径）

截止时间：2020-05-29 15:02:06

序号	项目名称	建设地址	初设批复路线长度（km）	施设批复路线长度（km）	在建里程（km）	开工时间	计划完工时间	概算总投资（元）	预算总投资（元）	自开工累计完成投资（元）	占概算总投资
1	乐西		234	234		2019-04-16	2019-04-16		2340000	2978700000	
2020年											
项目名称	年计划投资(元)	本月完成投资（元）	本月完成建安费（元）	自年初累计完成投资（元）	自年初累计完成建安投资（元）	完成投资占年计划	计划施工形象或前期工作进度		自开工累计实际达到施工形象		
乐西	723740000	201300000		442300000		61.1%	累计完成临时工程95%，路基工程1%，桥梁下部7%，隧道工程4%。目前正在实施部分施工便道、拌合站、钢筋加工厂、桥梁桩基、隧道开挖、路基填筑等工作。				

注：本表中占概算总投资年度投资及形象进度计划为内控计划。

图 6-10　投资管理-投资管理进度

11．工程建设

该模块按施工单位、监理单位分别展开设置子模块，并设置相应权限，供各参建单位调阅、使用；对于部分子模块，如施工组织设计、开工报告等，需具备审批、备案功能，具体如下：

（1）施工单位：提供承包人对于单位信息、施工方基本信息的发布与维护工作，包括单位信息、工地图片、组织机构、工地快报、会议纪要、民工工资管理等。

（2）监理单位：支持提供监理人对于单位信息、监理方基本信息的发布与维护工作，包括单位信息、组织机构、工地快报、监理月报、会议纪要。

12．资料库

辅助管理项目建设过程中的资料及影像数据，将平台全周期数字化资料与 WBS 结构树各分部分项相关联，进行档案式管理，包括设计图纸、变更文件、计量文件、试验文件等；做到数据一次录入，全周期自动调用，便于建设过程中的资料的统一和复用。

13．施工日志

工作日志包括了施工日志、监理巡查日志、业主巡查日志。

施工日志：施工人员通过 APP 端完成当日施工日志上报，同时系统对接试验检测、工序检查等模块，形成施工日志详细内容，内容包括当日完成工作量、项目部劳动力布置和机械布置、当日施工点基本情况、现场取样检测、测量及监控量测、工序检查验收情况、原材料进场检验、技术问题、工程质量问题、其他重点问题记录，如图 6-11 所示。

图 6-11　施工日志

监理日志：监理工程师将当日工作行为上报系统形成电子巡视记录，包括主要施工情况，质量、安全、环保巡检情况，现场巡查照片，发现的问题及处理意见，如图 6-12 所示。

业主日志：业主代表通过该模块，将巡检结果上报系统形成业主巡视记录，包括质量、安全、环保巡检情况，监理、试验检测工作履职情况，现场巡检照片，如图 6-13 所示。

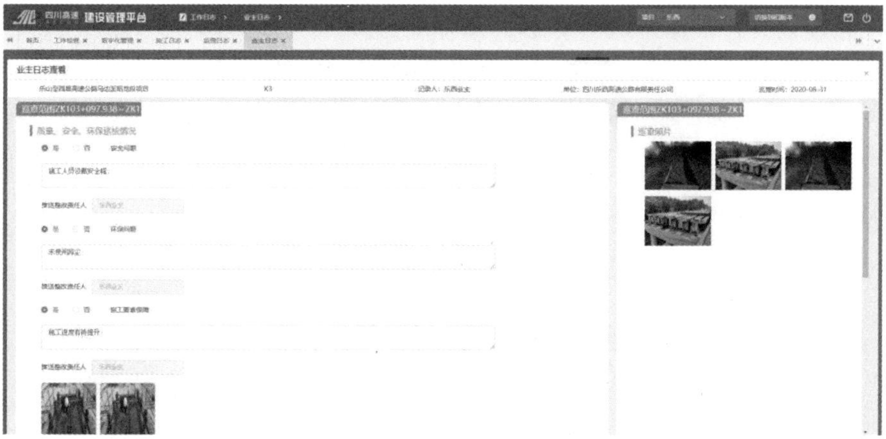

图 6-12 监理日志

图 6-13 业主日志

通过三方日志,及时发现施工过程中质量及安全问题,管理并且督促相关责任人在规定的限期内加以整改。

14. 工序检查

施工人员在关键工序施工过程中通过 APP 工序检查模块进行工序自查,并拍摄符合质量要求的影像资料,自检合格后推送至专业监理工程师。监理工程师按照统一检查标准进行复查,针对质量不合格情况自动统计至不合格台账进行整改,实现对工程现场各工序施工完成情况的标准化管理,为建设过程提供质量保障。如图6-14、图6-15所示。

图6-14 工序检查-APP填报

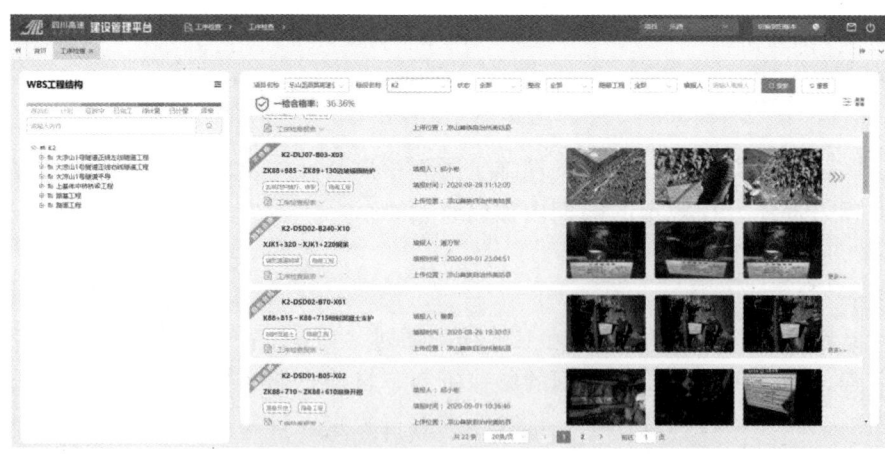

图6-15 工序检查

15. 数字化管理考核

通过平台各功能模块将参建各方行为数字化，从个人到岗位到标段再到项目逐级进行数字化考核评分，运用大数据、人工智能等手段实现对所有数字化参与者日常行为的自动抓取和客观评价分析，将"工作流程化、流程标准化、考核数据化、数据台账化、责任明确化"的项目建设管理理念和机制建设体现在该平台中，进一步为项目建设管理赋能，如图 6-16、图 6-17 所示。

图 6-16　数字化管理考核排行榜

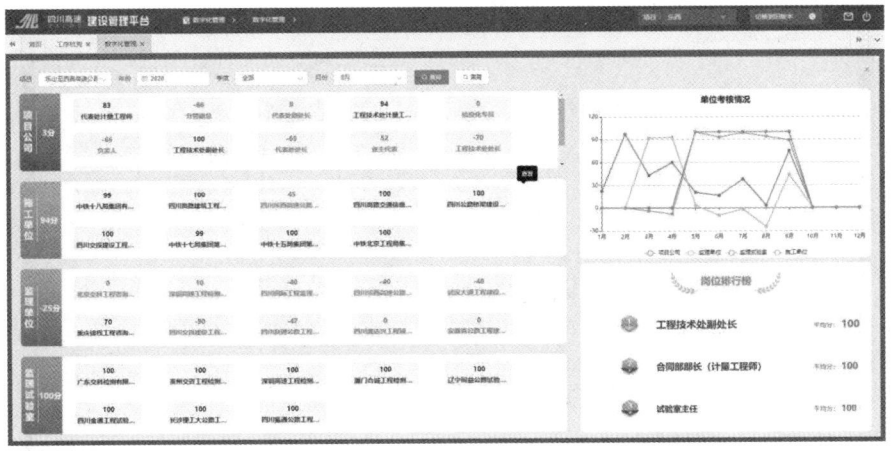

图 6-17　数字化管理考核详情

16. 路面沥青管理

路面沥青管理模块实现沥青从生产厂家到入库、出库、进场的全过程的质量管控。通过沥青管理 APP，对沥青的生产、摊铺进行了监控，同时结合 BIM 及北斗定位技术，实现沥青质量的严格管控及问题可追溯。

将《沥青指导意见》的表单内置于 APP 中，各环节人员填写相关数据，同时关联沥青光谱，实现沥青从生产厂到拌和站的全流程监控。引入沥青光谱系统（图 6-18），可实时查看每个项目的沥青光谱检验情况。对沥青的生产拌和、现场施工进行监控，具体对拌和的油石比、温度、配合比、级配，摊铺机的摊铺温度、摊铺速度进行监控（图 6-19），并返回当日施工摊铺桩号，提升路面施工质量，实现沥青质量可追溯。

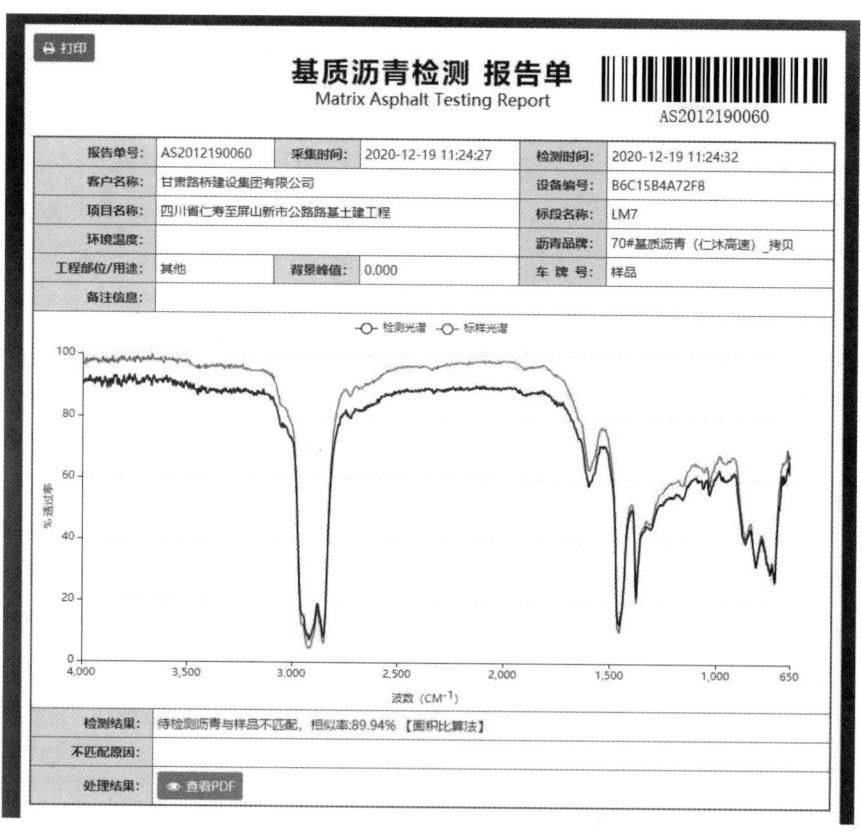

图 6-18　沥青光谱

图 6-19　摊铺机速度、温度监测

6.2　隧道管理模块

采集隧道设计资料中的关键信息，例如设计围岩分级（图 6-20）、设计衬砌形式、工程地质概况，为其他功能模块提供基础信息，从而判断现场情况是否与设计文件一致。如果现场情况与设计资料产生了出入，则会为变更流程的启动提供依据。

隧道衬砌信息

隧道围岩级别段落划分

	起止桩号	围岩级别
左洞	ZK89+385~ZK89+400	V
	ZK89+400~ZK89+501	IV
	ZK89+501~ZK89+855	V
	ZK89+855~ZK92+885	IV
	ZK92+885~ZK92+952	V

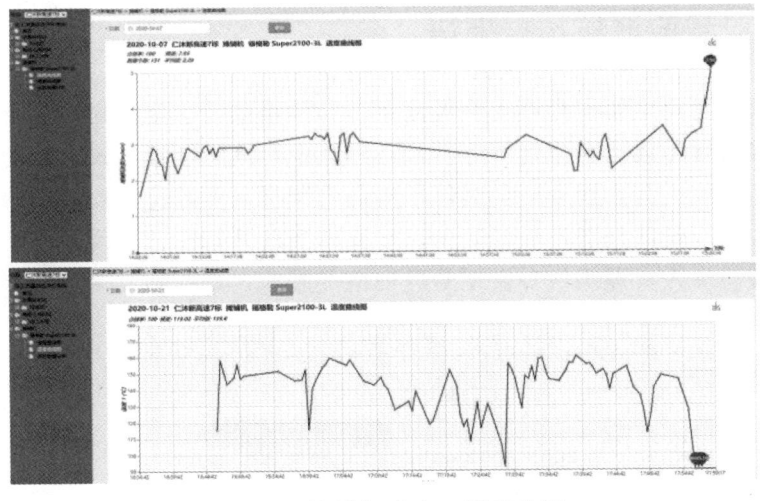

图 6-20　设计围岩级别

6.2.1 超前地质预报模块

收集超前地质预报中的关键信息，如预报结论、施工建议、不同预报方式的解译数据和分析图等，且对项目中常用的预报方式进行简要的介绍。在收集完数据后，会对每条隧道的预报进度进行直观的展示，并且结合围岩辅助判别模块的数据，标注出当前开挖面，为现场施工人员和领导管理人员提供一个直观的进展情况展示，如图 6-21 所示。

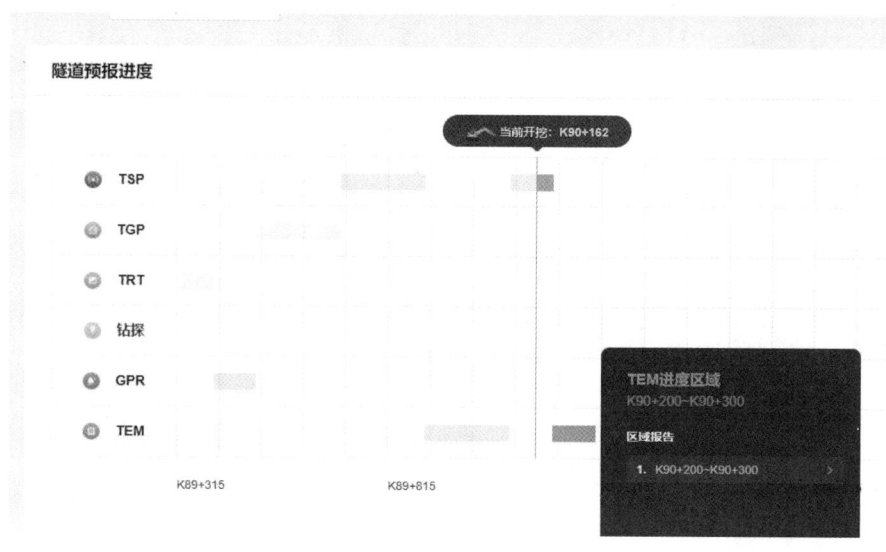

图 6-21　预报进度

6.2.2 围岩判别模块

通过海量的围岩数据和最新的机器学习功能，围岩辅助判别模块能通过定性的数据分析出现场的围岩级别。

现场施工人员通过 APP 可以简单地勾选出已列出的定性选项，从而把现场的围岩信息和照片精准地录入到系统中。

云端系统在接收到现场数据后，通过机器学习功能自动判断出现场围岩等级。如果辅助判别的现场围岩级别和设计级别不一致，则由现场的监理、设计代表、地质专家、业主等进行一系列决断且留下记录，为相应的衬砌变更提供依据，如图 6-22～图 6-24 所示。

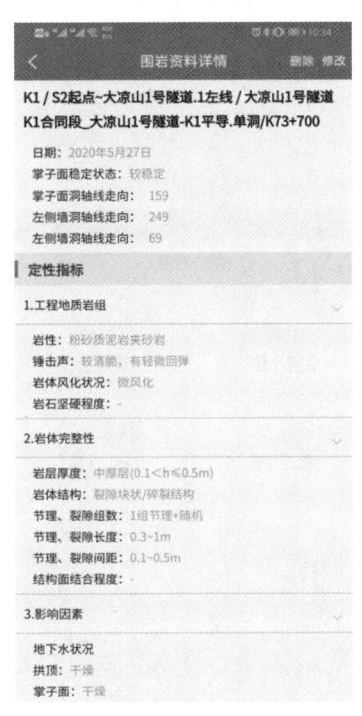

图 6-22　隧道围岩-APP 填报　　　图 6-23　隧道围岩-APP 查看

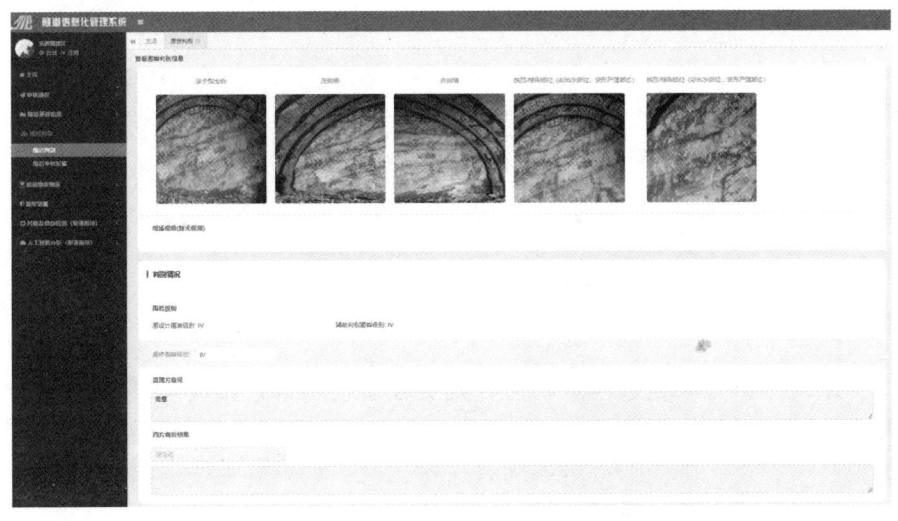

图 6-24　隧道围岩-Web 端查看

6.2.3 监控量测模块

通过自主研发的蓝牙 APP，将全站仪的数据经蓝牙直接传到手机端，然后再传至云端，在云端系统进行数据分析，如图 6-25、图 6-26 所示。

图 6-25 数据测量

图 6-26 数据上传

系统分析如果超过预警阈值，则会在系统中进行相应等级的预警，并通知相关人员进行处理（图 6-27）。系统还将分析出围岩的变化趋势，如果趋于稳定，则能结束量测同时施作二衬；如果有大变形趋势，则将提前告知相关人员采取预防措施。

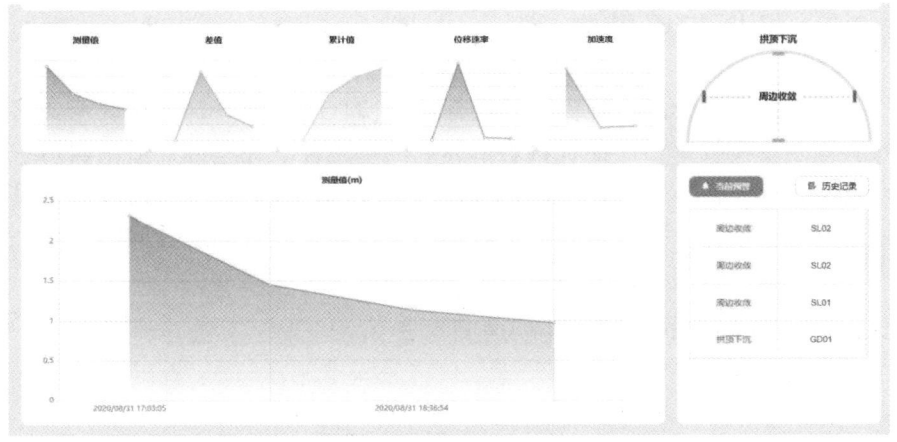

图 6-27 监控量测数据展示页面

6.3 质量评定模块

6.3.1 表单自定义设计模块

此功能可根据工程项目实际情况配置质检评定表格、参建各方所使用的表格格式，极大加强质检评定资料的统一性和规范性。质检评定中涉及的表单全部可以在系统中进行自定义设置，包括表单库可配置、表单样式可配置、表单数据关系可配置等（图 6-28），表单配置完成后上传即可使用。

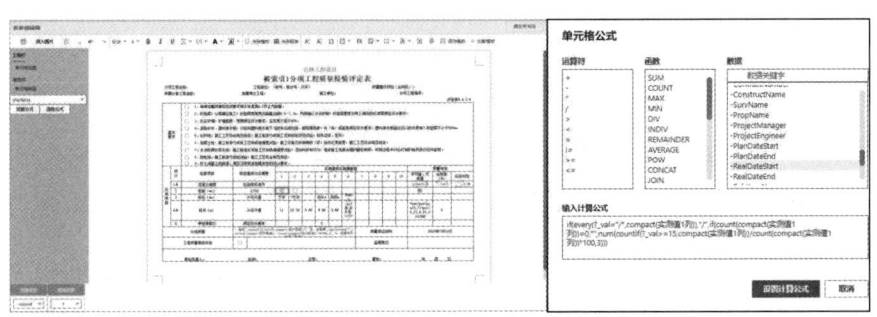

图 6-28 表单设计页

6.3.2 模板应用模块

内置符合《公路工程检验评定标准》(JTG F80/1—2017)规范要求的质检表单模板库,保证资料表格体系的规范性、完整性,适用四川省内公路工程项目。针对各类单位工程进行表单筛选,选择所需的表单模板进行表单填写。提高建表工作效率,解决便捷建表问题。同时,统一模板,减少资料编制人员用错表、用少表的情况(图 6-29)。

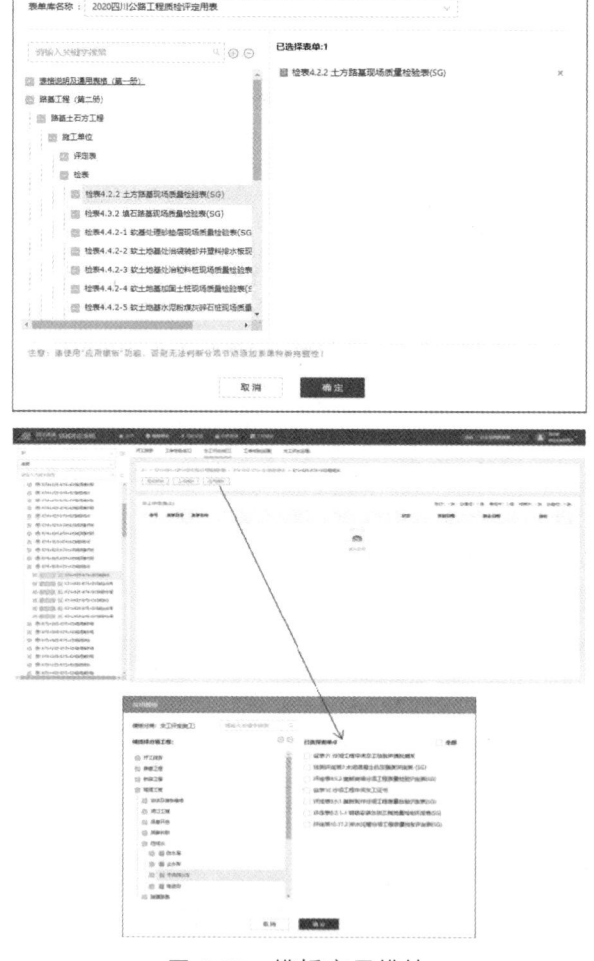

图 6-29 模板应用模块

6.3.3 智能填表模块

表单自动对所填入的数据按正确公式进行计算,自动评定工程是否合格。各表之间数据自动索引。

对于分项工程的记录表,可自定义进行分段分循环填写;填写检验表时,可根据实际情况进行分段汇总,单击"智能填表"即可汇总相应长度范围内的测量表、记录表数据总数(图 6-30);填写评定表时,依据模板库内置表单自身数据计算公式及不同表单之间的数据关系链,单击"智能填表"一键引入原始数据并自动进行数据计算和结果评定。由此即可自动汇总检表数据、外观鉴定检查记录表和质量保证资料检查记录表中的扣分情况,可自动评定出该分项工程的评定等级。这就解决了线下填写表单的效率问题,提高了表单填写的速度和准确性。

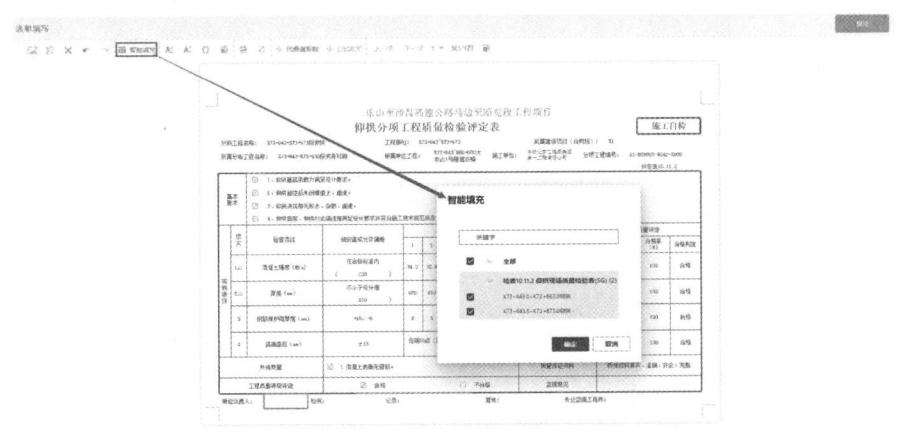

图 6-30 智能填表

6.3.4 审批流程自定义模块

审批流程可自行定义,一类流程可批量关联表单,流程进行时可自动流转与追溯,审批流程到达审批人时可自动推送与提醒(图 6-31)。这解决了表单审批流程多样化的问题,能够自动追溯流程中的责任人,自动提醒功能提高了流程审批的效率。

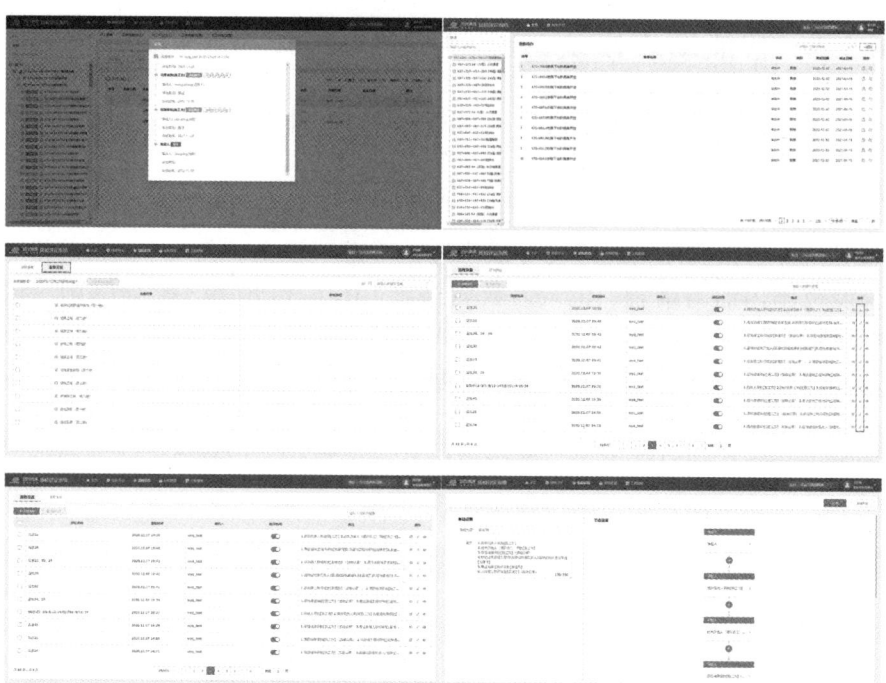

图 6-31　审批流程自定义

6.3.5　电子签章模块

资料中使用电子签名和签章，签名签章时形成签章记录，可追溯责任人（图 6-32）。电子签名签章经过相关人为授权，具有法律效力。这解决了资料审批的合法合规性问题，节省了资料审批过程中的人力物力，提高了资料审批的效率。

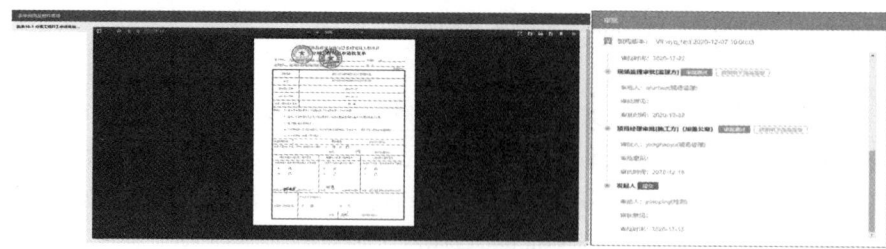

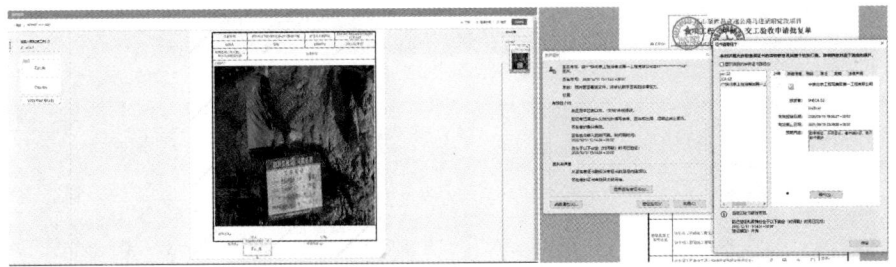

图 6-32　电子签章

6.4　数字化竣工档案模块

6.4.1　文件多途径收集模块

资料归档时，多方面收集资料，包括本地纸质资料保存、质检评定电子资料、第三方系统电子资料（图 6-33）。其中档案管理系统中设置电子原文对接功能，在电子文件界面选中对接的业务系统名称，随后选择该系统需要归档的模块，在该模块的文件目录中手动选择或者快速定位和档案相匹配的节点，表单勾选确定后同步至原文列表中。

这解决了归档资料收集困难，资料杂乱易丢失、易缺项问题。文件多途径收集保证档案快速、自动归档，提高了档案归档效率。

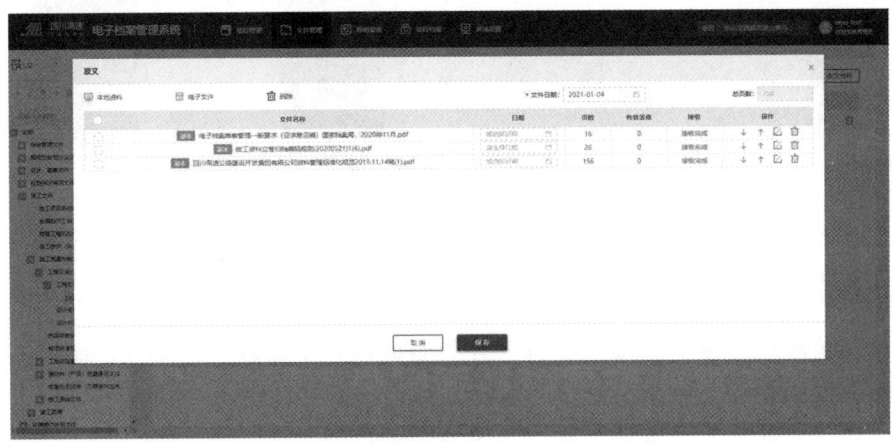

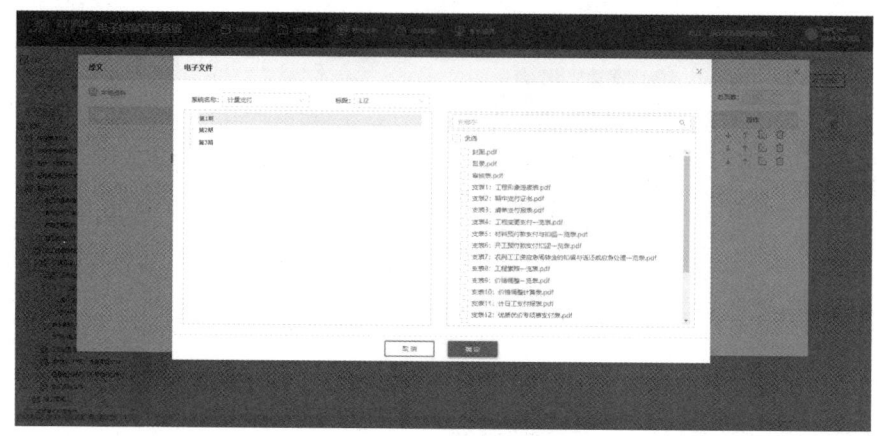

图 6-33　文件多用途收集

6.4.2　预组案卷模块

定义组卷规则，基本信息自动生成。文件经系统排序后按照组卷规则进行组卷（图 6-34），并对组卷后的案卷进行鉴定，比如案卷题名、档号等是否满足要求。案卷的封面、卷内目录、备考表（表单模板符合科学技术档案案卷构成的一般要求）自动生成，下载打印后可直接用于线下装订。这解决了组卷效率低，整理时易出错、易丢失问题。

图 6-34　预组案卷

6.4.3　电子验签模块

该模块验证资料签章的合法性，验证资料中签章的漏签项，解决了电子签章的有效性问题（图 6-35）。对接电子文件时，该模块可以自动判定是否签署了有效电子签，快速甄别不合格文件。

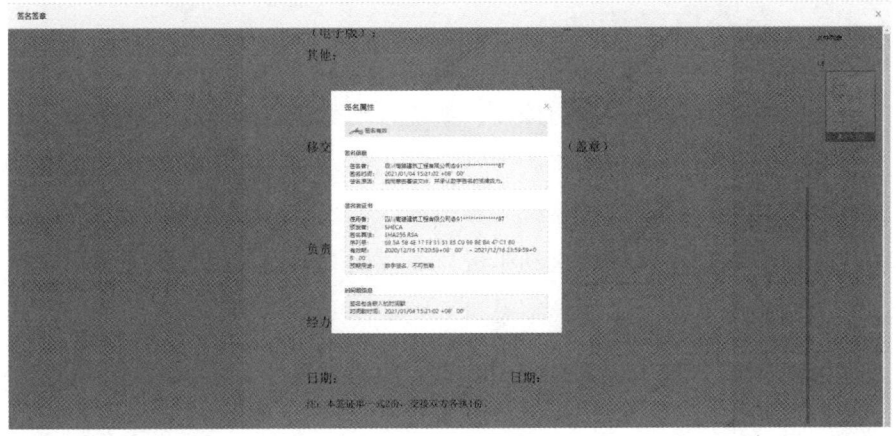

图 6-35　电子验签

6.4.4　设置档案收集范围模块

系统后台设置整个项目档案分类（图 6-36）。目录设置分为文件目录和档案目录，各参建单位分别建立各自的文件收集目录，档案目录根据整个公路工程建设项目进行设置。这就方便了档案归档的标准化，减少了档案收集类别不对或缺失的情况。

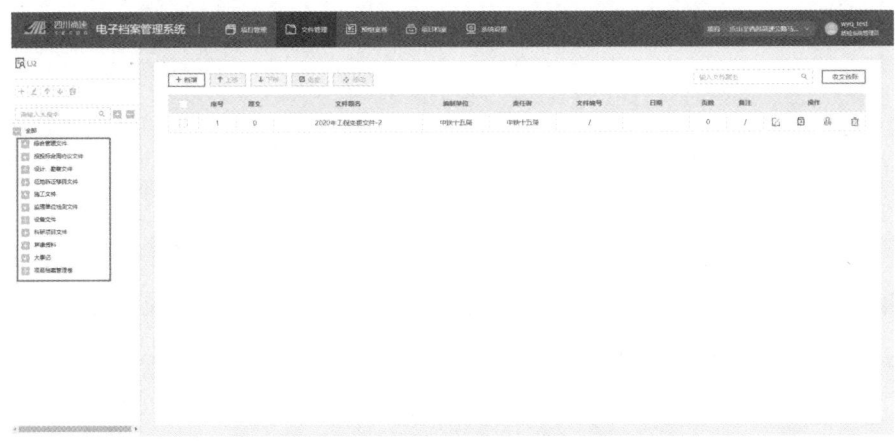

图 6-36　档案收集范围设置

6.4.5 案卷目录模块

在各参建单位的档案归档前，系统自动生成各个单位的案卷目录；建设单位接收全部项目档案后进行系统化整理和排列，自动生成整个项目的档案目录。档案管理系统中预组案卷模块可对案卷进行上移下移等排序操作，系统整理后可自动生成该单位的案卷目录；档案管理页面可自动生成整个项目汇总的档案总目录。如图6-37所示。

图6-37 案卷目录

6.4.6 档案管理模块

该模块用于对已归档档案的线上分享、入库、加入待借等功能的应用，如图6-38所示。档案按照档号关联库房具体排架层位置。对实体档案进行借出归还管理以及借阅台账同步生成。按照案卷题名对已归档档案进行模糊检索提高档案利用率，提高档案借阅和归还的便捷性。辅助档案管理单位有序、有效地管理档案。通过电子档案的管理，增加档案借阅的安全性，也同时保证档案归还的及时性和可追溯性。

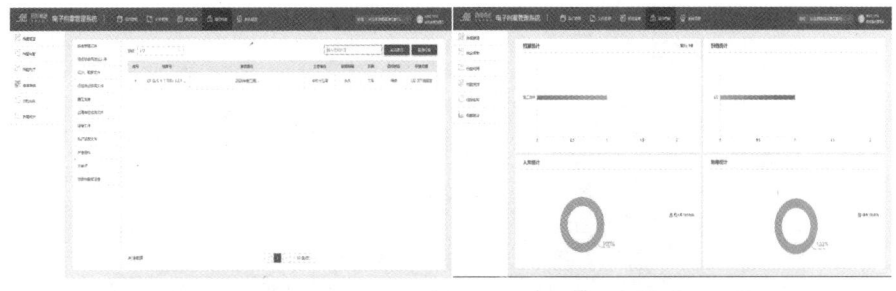

图 6-38　归档管理

6.5　BIM 模块

6.5.1　电子沙盘模块

电子沙盘模块，基于 BIM + GIS 引擎，采用 WEBGL 技术，实现了长线路、多专业的 BIM 模型及三维地形和影像数据的轻量化动态加载与展示，如图 6-39～图 6-41 所示。模块基于工程结构树（EBS）对 BIM 模型对象及属性信息进行管理，提供 BIM 对象的快速检索定位（桩号检索定位、标段检索定位、工点检索定位、地名检索定位）、视图定位、构造物快速筛选、地形透视、快速显隐，以及模型动态剖切、几何量测、行车漫游、关联信息及图纸查看等功能，帮助系统使用人员全面、直观、准确地了解乐西工程相关数据信息。

图 6-39　电子沙盘

图 6-40　电子沙盘-EBS 结构

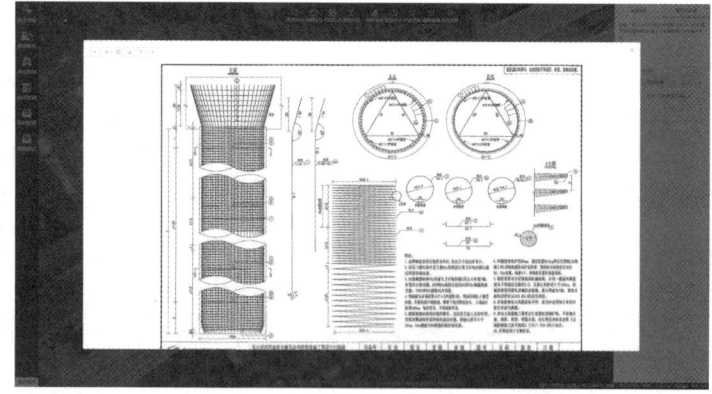

图 6-41　电子沙盘-关联图纸查看

6.5.2 BIM 数据融合模块

BIM 数据融合将建管系统进度、设计变更、工序检查、计量支付、试验检测、质检评定等功能与 BIM 模型构件挂钩,通过 WBS 及 EBS 结构树实现多源异构数据深度融合,实现模型构件层级与建设过程中各环节所涉及的资料及报表相关联的数据可视化,确保工程建设全过程信息存储和数据深度融合,如图 6-42 所示。

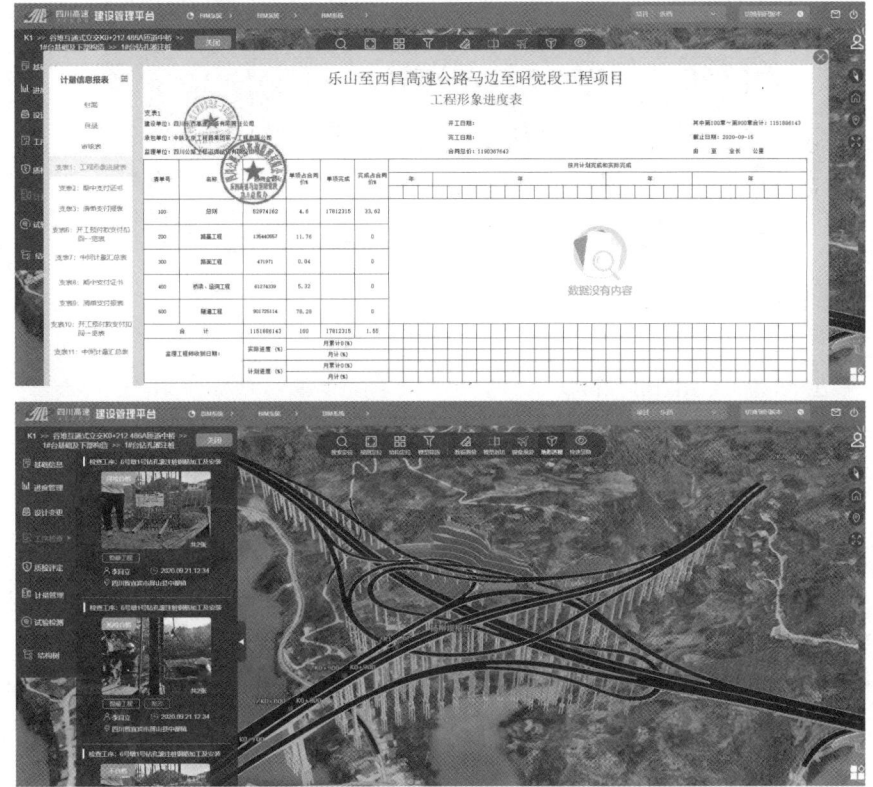

图 6-42 BIM 融合-计量支付、工序检查

6.5.3 征地拆迁模块

征地拆迁模块,现已完成永久征地、临时用地、杆管线、建筑物、超

高压、征拆日志、征拆统计、政策法规子功能模块，实现了基于 GIS 的可视化征拆数据管理，辅助相关人员进行征拆计划、进度以及征拆问题的在线填报及实时跟踪，并对征拆情况进行多维度统计分析，包括按标段、按行政区域、按土地类型等，全面准确掌控征拆情况，如图 6-43 所示。

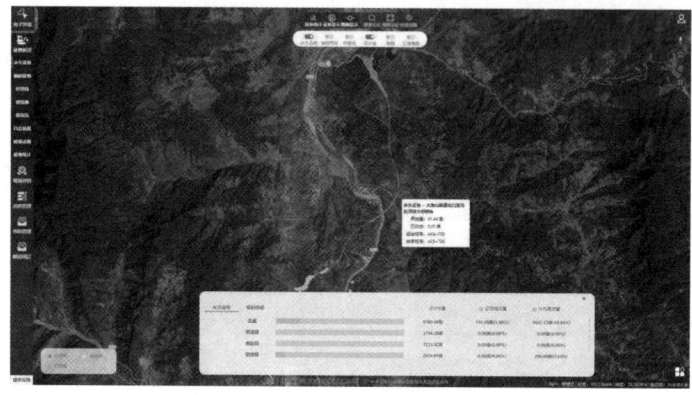

图 6-43　征地拆迁

6.5.4　永久征地模块

永久征地管理子模块，以用地计划为主线，对计划填报、用地登记、进度填报、问题记录等主要过程数据进行统一管理，实现相互之间的有机关联，如图 6-44 所示。

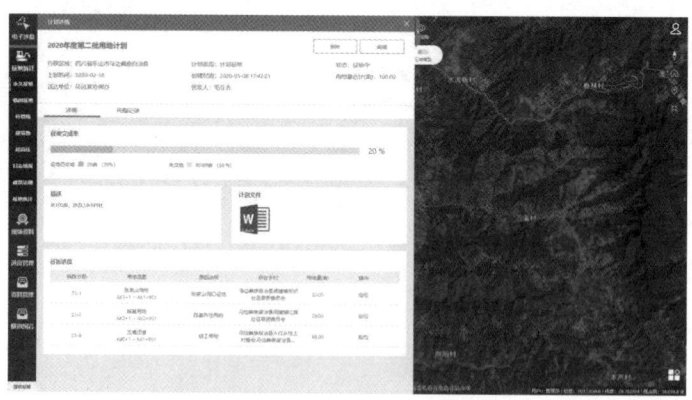

图 6-44　永久征地-计划管理

6.5.4.1 用地计划

1. 添加用地计划

（1）点击征地拆迁–永久征地，进入用地计划页面，点击"新建用地计划"，如图6-45所示。

图 6-45 新建计划

（2）填写用地计划的相关信息：

① 按照实际情况填写征地计划的基础信息。

② 在征拆进度信息中。

若是红线内用地，则输入标段、起止桩号信息、用地原因、征地地块所在乡村、用地量，然后点击添加，即可把该条进度信息添加到该计划中。如果有多个征拆进度，则重复前面的操作即可。

若是红线外用地，则输入用地名称时，系统会自动匹配标段的线外红线用地名称，选择后，只需再填写用地原因、征地地块所在乡村、用地量，然后点击添加即可。如果有多个征拆进度，则重复前面的操作即可。

③ 填写计划类型时，可根据相应的阶段选择计划征地和补充征地

两个类型，两种方式的参数示例如下：
计划征地信息填写如图 6-46 所示。

图 6-46　计划征地信息填写

补充征地信息填写如图 6-47 所示。
与计划征地相比，补充征地填写的信息中多了用地原因的描述项。

图 6-47 补充征地信息填写

（3）填写完成后点击"提交"，即可在用地计划列表界面看到新增加的计划，如图 6-48 所示。

图 6-48 查看新增用地计划

2．用地计划编辑

开用地计划的详情页面，然后点击"编辑"按钮，可对已有信息进行修改，修改完成后，点击"提交"按钮即可；当用地计划没有关联征拆进度、提交用地，可对用地计划明细进行编辑，如图 6-49 所示。

图 6-49　修改用地计划

3．用地计划删除

打开用地计划的详情页面，然后点击"删除"按钮：

（1）若用地计划没有关联征拆进度，或者征拆进度中没有设计征拆数据信息，则点击"删除"按钮后，该用地计划从 WEB 界面删除。

（2）若用地计划有关联征拆进度项，且征拆进度项设计征拆式数据信息，则点击"删除"按钮后，界面提示用地计划有数据关联，不能从 WEB 界面删除该用地计划。

4．用地计划详情

（1）在用地计划列表中要查看的计划上点击"详情"按钮，可查看该计划的各项信息。该用地计划的基础信息、征地完成率、征拆进度、问题记录关联时，显示定位、删除、编辑按钮，如图 6-50 所示。

（2）当该用地计划有问题记录关联时，显示问题信息，如图 6-51 所示。

图 6-50 计划详情（1）

图 6-51 计划详情（2）

（3）当该用地计划的征地完成率超过 98% 时，显示关闭、编辑按钮，如图 6-52 所示。

图 6-52　计划详情（3）

5．用地计划关闭

打开征地计划详情页面，若征地计划同时满足下列条件：

（1）征地完成率超过 98%。

（2）所关联的拆地进度全部已交接。

（3）关联的问题记录全部为已解决状态。

则此时用征地计划可以关闭，用征地计划关闭以后，与其关联的拆地进度用地登记记录、问题记录均不可编辑、删除。"关闭"按钮变为"开启"按钮，点击后可开启用征地计划，开启后所关联的拆地进度用地登记记录、问题记录均可再编辑、删除，如图 6-53 所示。

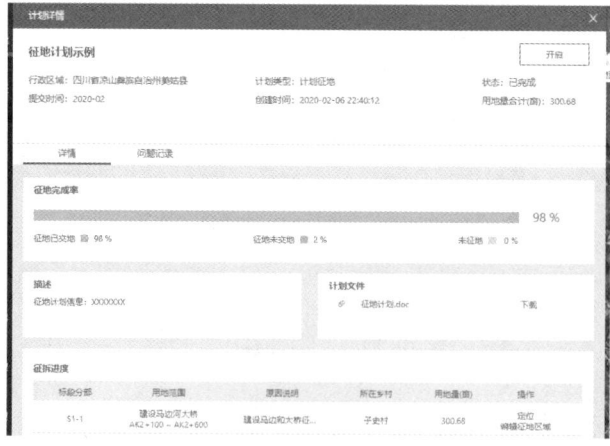

图 6-53　计划详情（4）

6.5.4.2 征拆进度

点击征拆进度,进入征拆进度页面,如图6-54所示。

图6-54 征拆进度页面

1. 征拆进度信息查看

在征拆进度页面,可以查看征拆进度的详细信息,包括关联的问题记录数据和附件数据以及GIS上的定位。

(1)问题记录查看。

在征拆进度列表中的进度上点击"详情"按钮,进入详情页面后,即可查看到该征拆进度数据下关联的问题记录信息,如图6-55所示。

(2)附件查看。

在"详情"页面,然后点击"上传附件",可以看到当前系统中已存的和该进度关联的附件信息,如图6-56所示。

图 6-55 问题记录查看

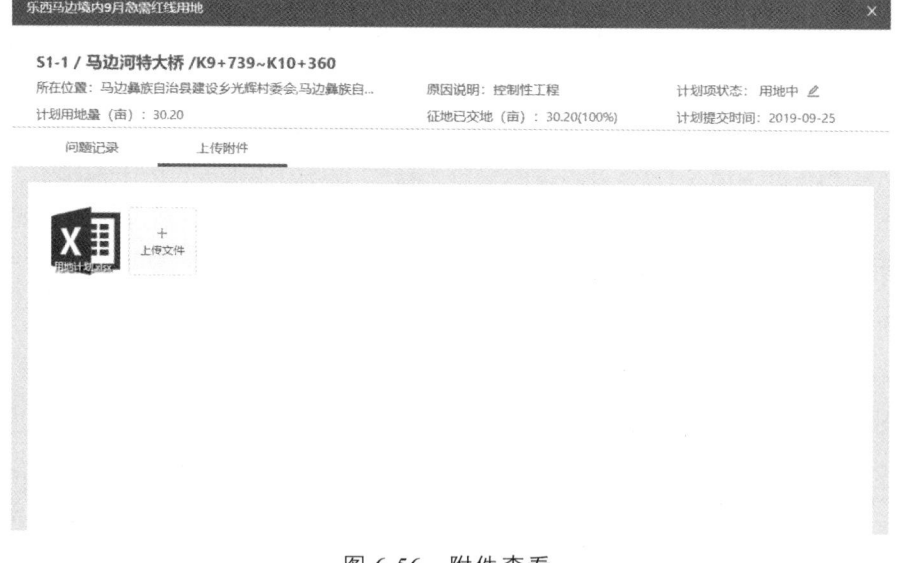

图 6-56 附件查看

2．征拆进度修改

打开征拆进度的详情页面，可进行征拆进度附件的修改。

在计划项列表中点击"详情"，然后点击想要修改附件的数据类型页签。在附件信息框中，点击文件后面的"×"按钮，可删除该文件。点击"上传附件"按钮，可再次上传本地文件。

3．征拆进度删除

在用地计划列表中，选中要删除的征拆进度所属的用地计划，点击"详情"按钮，进入用地计划详情页面。

点击"编辑"按钮，然后在征拆进度信息中，选中要删除的征拆进度计划项后，点击"删除"按钮，然后点击"提交"按钮即可删除，如图 6-57 所示。

图 6-57　修改计划

注意：已关联用地登记数据的征拆进度不可删除。

4. 征拆进度定位

点击征拆进度，进入征拆进度列表界面，在想要定位的征拆进度上点击"定位"，系统即会自动跳转到 GIS 上对应的征地区域，如图 6-58 所示。

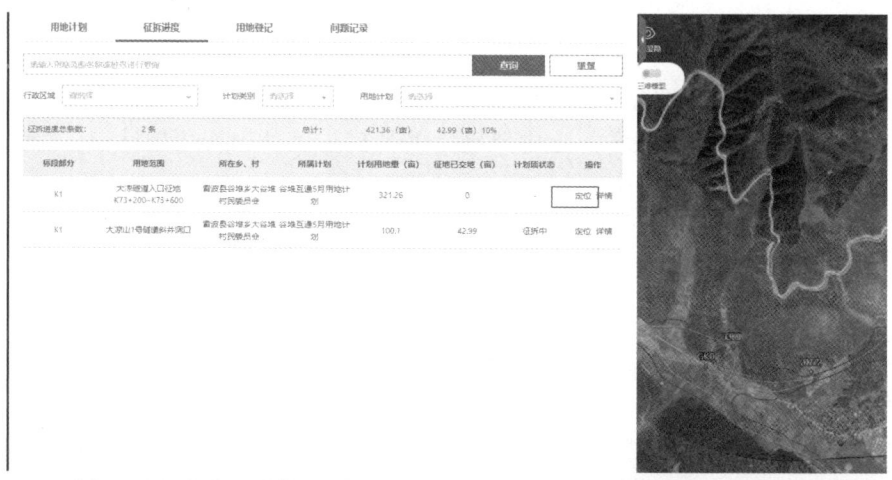

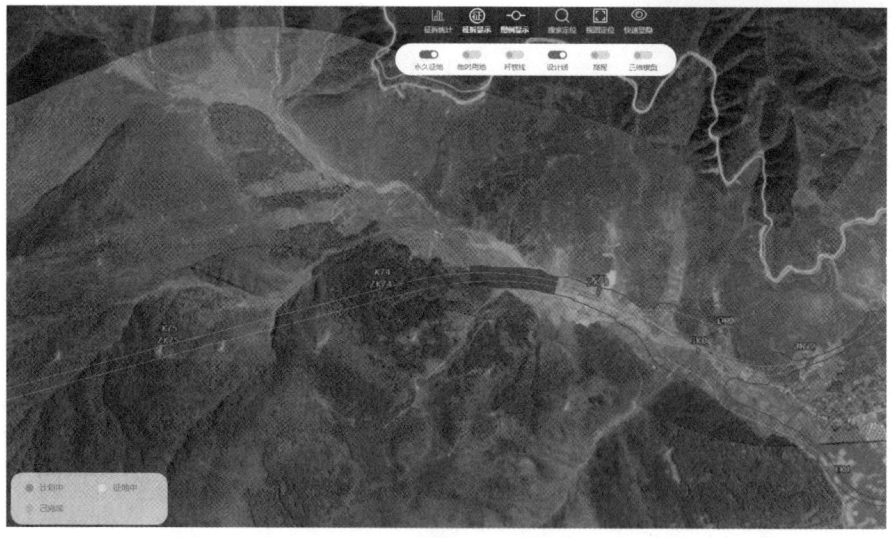

图 6-58　征拆进度定位

注意：如果在此界面上打开了三维模型显示开关，则可能导致模型不重合，这是由于视角的关系，调整下视角就好了。

6.5.4.3 用地登记

点击用地登记,进入用地登记界面,如图 6-59 所示。

图 6-59 用地登记页面

1. 添加用地登记

(1)点击"用地登记",进入用地登记页面,点击"新建用地登记",在弹出的页面上选择新建用地登记对应的用地计划,然后点击"下一步",如图 6-60 所示。

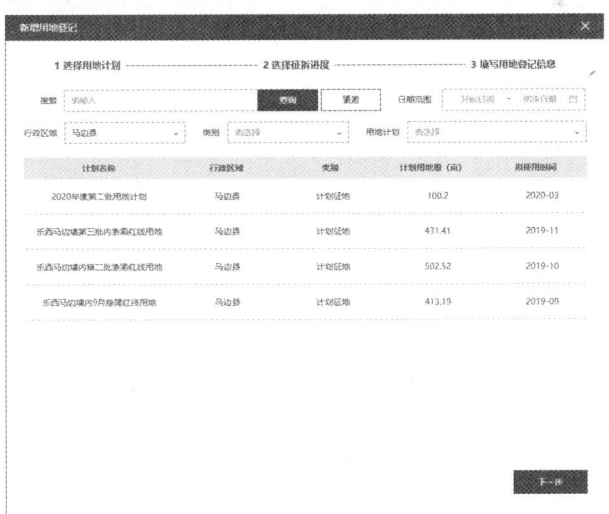

图 6-60 添加用地登记

（2）选择要交接的用地信息，点击"下一步"，如图 6-61 所示。

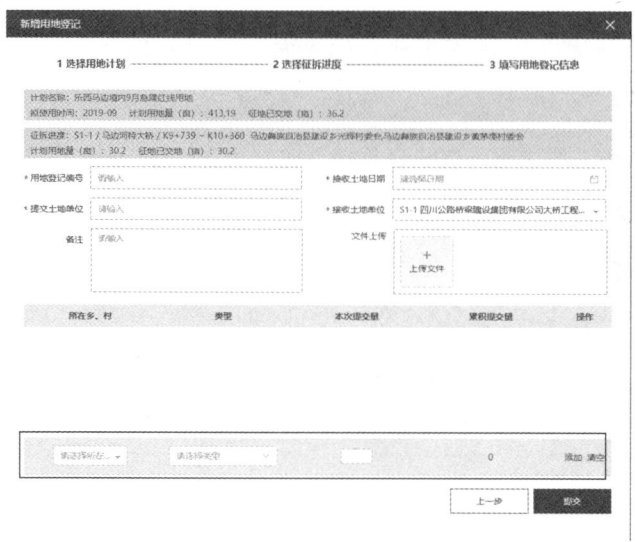

图 6-61　新增用地登记

（3）填写基础信息，并在计划项中点击"编辑"，填写本次交接的数量并保存，然后点击提交，如图 6-62 所示。

图 6-62　填写基础信息

（4）在用地登记列表中，可看到对应的记录信息，如图6-63所示。

图 6-63　用地信息列表

2．用地登记详情

在用地登记列表中要查看的记录上点击"详情"按钮，可查看该记录的各项信息，如图6-64所示。

图 6-64　查看用地登记详情

3．用地登记修改

打开用地登记的详情页面，然后点击"编辑"按钮，可对已有信息进行修改，修改完成后，点击"更新"按钮即可，如图6-65所示。

图 6-65　编辑用地信息

4．用地登记删除

在用地登记列表中要查看的记录上点击"详情"按钮，然后点击"删除"按钮，即可删除该条用地登记信息。

6.5.4.4　问题记录

点击问题记录，进入问题记录页面，如图6-66所示。

图 6-66 问题记录页面

1. 添加问题记录

（1）点击"问题记录"，进入问题记录页面，点击"新建问题记录"，如图 6-67 所示。

图 6-67 新建问题记录

（2）填写相关信息，然后提交，如图 6-68 所示。

（3）在问题记录列表中，可看到对应的记录信息，如图 6-69 所示。

图 6-68 填写相关信息

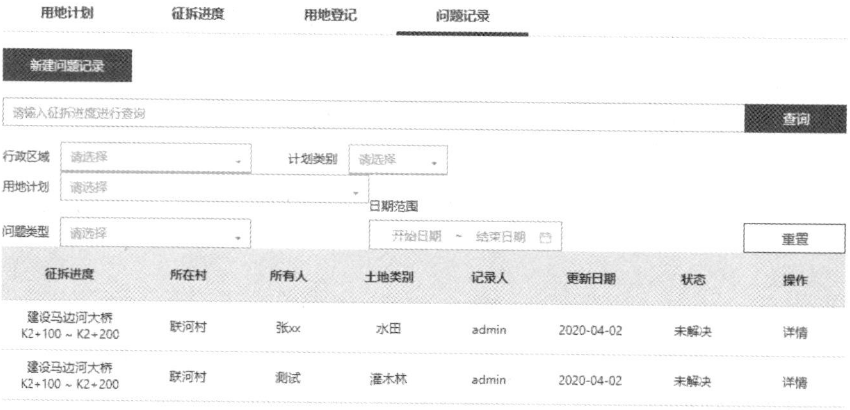

图 6-69 问题记录列表

2. 问题记录详情

在问题记录列表中要查看的记录上点击"详情"按钮,可查看该记录的各项信息,如图 6-70 所示。

问题记录详情			✕

　　　　　　　　　　　　　　　　　　　　　添加处理日志　修改处理日志

用地计划：征地计划示例　　　　征拆进度：建设马边河大桥/K2+100 ~ K2+200

所在村：联河村　　　　　　　　所在单位：S1-1 四川公路桥梁建设集团有限公司大桥工程分公司

土地所有者：张xx　　　　　　　土地类别：水田

问题类型：噪音　　　　　　　　解决状态：未解决

2020-04-02

参与人员：王xx

内容描述：洽谈内容描述

文件列表：

删除问题记录

图 6-70　问题记录详情

3. 问题记录修改

在"问题记录"列表中要查看的记录上点击"详情"按钮，然后点击"修改处理日志"按钮，系统会自动展示该问题最后一次提交的记录信息，用户修改后点击"提交"按钮即可。

4. 问题记录添加日志

在"问题记录"列表中要查看的记录上点击"详情"按钮，然后点击"添加处理日志"按钮，用户填写相关信息后点击"提交"按钮即可。提交后会在该问题追加一条日志记录，如图 6-71 所示。

5. 问题记录删除

在问题记录列表中要查看的记录上点击"详情"按钮，然后点击"删除问题记录"按钮，即可删除该条问题记录。

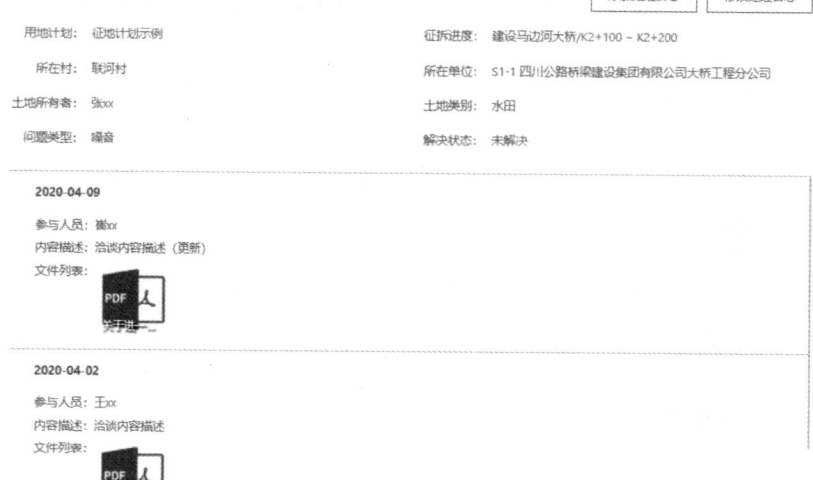

图 6-71　问题记录添加日志

6.5.5　临时征地模块

临时征地管理子模块，实现对临时用地的申请登记、使用登记、复垦还林过程的数据管理，帮助相关人员实时掌握临时用地的征地情况，如图 6-72 所示。

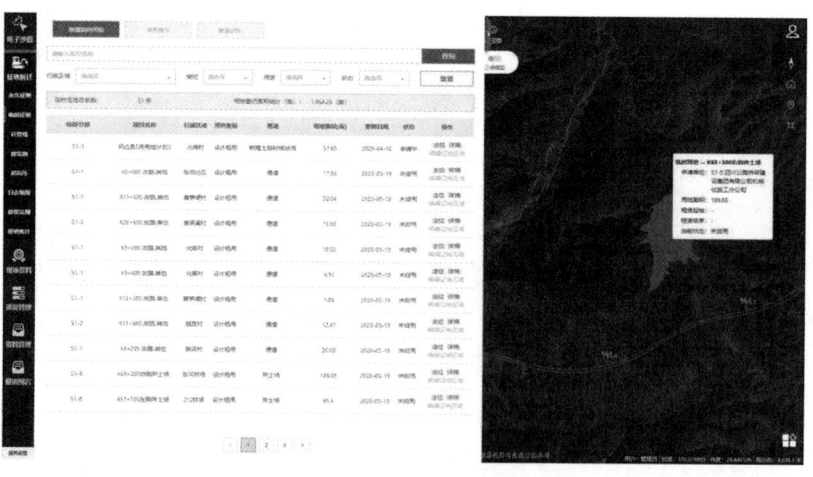

图 6-72　临时征地

6.5.6 杆管线模块

杆管线拆迁管理子模块，主要实现对杆管线的征拆状态进行管理，帮助相关人员可视化掌握杆管线的征拆情况，如图 6-73 所示。

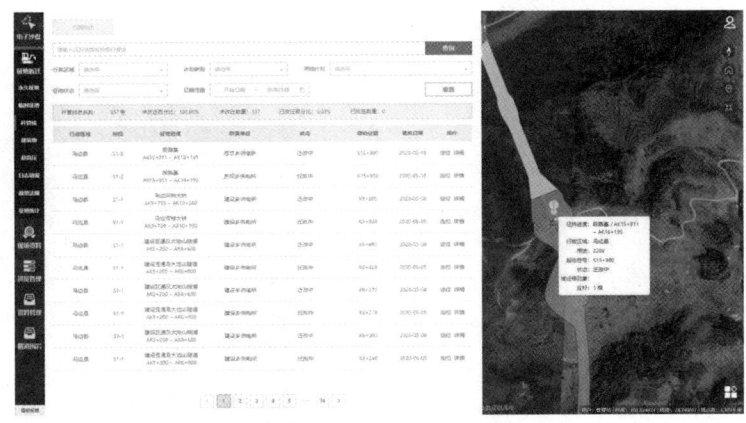

图 6-73 杆管线征拆管理

6.5.7 建筑物模块

建筑物拆迁管理子模块，主要实现对建筑物的征拆状态进行管理，帮助相关人员可视化掌握建筑物的征拆情况，如图 6-74 所示。

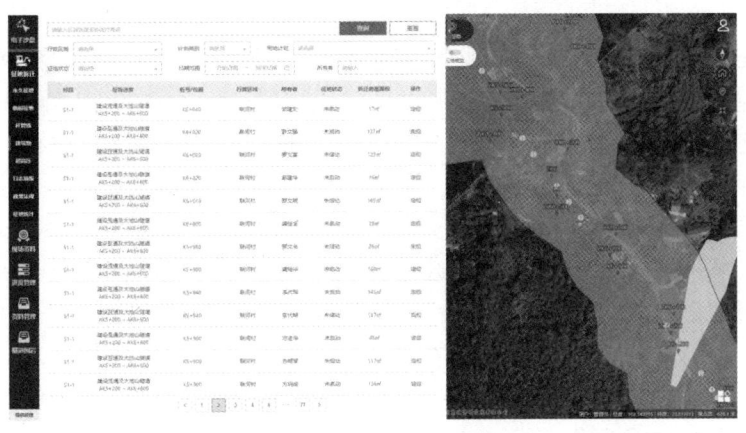

图 6-74 建筑物征拆管理

6.5.8 超高压模块

超高压拆迁管理子模块,根据乐西项目拆迁特点,主要实现对超高压的征拆原因、方案及征拆状态进行管理,帮助相关人员管理超高压的征拆情况,如图 6-75 所示。

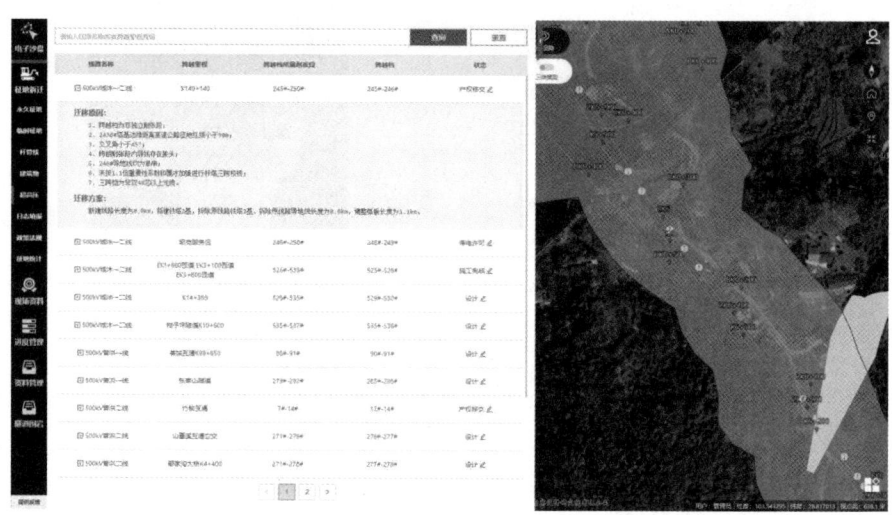

图 6-76 超高压征拆管理

6.5.9 征地统计模块

征地统计管理子模块,主要将永久征地、临时征地、杆管线等子模块管理的数据进行分析整理,形成"一县一月一报",细化到乡镇的分类征拆统计报表、全线征拆进度统计报表,辅助相关管理人员整体掌控项目征拆情况。

结合 GIS 数据,可将红线区域征地情况进行宏观可视化表达,依据红线区域按照征地桩号段及行政区域进行划分,并以不同的颜色标识表达不同的征地进度情况。通过选择具体的征拆段可在 GIS 上定位查看详细的征拆情况,帮助相关人员直观全面地掌握全线哪些征地区域已完成(绿色)、正在征拆中(黄色)、还未列入征拆计划(灰白色)等,如图 6-76、图 6-77 所示。

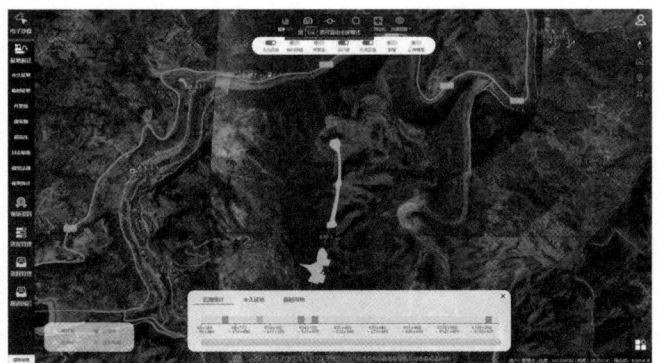

图 6-76 征地拆迁-项目区域宏观统计

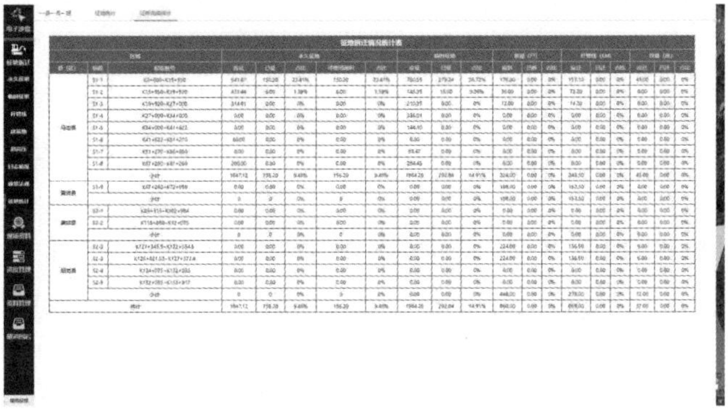

图 6-77 全线征拆进度统计报表

6.5.10 现场资料模块

1.6 版的现场资料模块，依据川高公司原有业务需求和数据标准，完成了工序检查、变更资料、隧道围岩数据的 APP 端采集、WEB 端管理功能，如图 6-78 所示。APP 端数据采集，采用与分部分项结合的方式，将相关数据与工程各分部分项关联，并按照填报标准进行填报，实现现场资料数据的标准化采集及结构化管理。同时根据乐西项目的特点，开发离线填报功能，避免由于现场网络环境问题带来的数据采集困难问题，提高数据采集的完整性。（注：由于系统还处于试运行阶段，该模块所有截图数据均为试用数据，不代表真实情况。）

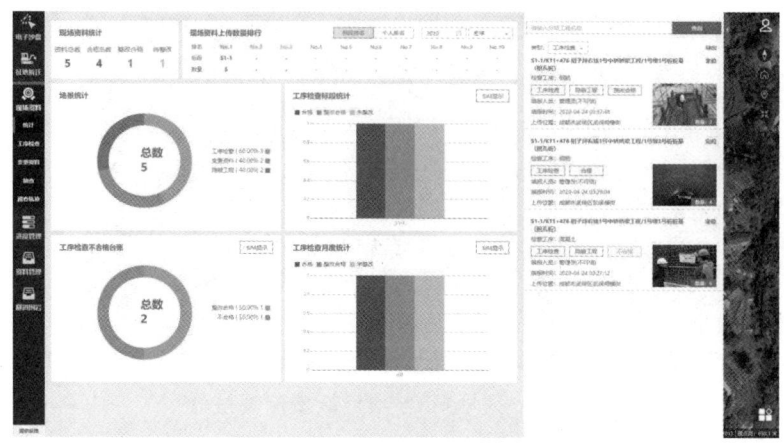

图 6-78 现场资料采集

6.5.11 变更资料模块

变更资料子模块，主要实现对工程现场变更情况数据标准化填报及图片、视频采集，完成对分部分项工程的统一数据管理，如图 6-79～图 6-81 所示。

图 6-79 变更资料-APP 填报　　图 6-80 变更资料-APP 查看

图 6-81　变更资料-数据可视化管理

6.5.12　资料管理模块

资料管理模块，主要实现对设计图纸、设计文档等的统一管理，以及与工程构件（EBS）关联挂接、在线检索查看等功能，同时对现场资料中的图片、视频等数据文件进行集中管理，如图 6-82、图 6-83 所示。

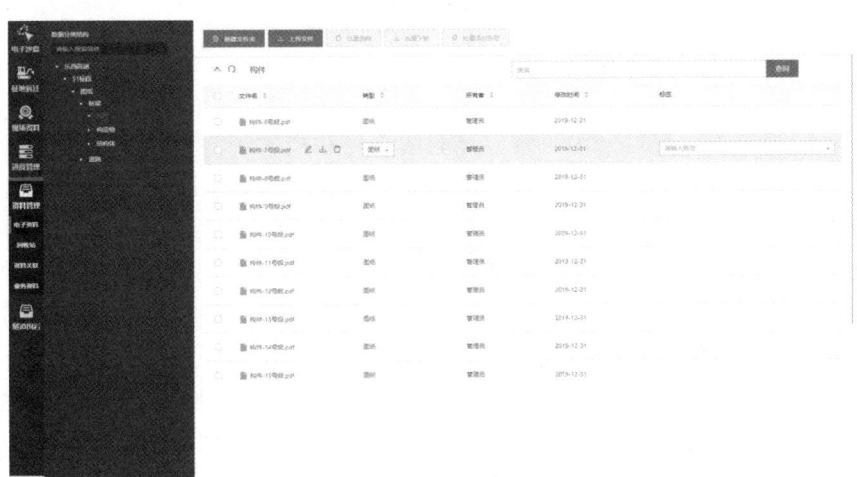

图 6-82　资料管理-图纸文件管理

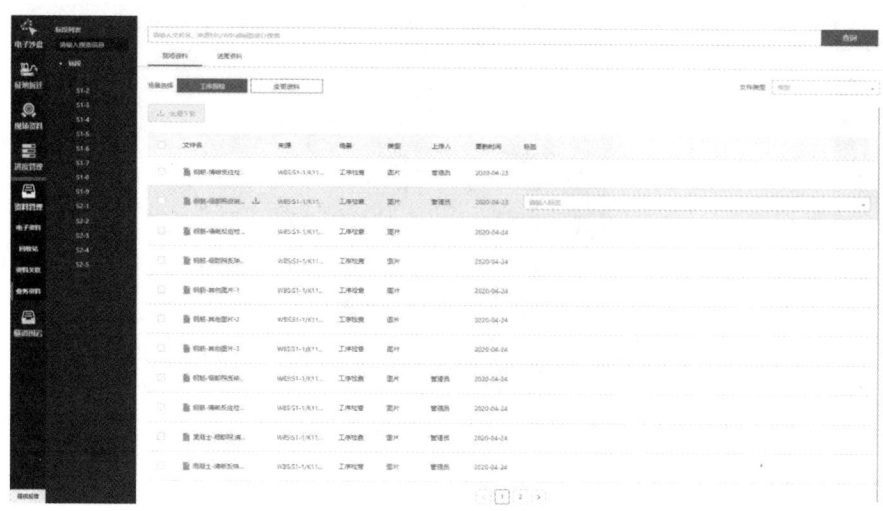

图 6-83 资料管理-现场资料文

6.6 数字化竣工交付新模式

6.6.1 工程竣工传统交付

6.6.1.1 传统交付的内容

传统的竣工交付分为工程实体验收交付和技术资料验收交付部分,另外还需要依据竣工资料进行工程结算。传统验收即对于即将完工的工程,应根据设计文件及施工合同所规定的内容,制订验收方案,按照工程质量合格的要求进行验收。在验收方案中,应明确实体的验收范围、验收依据验收人员、验收方法,并对分部分项的工程资料进行检查。在实体验收时一并整理过程文件,并在验收过程中逐渐形成系列验收记录及资料。另外,加上合同与协议、开工与竣工报告、竣工验收通知及意见、工程竣工图纸等项,组成了技术资料验收的内容。在建设工程竣工验收后,建设单位办理建设工程档案接收证明书,领取房屋建设工程竣工验收备案表。

6.6.1.2 传统交付的缺点

我国在建设工程法规体系和工程竣工交付体制的完善上有很多空间，虽然已经制定颁布了一系列的法律、法规、规范标准。但随着新一代信息技术的发展，一个大规模产生、分享、应用数据的时代已经来临，现有管理制度和实施措施在实践中暴露的弊端也越来越明显，其主要表现在以下三个方面：

（1）巨量建设工程数据采集、存储及交付靠人工（资料员）完成，工作强度大，效率低下。

（2）数据利用率不足、数据丢失问题严重、线上线下衔接困难、协同应用效率低下、生产与经营脱节等现象。

（3）工程数据的采集、处理和存储需要投入大量的人（专职资料员）、财（薪资、物资成本、存储空间成本）、物（存储媒介、空间）等，而在成果应用阶段，存在数据利用率不足、价值转化弱及关注度低等问题，产出远远小于投入。

6.6.1.3 传统高速公路建造

传统高速公路建造信息关联差、管理协同难、建设效率低，如图6-84所示。现有智能建造技术虽已用于智慧工地、工程管理等方面，但仍未实现信息高效集成、深度融合、互联互通，无法满足以提质增效赋能为需求的数字经济发展目标，也难以应对"新基建"下的交通建设行业转型升级激烈竞争。

6.6.2 工程竣工数字化交付

6.6.2.1 数字化交付的内容

数字化竣工交付应通过信息化技术实施，以便于更高效地实现工程项目信息的管理和共享。数字化竣工交付应贯彻"工程项目全生命周期信息管理和共享"的基本理念。

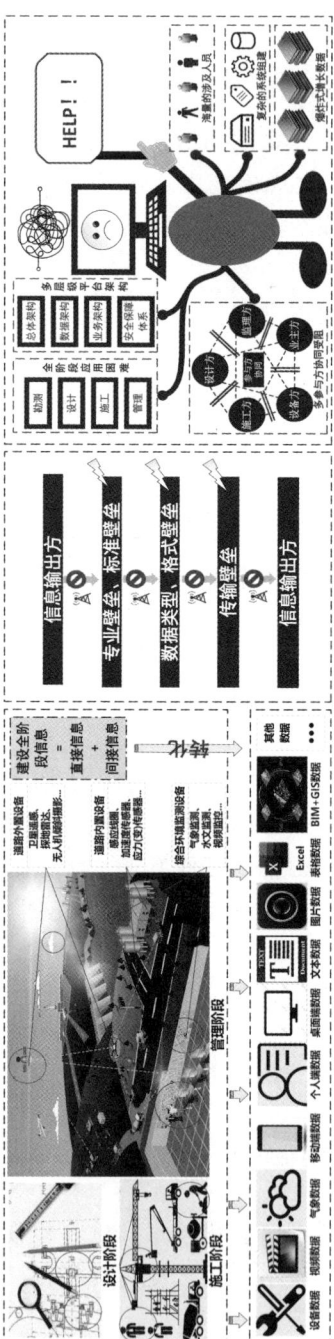

图 6-84 数据来源广、传输壁垒多、平台架构难

1. 模型的交付及数字资产的管理

为了达到以运维为导向的数字化竣工交付为目的，实现数字化竣工交付，根据深度不同，对 BIM 模型需要满足的条件也不一样。为满足建设期及运营期的模型细度需求，提供一个完善的数字化模型，模型的质量深度完全取决于该模型族库、区域划分和模型细度，而该模型涵盖的相关专业越多，数字化集成度就越高，集成度越高，相对应的统一性就显得极其重要。

为了满足运维的后期需求，实现数字化资产的管理，在交付过程需要保证对各设施设备的数字信息进行收集与管理，形成后期可维护的数字资产。具体项目数字资产组成包括：几何模型、现场实景影像资料（可通过 APP 移动端采集，并关联相关视点）、数据收集导入、档案资料收集导入等。

2. 影像资料的交付内容及需求

在项目实施过程中，参建方履行定期拍摄现场的职责。参建方在资料收集方面应负责对材料、设备的资料收集和对各类检测进行现场拍摄记录等；在现场实施方面负责对工程质量、隐蔽工程及工序、分部分项工程验收过程、现场安全文明以及反索赔事件、涉及造价变更（含签证）的现场实施过程进行周期性的拍摄记录。

施工照片的拍摄内容涵盖较广，包括施工进度、安全及文明施工、技术细节、材料类型、安装方法、隐蔽工程、施工前现场条件样板施工等等。为便于分类管理，须规定相应的拍摄标准，配合开展数字化竣工交付平台的应用，阶段性地将现场影像资料上传到平台供后期调用。

3. 文档资料的需求

数字化竣工交付的设施设备文档资料、现场变更资料、竣工图纸资料等，需按照统一的标准，包括命名、格式等上传至平台，并与模型进行数字化的关联。

6.6.2.2 数字化交付的优点

工程竣工数字化交付区别于传统以纸介质为主体的交付方式，不是单纯地将纸质档案改为电子档案进行移交，不是将纸质档案全部扫描移交，不能是形式上的数字化，必须从文件产生的源头进行控制，从工程文件全生命周期进行数字化管理，数字化交付只是其中的一个移交环节。在工程文件全生命周期中，各部门（单位）共同参与、共同协作，各自对自己的环节负责，对自己的产出物负责。通过管理优化，逐步实现项目文档管理的三个转变：从管理纸质档案向管理电子档案转变，从管理电子文档向数字化文档过程管理转变，从只管理终版文件向全生命周期文件管理转变。

与传统交付方式相比，工程竣工数字化交付创新价值主要体现在三个方面：

1. 交付一体化提升价值

横向一体化体现在全参与方一体化，政府相关主管部门和工程五方责任主体通过一个数据平台业务协同和应用；纵向一体化体现在工程全过程一体化，对工程全过程的数据进行采集和移交管控，解决数据断层问题。

2. 平台协同化优化效率

平台协同化体现在三个方面：一是工程全息数据逻辑集成；二是工程全过程数据进行采集和移交管控；三是工程全参与方在一个平台协同工作。

3. 系统集成化深化应用

系统集成化深化应用体现在三个方面：一是可与工程档案管理系统进行数据集成；二是可与 BIM 项目管理平台进行业务数据集成；三是可为 BIM 运维管理提供数据支撑。

6.6.3 工程竣工数字化交付平台

数字化交付的目标是形成项目建设阶段高质量的数字资产。数字化交付平台是用于承载和管理数字化交付信息，可与多种工程软件集成并兼容多种文件格式的信息管理系统，可承载各参建单位移交的数字交付物并能对其进行整合管理。

1. 工程竣工数字化交付平台目标

工程竣工数字化交付平台以工程竣工交付业务为主线，服务政府监管部门、建设方及运维方，规范工程竣工的数字化交付行为和成果，突破建设、运维信息数据断层，实现工程数据全生命周期管理的质量和可持续性，体现在以下三个方面：

（1）"一次填报"全程应用。

通过工程建设过程数据即时填报，实现信息共享、数字传输等功能，将竣工验收阶段成果移交转变为工程全过程无纸化获取应用，实现工程参与各方"一次填报"，全程在线应用，大大减轻了企业成本。

（2）"一个平台"监管到底。

建立工程全过程全息数据中心，打破现有管理方式，实现竣工交付数字化、过程监督在线化，为整个工程建设项目的竣工验收备案、城建档案报件、运维交付提供公开透明的查询管理、留痕管理，精确把控交付过程。

（3）"一套模型"延伸应用。实施工程项目数字化管理，把完整竣工 BIM 模型归档至数据库中，利用 BIM 模型信息集成实现整个工程建设项目档案管理完整性，在后续改扩建工程和运维管理过程中，为企业和政府相关主体提供调档服务，为工程建设项目事后监管提供数据支撑。

2. 工程竣工数字化交付平台应用功能

围绕 BIM 资源的收集、管理和利用工作所涉及的数据内容，结合建设工程档案数据特点，通过梳理数据构成和数据规则，梳理数据目录与数据关系，明确数据存储、数据管理和数据服务内容。通过建立一系列主题数据库，将 BIM 模型及其设计信息和建造信息统一存储与管理，为建设工程竣工备案、城建档案报件、项目运维提供数据支撑。其应用功能主要包括运维数字化交付、数字化竣工备案、数字化城建档案报件等。

（1）运维数字化交付。

运维数字化交付主要是为实现建设单位将数字化成果向物业运维单位进行交付。以建设工程项目 BIM 档案数据的在线收集、审核、关联及归档为目的，按照数字化交付标准相关规定，通过数字化交付系统，实现对建设工程项目电子档案资料的实时汇集和管理指导，确保工程竣工后建设单位可以方便、快捷地完成电子档案的归档移交，大幅度提升工程档案的准确度和时效。

（2）数字化竣工备案。

数字化竣工备案主要是为实现建设单位按照建设主管机构竣工备案要求将数字化成果进行备案交付。采用"互联网+BIM"的信息化手段，建设单位将相关材料的原件拍照或扫描后上传，整个过程中无须前往备案机关提交任何纸质材料，减轻了负担；备案机关"接件、受理、审查、办结"全流程随时可查，提高了工作效率。

（3）数字化城建档案报件。

数字化城建档案报件系统是为实现建设单位按照相关规范标准要求将数字化成果向城建档案机构进行交付。采用"互联网+BIM"的信息化手段，以建设工程项目BIM档案数据的归档为目的，通过数字化城建报件系统，实现对建设工程项目电子档案资料的在线指导、在线审核、在线验收，审核无误后，移交城建档案管理机构，由城建档案管理机构出具合格证书。

6.6.4 数字化交付的应用

结合乐西高速公路，应用高速公路全要素协同数字孪生智能建管一体化平台，进行数字化竣工交付。

公路工程通常为带状分布，路线范围内环境模型体量较大，全线工程对象种类和数量都很多，工程对象模型体量较大。通过对现阶段BIM应用软件调研和实际项目应用发现，无法用同一种软件完成环境模型和工程模型的创建工作，造成环境模型与工程对象模型的数据格式不相同。因此需要搭建BIM承载平台，承载数据量巨大、数据格式不相同的环境模型和工程模型，使全线模型可以快速浏览与查看，实现轻量化的BIM承载平台可广泛应用于公路工程项目三维模型的展示、沟通、协调和汇报。

基于BIM的工程实施方法，在设计与建设过程中所有资料可方便地随时挂接到工程BIM数字模型中，竣工资料在竣工时即已形成。BIM竣工模型主要分BIM模型与BIM模型信息两部分重要内容。BIM模型主要负责三维可视化相关内容，记录了BIM模型的单位、坐标、模型拆分、图形显示要求、模型层次、存储格式等；BIM模型信息记录了包括几何信息、技术信息、产品信息、建造信息。BIM竣工模型在管养阶段还将为业主方发挥巨大的作用，竣工模型挂接着项目设计、施工过程中的全部信息，可以为数字化管理系统提供支持。

1. 设计原则

数字化移交管理系统架构遵循如下原则：

（1）高可用性设计。

系统运行依赖于一系列的内外部组件、服务以及其他基础设施。任何一个环节的失效，都有可能导致系统服务故障或中断。因此，在设计数字化移交管理系统架构时，充分考虑内外部组件和服务失效的情况，并在部署架构上消除单点故障隐患，在应用架构上引入服务降级和灾后恢复等机制，以尽可能地提升数字化移交管理系统的可用性。

（2）可弹性扩展。

为了提供对动态容量需求的适应能力，数字化移交管理系统在数据存储容量、用户请求处理能力、网络带宽等方面均采用了可弹性扩展的架构，以提升系统资源的使用效率和对未来需求的扩展能力。

（3）并行计算。

对于需要消耗大量计算资源的功能模块（如模型文件转换模块），数字化移交管理系统采用基于消息队列的并行计算架构，以提升系统的计算效率。

（4）安全性。

数字化移交管理系统采取身份认证、权限控制、网络传输、部署环境、应用架构、数据加密、数据备份等多种主动安全防御机制，并辅以安全漏洞扫描和安全测试等手段，从而从多维度保障和提升系统的安全性，包括数据不丢失、数据不泄漏、系统不被恶意访问等。

2. 系统功能架构

高速公路全要素协同数字孪生智能建管一体化平台基于采融传一体化的多源数据融合理论与EBS/WBS结构树下的数据链构造重组方法，以全专业、全周期、全要素数字化为基础，以BIM+GIS模型为核心载体，如图6-85所示，该平台打造了高速公路工程建设数字孪生体，形成了一体化智能建造技术体系，实现了对建管全过程的"可知、可测、可控"。

第 9 章 高速公路全要素协同数字孪生智能建管一体化平台工程应用

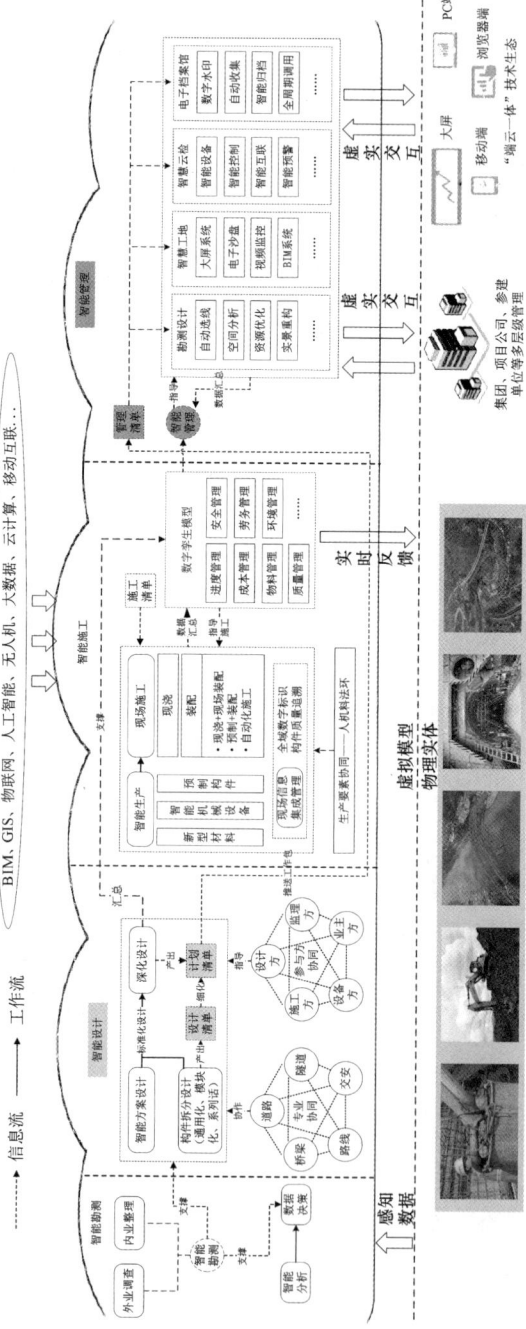

图 6-85 路网级高速公路全要素协同数字孪生智能建管平台

第 7 章

总结与展望

7.1 创新点

7.1.1 创新概述

7.1.1.1 理论创新

（1）多源数据融合理论（包含采集、传输等）。
（2）数据链构造和重组（包含设计、施工、竣工阶段）（数据传递）。
（3）数据智能运用（识别、运行、判断、预报、预测、预警、决策）。

7.1.1.2 管理创新

（1）全要素协同（协同管理平台）。
（2）全过程（全流程）管理协同。
（3）区域级（集团级）数字孪生智能建造云平台。

7.1.1.3 应用创新

（1）不同地形地质条件适应性强。
（2）参与方多（业主、施工、设计、监理、检测等）。
（3）四川省应用范围广（体量大）。

7.1.2 具体内容

1. 公路全要素对象信息集成

本项目中实现了公路工程全要素对象 BIM 设计，并将道路、桥梁、隧道、服务区等要素进行信息集成，设计成果更加直观、合理，工作效率得到了极大提升。

2. 三维地形航测

本项目实现了高精度三维地形航测。由于传统的人工测量地面线精度不够，经常导致设计方案不合理，施工过程中常常需要变更，而本项目实现了航空摄影和激光雷达测量相结合的方式，测量精度极大提升，而且还节约了时间和人力成本。

3. BIM 与 GIS 结合实现大场景方案策划和场地分析

在本项目中，通过采用无人机航拍和三维实景建模相结合，建立实景模型并集成到核心 BIM 平台来进行分析研究，对方案设计和场地布置提供科学的依据。

4. 跨平台的多源数据融合和共享

基于同一个云数据库，以 BIM 模型为基础，用轻量化数据方式关联工程结构数据、构件对象属性参数、施工组织计划、施工现场的进度员、设计文档、施工日志、检查记录、施工工法属性等多源数据信息，实现多源数据的融合和共享，基于先进成熟的数据架构方式，通过多个终端管理平台直接对 BIM 模型关联的所有属性进行管理、检索、修改，并进行文档的版本控制。通过对这些结构化数据和非结构化数据的汇总，进行统一的管理，并提供人性化、易于上手的信息查询方式，提高施工管理能力。

5. 设计与施工一体化应用

设计阶段我们可以将 BIM 三维设计成果转换成二维图纸。同时，根据项目 EBS 编码将设计模型按照施工习惯拆分并上传到施工管理平台数据库中，将设计成果有效地向施工阶段传递，实现设计施工之间数据的高效转换。从设计源头规划 BIM 总体应用，基于"一个数据源、一个模型"进行工程项目的 BIM 实施应用，避免以往项目单个阶段或者局部 BIM 技术实施的局限性。

6. 基于 BIM 的施工信息化管理

利用 Bentley 平台的开放性，基于 MicroStation 定制开发项目电子沙盘系统，并通过编码关联赋予工程属性，进行三维工程内容管理；通过

ContextCapture 生成 3D Tiles 实景模型，并结合开发的 Web GIS 实现轻量化网页实景和模型信息浏览和共享，实现项目多参与方的 BIM 5D 施工管理。

7.2 效益分析

7.2.1 应用价值分析

BIM 技术以三维、数字、信息化、参数化的特征为基础，具有可视、协调、模拟、优化、可出图以及精准可控等优势。在乐西高速项目管理中，BIM 技术的应用价值有如下几点：

1. 可视化交底，提高施工质量

乐西高速公路项目结构形式繁多、施工工艺和工序复杂，包含路基、桥梁、路面、交安附属、机电监控等工程，既有传统的现浇连续梁桥、预制简支梁桥以及钢箱梁桥，又有填方路基和挖方路基。施工现场管理、技术及施工人员多专业施工经验有限，在分项工程施工之前，运用 BIM 技术，通过对施工工序模拟来实现技术交底可视化，可以使得工程项目管理、技术人员以及施工班组及时、准确地了解工程信息、工艺流程、施工进度信息、质量控制要点、安全管控措施等。

提高建筑工程一次施工的合格率，降低了返工的概率，提高了工程施工的质量。

2. 自动算量，提升预算精度

乐西高速公路项目全长 152.48 km，设置桥梁 42 773 m/137 座（含互通主线）；共设置隧道 84 006.5 m/41 座；设置分离式立交 6 处、涵洞及通道 71 道、天桥及渡槽 4 道、服务区 3 处，停车区 2 处，隧道应急救援站 1 处、长大下坡安检站 1 处、养护工区 3 处，共设置建设、东坝、大风顶、谷堆、美姑、九口、庆恒、竹核、昭觉等 9 处互通式立交。同步建设互通立交连接线 46.639 km。可见该项目结构复杂且工程量极大，传统的工程量计算及复核手段操作复杂且准确性难以保证。运用BIM技术建立5D-BIM三维信息管理平台，根据工程施工进展情况，在内置相关预算法则的界定下，造价人员可以随时提取相关工程量，为业主、分包的计量和审核提供数据支持和技术支撑，提高了预算的精度、效率，并且有效提高了业主对工程进度款支付的准确性和时效性，切实提升了建设工程项目的商务管控能力。

3. 模拟施工，优化施工方案

在乐西高速公路项目建设过程中，在项目建设前期，运用BIM技术提前标注用地范围以及结构物位置，为规划项目驻地、定位生产基地、布置临时水电使用、选取临时道路以及划分施工标段等工作提供依据。在实体工程建设过程中，通过4D施工模拟施工方案，找出施工过程中复杂且风险性高的施工工序，制定解决方案和应对措施，对施工方案中的冲突点早发现、早评估、早处理，从而降低施工的成本、提高施工生产的效率。

4. 碰撞检测，避免设计错误

乐西高速公路项目涉及建筑学、景观与生态学、结构工程学、交通工程学、道路桥梁和隧道工程学、机电工程学等多个学科和专业。在后张法预应力现浇梁施工过程中，常见的是波纹管和端横梁以及腹板梁钢筋相冲突。在施工图纸会审阶段，仅仅通过二维平面设计图，很难发现这些设计错误。运用BIM技术进行三维碰撞检测进而生成碰撞报告，找出冲突点和图纸设计错误，从而提高图纸会审的效率。

7.2.2 社会效益分析

1. 全面提高项目管理水平

通过对工程管理水平不断总结与提高，创新性地提出了"六位一体管理体系"、实现管理方式的"六个转变"、建立"全方位、全因素、全过程、全天候"的施工、监理和业主三级管理体系，并通过开发的12项模块功能的项目建设信息管理系统和BIM系统建立，实现了建设管理专业化、集约化、可视化、数字化，全面提高了乐西项目管理水平全面提升。

2．全面推行标准化建设

实现质量全面提升项目建设初期，乐西高速大力推行现代工程管理，大力倡导"五化建设"，全面落实"两区三厂"标准化和施工工艺、施工工点标准化，全线各开工厂区、工点标准化覆盖率达到90%，由于品质工程建设取得显著成绩，入选2018年交通运输部"两区三厂"示范创建试点项目，并圆满完成交通运输部品质工程攻关试点行动；2018年12月7日，交通运输部向省交通运输厅发《感谢信》，请厅转达对我公司的感谢；2018年12月25日，《中国交通报》第6884期，在特2版整版报道了乐西项目品质工程建设情况，并长期对乐西路品质工程建设进行跟踪报道。

建设期间，厅质监局、地方质监站组织原材料与实体检查中，工程实体质量各类指标抽检合格率达到100%，全线无二类及以下类别的桥梁桩基及抗滑桩，且在2018年质监局全省综合督查中，桥梁下部结构钢筋保护层厚度合格率达82.3%，"在全省高速公路项目中处于领先位置"。同时交通运输部、云南省交通厅、贵州省交通厅、重庆交通局等兄弟省份以及省内各兄弟单位先后来到乐西项目现场进行调研、观摩，现场交流品质工程创建的工程技术与管理经验，共同推进更高质量、更高品质工程的创建。

3．打造平安工地，实现绿色公路

乐西项目平安工地建设深入推进，加强了安全标准化建设，推进抗滑桩等危险作业"以机械化换人、自动化减人"进程。

2018年，乐西公司被四川省应急管理厅确定为安全生产标准化二级企业；2019年，LJ9、LJ11、LJ18标等工地均作为交通部安全生产标准化一级企业换证复评的示范工点，全线各工地施工安全管理实现系统化、规范化、标准化，实现平安工地创建覆盖率达到100%，工程品质得到全面保障；同时乐西项目将生态环保理念贯穿于建设期之间，上、下边坡、弃土场都及时复耕绿化，实现沿线绿化率100%。

4．加强科技创新，全面提升工程品质

乐西项目结合工程特点，项目结合各参建单位的技术优势，积极开展施工微创新，取得抗滑桩液压机械成孔、一种拱形咬合桩式基坑支护结构、无轮轨液压纵横滑移台车等实用型新兴技术；并在中铁十二局集团三台阶七步开挖法基础上完善了适用于乐西主线全断面微台阶开挖法，采用各部位的开挖与支护沿隧道纵向错开、平行推进的隧道施工方法，在主线全线得到有效推广和很好的应用；同时申请空心墩实心段无支架装配式预制底板施工工法、液压冲击顶进大管棚施工工法、钢筋锯切镦粗套丝打磨生产线工法，并根据各项技术的创新性、适用性、可行性及经济性进行详细分级、分类，按照实际情况发布实施。

7.2.3 经济效益分析

1．完善国家高速公路和四川省高速公路网布局、支撑西部综合运输枢纽建设

乐西高速公路是国家西部的重要经济通道、沿江通道、旅游通道和扶贫通道。全线通车后，又将打通一条出川大通道。

2．加强成都经济区、攀西经济区和川南经济区联系

全线建成后，将与成自泸高速、宜攀高速共同组成成都、川南和攀西三大经济区之间一条顺直、便捷的区域性通道，有效实现了成都、攀西、川南三大经济区之间的便捷连接，将进一步加强成都、攀西、川南三大经济区之间的联系，成为资源共享、产业互补、经济技术交流的重要纽带，推进区域经济实现一体化创造条件，加快构建"一干多支、五区协同"的区域发展新格局，对沿线地区发展具有重要意义。

3．改善沿线地区贫困状况与行车条件，提高道路抗灾能力，满足区域内交通发展的需要改善

乐西高速公路项目极大地提高了沿线交通基础设施的通达程度、水平和通行质量，以备在发生自然灾害的情况下，能够成为抗灾救灾的

"应急抢救路",地方群众能够有序快速地撤离,救援人员能够及时、快速地到达灾难现场,争取时间,进行有效的救援工作。

7.3 结论与展望

7.3.1 结　论

以乐山至西昌高速公路项目为依托,通过应用BIM技术,创建工程项目信息模型,既可以直观、明了地展示项目实施过程,也可以使工程项目各参建方利用数字模型自动计算或查询出所需要的准确信息,实现信息共享,改进了施工组织,提高了设备利用率,减少了材料和备件库存,提高了构件加工效率和精度,提升了施工组织水平,提高了建设效率,降低了建设成本,充分发挥了现代信息技术在工程建设管理中的作用,取得了良好的效果。通过挖掘并推广BIM技术在高速公路项目建设管理中的具体应用,搭建高速公路全要素智能建造管理平台,有效解决了工程项目面临的施工应用和建设管理问题,为工程的顺利实施奠定了良好的基础。研究成果为BIM技术在高速公路项目上的发展提供了参考。

7.3.2 展　望

智慧高速公路需要在实践之中不断改革,完善自身的缺陷,理论上不存在一个完美的智慧高速公路体系。随着现在科技的进步,智慧高速公路覆盖面也更广,内涵也会更加丰富,所以利用新的观念与技术,实现高速公路的创新与管理,是智慧高速公路的真正内涵。

高速公路智慧交通平台建设是高速公路实现智慧化和现代化的必然手段,也是高速公路发展变化的必然趋势,所以将关注重点放在平台建设以及平台应用中是十分有必要的。

参考文献

参考文献

[1] 交通运输部. 2019年交通运输行业发展统计公报[EB/OL].（2020-05-12）[2020-09-16]. http://xxgk.mot.gov.cn/jigou/zhghs/202005/t20200512_3374322.html.

[2] 交通运输部. 关于印发《数字交通发展规划纲要》的通知：交规划发〔2019〕89号[EB/OL].（2019-07-28）[2020-09-16]. http://www.gov.cn/xinwen/2019-07-28/content_5415971.htm.

[3] 交通运输部. 交通运输部关于推动交通运输领域新型基础设施建设的指导意见：交规划发〔2020〕375号[EB/OL].（2019-08-06）[2020-09-16]. http://www.gov.cn/zhengce/zhengcekw/2020-08/06/comtent_5532842.htm.

[4] WANG Linbing，王含笑，赵千，等. 智能路面发展与展望[J]. 中国公路学报，2019，32（4）：50-72.

[5] 周游，陈建丰. 基于BIM技术的道路工程模型建立及应用[J]. 公路交通技术，2018，34（3）：29-32；38.

[6] 巩海霞，王明芝，谷丽娜. 基于文献计量的个性化信息服务研究现状分析[J]. 情报科学，2011（3）：391-395.

[7] 王卫伟. 智慧园区的BIM、GIS和IoT技术应用融合探讨[J]. 智能建筑，2015（7）：46-48.

[8] 刘睿，许燕. BIM在工程造价中的应用文献综述[J]. 项目管理技术，2014，12（7）：34-37.

[9] 薛晓娟，赵昕，丁洁民. 建筑信息模型在建筑结构一体化协同设计中的应用[J]. 结构工程师，2011，27（1）：14-18.

[10] 董君，王志赫. 高速公路工程建设中对BIM技术的应用实践[J]. 公路工程，2017，42（4）：1-3.

[11] 张建平，余芳强，赵文忠，等. BIM技术在邢汾高速公路工程建设中的研究和应用[J]. 施工技术，2014（18）：92-96.

[12] 冀程. BIM技术在轨道交通工程设计中的应用[J]. 地下空间与工程学报，2014，10（增1）：1663-1668.

[13] 徐萍飞，熊峰，夏伟杰，等. 基于BIM的桥梁信息集成管理系统研究[J]. 公路，2016，45（12）：119-123.

[14] 刘向阳，吴健，刘国图，等. 基于BIM的公路全寿命周期管理平台构建与应用[J]. 公路，2016，45（8）：131-137.

[15] 刘显智. 工程建设项目信息化集成研究[D]. 武汉：华中科技大学，2013.

[16] 张贵忠. 沪通长江大桥 BIM 建设管理平台研发及应用[J]. 桥梁建设，2018，48（5）：6-10.

[17] 胡振中，路新瀛，张建平. 基于建筑信息模型的桥梁工程全寿命期管理应用框架[J]. 公路交通科技，2010（增1）：20-24.

[18] 武斌，谭卓英，张颂娟，等. 基于 BIM 的在役大跨度桥梁智能化养护管理技术[J]. 沈阳大学学报：自然科学版，2016，28（6）：497-502.

[19] 祝嘉. 在城市轨道交通建设项目中应用 BIM 技术的设想[J]. 建筑经济，2008（增2）：375-378.

[20] 卞若宁. 施工阶段 BIM 应用"标准"探索[J]. 土木建筑工程信息技术，2014，6（3）：9-12.

[21] 高殿民. BIM 技术在建筑工程施工阶段中的应用标准[J]. 中国标准化，2017（18）：145-146.

[22] 智鹏. 基于 BIM 的铁路建设管理平台及关键技术研究[D]. 北京：中国铁道科学研究院，2018.

[23] 沙超，王汝传，张瞭悦. 一种基于无线传感器网络的智能交通系统[J]. 传感器与微系统，2012，31（10）：81-83；87.

[24] 董可新，迟安琦，高平. 传感器与 BIM 结合的设施管理研究[J]. 工程管理学报，2018（5）：13.

[25] 陈悦华，申钱依. 基于 BIM 和 RFID 传感器集成技术的施工安全预警研究[J]. 湖北农业科学，2020，59（8）：145.

[26] 迟安琦. 基于 BIM 和传感器的复杂 HVAC 系统智能故障管理决策辅助模型[D]. 大连：东北财经大学，2018.

[27] 胡振中，田佩龙，李久林. 基于 IFC 的传感器信息存储与应用研究[J]. 图学学报，2018，39（3）：522-529.

[28] 吴昕慧，陶汉卿，蔡煊. 基于多传感器信息融合的轨道交通列车轮径校正方法[J]. 城市轨道交通研究，2015，18（6）：21-27.

[29] 徐华中，吴苏，刘念. 基于多传感器数据融合技术的短时交通流检测[J]. 传感器与微系统，2009，28（2）：104-106；109.

[30] 郑江华，晏磊，刘岳峰，等. 基于混合传感器网络的城市智能交通

系统构建[J]. 武汉大学学报：工学版，2009，42（3）：362-367.

[31] 王卫东，顾世平，高利民，等. 高速铁路基础设施综合检测技术[J]. 铁路技术创新，2015（2）：11-16.

[32] 刘文军，樊建席，李春胜，等. 基于 ZigBee 无线传感器网络的智能交通系统设计[J]. 传感技术学报，2013，26（12）：1747-1751.

[33] 徐立锋. 基于无线传感器网络技术在交通信息采集系统的应用[J]. 计算机应用与软件，2012，29（4）：236-241；262.

[34] 毛华坚. 云环境中的移动文件存储和时空数据分析关键技术研究[D]. 长沙：国防科学技术大学，2013.

[35] 张绍阳，葛丽娟，安毅生，等. 交通运输数据标准研究现状与发展[J]. 交通运输工程学报，2014，14（2）：112-126.

[36] 宋炜炜. 基于时空信息云平台的空间大数据管理和高性能计算研究[D]. 昆明：昆明理工大学，2015.

[37] 李庆君.Hadoop 架构下海量空间数据存储与管理[D]. 武汉：武汉大学，2017.

[38] 苏鹤俊，邓瑞祥，韩东君，等. 道路养护大数据收集，分类与存储研究[J]. 公路交通科技：应用技术版，2019（8）：83.

[39] 汤圣君，朱庆，赵君峤. BIM 与 GIS 数据集成：IFC 与 CityGML 建筑几何语义信息互操作技术[J]. 土木建筑工程信息技术，2014，6（4）：11-17.

[40] 刘夏彬.基于互操作性理论的 BIM 技术应用研究[D]. 武汉：武汉理工大学，2018.

[41] 闫鹏. BIM 与物联网技术融合应用探讨[J]. 铁路技术创新，2015（6）：45-47.

[42] 林晓，高军，王伟，等. 高铁隧道智能三维数字施工控制技术与应用探究[J]. 智慧城市与可持续发展研究，2019，1（1）：1-17.

[43] 李琳，张旭，屠大维. 二维和三维视觉传感集成系统联合标定方法[J]. 仪器仪表学报，2012，33（11）：2473-2479.

[44] 许强强，韩春华，卢玉韬. BIM 技术在桥梁监测中的应用与探索[J]. 公路，2018，63（1）：232-236.

[45] 徐迪，潘东婴，谢步瀛. 基于 BIM 的结构平面简图三维重建[J]. 结构工程师，2011，27（5）：17-21.

[46] 王令文. 结合点云数据与BIM技术的古建筑三维重建与信息化管理[J]. 测绘通报，2018（6）：114-117；129.

[47] 刘钢，彭群生，鲍虎军. 基于图像建模技术研究综述与展望[J]. 计算机辅助设计与图形学学报，2005（1）：18-27.

[48] 栾悉道，应龙，谢毓湘，等. 三维建模技术研究进展[J]. 计算机科学，2008（2）：208-210；229.

[49] 徐照，李苏豪，陈楠，等. 基于点云的建筑物表面损伤三维重建与属性提取方法[J]. 土木工程与管理学报，2018，35（3）：28-33；51.

[50] 田思敏. 基于BIM的三维重建技术研究[D]. 西安：西安建筑科技大学，2017.

[51] 张绍阳，马玉兰，王选仓. 基于关联分析的路面病害成因确定方法[J]. 中国公路学报，2008，21（2）：98-103.

[52] 段虎明，谢飞，张开斌，等. 海量道路路面测量数据的若干预处理方法研究[J]. 振动与冲击，2011，30（8）：101-106.

[53] 肖顺舟. 基于数据挖掘的路面预防性养护决策的研究与实现[D]. 武汉：武汉理工大学，2018.

[54] 张纪升，李斌，王笑京，等. 智慧高速公路架构与发展路径设计[J]. 公路交通科技，2018，35（1）：88-94.

[55] 徐博. 基于BIM技术的铁路工程正向设计方法研究[J]. 铁道标准设计，2018，62（4）：35-40.

[56] 李俊松，董凤翔，张毅，等. 基于达索平台的铁路隧道工程全生命周期BIM技术应用探讨[J]. 铁路技术创新，2014（2）：53-56.

[57] 薛彩丽. 基于BIM的铁路建设全寿命周期投资管理研究[J]. 铁道工程学报，2019，36（11）：103-107.

[58] 刘鹏. 铁路工程设计BIM技术的差异化与解决方案[J]. 铁道工程学报，2014（2）：23-26；102.

[59] 望毅，陈青红，刘松. 水运工程勘察设计企业BIM技术体系探索[J]. 水运工程，2018（8）：109-112.

[60] 李锐，李正，王飞. BIM正向设计在内河航道疏浚工程中的应用[J]. 水运工程，2019（12）：123-126.

[61] 郭文强. 基于"BIM+VR"的建筑可视化设计方法及应用研究[D]. 北京：北京交通大学，2017.

[62] 孙澄宇，柯勋. 建筑设计中BIM模型的自动规范检查方法研究[J]. 建筑科学，2016，32（4）：140-145.

[63] 熊诚. BIM技术在PC住宅产业化中的应用[J]. 住宅产业，2012（6）：17；19-20.

[64] 陈沉，张业星，陈健，等. 基于建筑信息模型的全过程设计和数字化交付[J]. 水力发电，2014，40（8）：42-46.

[65] 银超. 安全风险管理在轨道交通建设工程中的研究与应用[J]. 技术与市场，2020，27（9）：168-169.

[66] 徐志刚，张骞，李金龙，等. 智能公路发展现状与关键技术[J]. 中国公路学报，2019，32（8）：1-24.

附：

乐西高速公路施工建造过程图

附：乐西高速公路施工建造过程图

附图1　T梁架设

附图2　三江枢纽互通

附图3　党旗在防疫复工一线高高飘扬

附图4　S1-5分部钢筋加工厂施工现场

附：乐西高速公路施工建造过程图

附图 5　S2-5 分部钢筋加工厂施工现场

附图 6　S1-8 分部桂花停车区施工现场

附图 7　大凉山 2 号隧道施工现场

附图 8　吉曲隧道施工现场

附图 9　昭觉互通土石方开挖

附：乐西高速公路施工建造过程图

附图10 子莫格尼特大桥施工现场（一）

附图 11　子莫格尼特大桥施工现场（二）

附图 12　子莫格尼特大桥施工现场（三）

附图 13　大凉山 1 号隧道 TBM

附：乐西高速公路施工建造过程图